Über dieses Buch:

In den letzten Jahren haben sogenannte neue ›Jugendreligionen‹ von sich reden gemacht. Ihre ›Missionare‹ sind besonders in größeren Städten erfolgreich: Zehntausende Jugendlicher haben Elternhaus, Schule und Berufsausbildung verlassen und sich einem Leben für ›neue Heilbringer‹ verschrieben.
Wer sind die ›neuen Heilspropheten‹? Was lehren sie? Welchen Göttern hängen sie an? Woher stammen ihre Ideen und Heilslehren? Wie stehen sie zu Jesus Christus und der Kirche?
Wie sieht das Leben innerhalb dieser Gruppen aus? Mit welchen pädagogischen und missionarischen Praktiken wird gearbeitet? Welche politischen und finanziellen Aktionen oder Auswirkungen ergeben sich?
Welche Jugendlichen schließen sich diesen ›Sekten‹ an?
Welche Alternativen bietet die kirchliche Jugendarbeit?
Mit diesem Fragenkreis setzt sich das Buch auseinander. Neben gründlicher Information bietet es Erfahrungsberichte von ehemaligen Mitgliedern. Sie geben Einblick in das Leben und die Praktiken einzelner Jugendsekten.
Zielgruppe: Jugendseelsorger, alle Mitarbeiter in der kirchlichen Jugendarbeit und der Gemeindekatechese, alle an Fragen der religiösen Sozialisation Interessierte, Jugendpfleger und Jugendleiter, Religionslehrer, Eltern, Sozialarbeiter.
Über die Mitarbeiter: Religionspädagogen, Religionswissenschaftler, Theologen, Jugendseelsorger und Mitarbeiter der kirchlichen Jugendarbeit u. a.: Horst Klaus Berg, Roman Bleistein SJ, Walter Böcker, Bernhard Grom SJ, Klaus Hemmerle, Winfried Pilz, Michael Rösel, Barbara Zinke.
Über den Herausgeber: Ludger Zinke ist Professor für katholische Theologie und Religionspädagogik an der Pädagogischen Hochschule Weingarten/Württemberg.

Ludger Zinke (Hrsg.)

Religionen am Rande der Gesellschaft

Jugend im Sog neuer Heilsversprechungen

Kösel-Verlag · Verlag Haus Altenberg

Religionen am Rande der Gesellschaft: Jugend im Sog neuer Heilsversprechungen / Ludger Zinke (Hrsg.). – 2., erw. Aufl., [5.–7. Tsd.]. – München: Kösel; Düsseldorf: Verlag Haus Altenberg, 1978.
ISBN 3-466-36019-6

NE: Zinke, Ludger [Hrsg.]

ISBN 3-466-36019-6
2., erweiterte Auflage 1978

Coproduktion mit dem Verlag Haus Altenberg, Düsseldorf. Printed in Germany. Gesamtherstellung: Kösel, Kempten. Umschlag: Günter Oberhauser, München, unter Verwendung eines Fotos von Henning Christoph, Essen.

Inhalt

Vorwort

In einem Arbeitskreis des BDKJ, der nach Formen der Information über die »neuen Jugendreligionen« suchen und alternative Angebote kirchlicher Jugendarbeit anregen sollte, entstand im Frühjahr 1976 der Plan für dieses Buch. Es ist in mancher Hinsicht anders geworden als zunächst geplant: die angestrebte Zusammenarbeit mit Kollegen aus den Evangelischen Kirchen kam nicht im gewünschten Maße zustande; die Art der Auseinandersetzung mit den neureligiösen Sekten hat sich gewandelt, ist differenzierter geworden und von einer rein praktischen Ebene weg hin zu einer reflektiert-selbstkritischen Positionsbestimmung geraten. Doch gerade so hoffen wir, über bloßes Warnen hinaus, Voraussetzungen und konkrete Hilfen für eine menschliche und christlich-überzeugende Auseinandersetzung mit den Versprechungen, Verführungen und Scheinantworten jener ›Heilspropheten‹ anbieten zu können, die nicht verteufeln, sondern Aus- und Rückwege erschließen, die Umkehr ermöglichen...
Dabei sind wir uns bewußt, daß mancher Leser in der Beurteilung einzelner Phänomene und bestimmter Praktiken in den Jugendsekten zu einem härteren Urteil kommen könnte. Im Verlauf der Erarbeitung sind wir jedoch zu der Überzeugung gekommen, daß von einem hohen Roß der Selbstsicherheit aus weniger christlich Echtes gelingt, als wenn wir uns selbstkritisch derselben Umkehrforderung stellen, die uns als Maßstab für die Auseinandersetzung mit jenen selbsternannten Messiasfiguren, ihren Ideologien und autoritären Praktiken dient. Da gilt uns ganz schlicht und radikal als Maxime die neutestamentliche Verknüpfung von Gottes- und Nächstenliebe, die in der Feindesliebe ihren Gipfel erreicht. Wir wissen uns selbst als *Fragende und Gefragte,* herausgefordert zur immer wieder notwendigen Metanoia.
In diesem Sinne verstehen sich die Informationen, Analysen, Überlegungen und Vorschläge dieses Buches insgesamt und je einzeln als Beiträge zu der niemals abgeschlossenen Diskussion um die rechten Inhalte und die richtigen Formen einer religiösen Sozialisation in der Welt und Gesellschaft von heute und morgen. Unübersehbar deutlich wird dabei, welche verheerenden Folgen falsche Absolutheitsansprüche und angemaßte Totalautorität haben: Abhängigkeit, Angst und Isolierung oder eine trügerisch ›heile Welt‹ treten an die Stelle der »herrlichen Freiheit der Kinder Gottes« (Röm 8,21).
Zur 2. Auflage sei auf die Ergänzungen S. 185–206 hingewiesen. Neben einem zusätzlichen Unterrichtsmodell wird die Auseinandersetzung mit den Jugendsekten weitergeführt und die »Transzendentale Meditation« kritisch untersucht. Damit sollen die Hilfen zur konkreten Stellungnahme verstärkt werden.

Neuried, September 1978 *Ludger Zinke*

Mitarbeiter-Verzeichnis

Berg, Horst Klaus, Jahrgang 1933, Dr. theol., Professor für Evangelische Theologie und Religionspädagogik an der Pädagogischen Hochschule Weingarten, verantwortlicher Schriftleiter von ru; Hauptarbeitsgebiete: Didaktik des schulischen Religionsunterrichts, Motivationsprobleme und Medien im Unterricht. Anschrift: Junkersstr. 50, 7987 Weingarten.

Bleistein, Roman SJ, Jahrgang 1928, Dr. theol., a.o. Professor für Pädagogik an der Hochschule für Philosophie München, Mitarbeiter der STIMMEN DER ZEIT; Hauptarbeitsgebiete: Religionspädagogik, Sexualpädagogik, Freizeitpädagogik, Pastoraltheologie. Anschrift: Zuccalistraße 16, 8000 München 19

Böcker, Walter, Jahrgang 1934, Bundespräses des Bundes der Deutschen Katholischen Jugend, Leiter der Bischöflichen Arbeitsstelle für Jugendseelsorge, Rektor des Jugendhauses Düsseldorf. Anschrift: Jugendhaus Düsseldorf e. V., Postfach 32 0520, 4000 Düsseldorf 30

Esser, Margareta, Jahrgang 1951, Studium der Pädagogik für das Lehramt an Sekundarschulen, Stufe I, Biologie, Theologie, Gymnastik. Anschrift ist dem Herausgeber bekannt.

Fehling, Heinrich, Jahrgang 1947, Sozialarbeiter grad., Referent für Behindertenarbeit der Deutschen Pfadfinderschaft Sankt Georg. Anschrift: Carl-Mosterts-Platz 1, 4000 Düsseldorf 30

Grom, Bernhard SJ, Jahrgang 1936, Dr. theol., Professor für Religionspsychologie und Religionspädagogik an der Hochschule für Philosophie München, Dozent an der Universität Innsbruck. Anschrift: Kaulbachstr. 31 a, 8000 München 22

Hemmerle, Klaus, Jahrgang 1929, Dr. theol., Professor, Bischof von Aachen. Anschrift: Friedlandstraße 2, 5100 Aachen

Hertling, Renate, Jahrgang 1956, jetzt Studium der Sozialpädagogik und Katechetik. Anschrift ist dem Herausgeber bekannt.

Pilz, Winfried, Jahrgang 1940, Rektor von Haus Altenberg. Anschrift: Haus Altenberg, 5068 Odenthal

Riepe, Hans-Heinz, Jahrgang 1933, nach Tätigkeit als Vikar und Berufsschullehrer im Ruhrgebiet seit 1969 Diözesanjugendpfarrer des Erzbistums Paderborn. Anschrift: Domplatz 23, 4790 Paderborn.

Rösel, Michael, Jahrgang 1949, Textilingenieur grad., Besuch des dreijährigen theologischen Seminars für den evangelistischen Verkündigungsdienst (Johanneum/Wuppertal). Anschrift: Melanchthonstraße 36, 5600 Wuppertal 2

Schumacher, Ute, Jahrgang 1956, Sozialpädagogin im Kinderhaus St. Theresia (Düsseldorf). Anschrift: Erkesstr. 50, 5000 Köln-Longerich

Wetter, Annegret, Jahrgang 1943, Sozialpädagogin grad., Bildungsreferentin im Institut für Weiterbildung des Zentralverbandes der Katholischen Frauengemeinschaft Deutschlands (kfd). Anschrift: An der Ling 17, 5000 Köln 60

Zinke, Barbara, Jahrgang 1946, cand phil., Studium der Volkskunde, Völkerkunde und Religionswissenschaften. Hauptinteressen: Erzähl- und Märchenforschung, Sektenkunde und Weltanschauungsfragen. Anschrift: Ammerseestraße 8, 8021 Neuried

Zinke, Ludger, Jahrgang 1937, Dr. theol., Professor für Katholische Theologie und Religionspädagogik an der Pädagogischen Hochschule Weingarten, Leiter des Religionspädagogischen Instituts Ravensburg in Weingarten, Schriftleiter für kirchliche Jugendarbeit innerhalb der KBl. Anschrift: Ammerseestraße 8, 8021 Neuried

I. Teil: Jugendreligionen – Subkultur oder erneuerter Glaube?

Wir kennen sie alle, die Straßenmissionare für Hare-Krishna-Bewußtsein, Transzendentale Meditation, Vereinigung des Weltchristentums und fröhliche Kinder Gottes. Auch wissen wir, daß nach den Wellen von Halbstarken-, Hippie-, Provo- und Beatbewegungen, Drogen- und Suchtgefährdung sowie revolutionärer Auflehnung gegen Bürgertum und staatliche Ordnungen die Jesus People beispielsweise einen religiösen Aufbruch signalisierten, der als typisches Kennzeichen der jüngeren Generationen in aller Welt gelten darf. Bis weit in die großen christlichen Kirchen hinein hat sich die Bewegung charismatischer Erneuerung und pfingstlicher Geisterfahrung hohes Ansehen erworben, und nicht selten berufen sich Eiferer für die Bewahrung christlich-abendländischer Tradition ebenso wie Reforminitiatoren auf eine göttliche Offenbarung.

Die Erscheinungsformen solcher ›neuer‹ Religiosität sind einander zum Verwechseln ähnlich. Und doch fällt es schwer, über eine bloße Phänomenbeschreibung hinaus religionsgeschichtlich, sozialpsychologisch und theologisch gleichermaßen einleuchtende Erklärungen zu geben; warum finden gerade jetzt ›neue‹ religiöse Lehren, Erweckungspredigten und Aufrufe zur Traditionsbewahrung bei Jugendlichen soviel Anklang? Wie lassen sich vom Geist Jesu Christi geschenkte Erfahrungen und aus treuem Hören auf die biblisch-kirchliche Verkündigung erwachsene Glaubensbekenntnisse von angemaßten Autoritätsansprüchen unterscheiden? In welchen gesellschaftlich-kulturellen Situationen und/oder Entwicklungsstadien sind junge Menschen für so extreme religiöse Lebensformen besonders ansprechbar?

Kurz: Warum finden innerhalb wie außerhalb der gängigen kirchlichen Pastoral radikale Umkehrforderungen bei gleichzeitig anhaltendem Rückgang der Kirchenbesucherzahlen so viel Anklang? Lassen sich überhaupt Ursachen für diese Phänomene benennen, und wo liegen die Gründe für den offensichtlichen Wandel in den Strukturen eines Lebens- und Glaubensbewußtseins, das jedenfalls nicht mehr einheitlich volkskirchlich geprägt ist?

Von verschiedenen Positionen her versuchen die Autoren dieses 1. Teils, auf solche Fragen Antworten oder richtungweisende Orientierung zu geben. Dabei sind nicht endgültige Lösungen intendiert, sondern es geht um eine möglichst perspektivenreiche Sondierung der gesellschaftlich und religiös bestimmten Lebenssituationen heutiger Jugend.

Ludger Zinke
Jugend im Sog ›neuer‹ Heilsversprechungen

1 Religiöse Bewegungen in Geschichte und Gegenwart

Sekten hat es immer gegeben. Auch das Christentum hat so begonnen. Schon die Gruppe der Jünger, Freunde und Mitläufer Jesu von Nazaret setzte sich mehr und mehr von der Synagoge und den Parteien der jüdischen Glaubensgemeinschaft ab. Nach Ostern und Pfingsten blieben die Zeugen der Auferstehung, die Apostel und ihre Gläubigen, auf lange Zeit eine jüdische Sekte. Und selbst der Erfolg des Paulus führte die Christen zwar ins Zentrum des Römischen Reiches, aber zugleich in die Katakomben, eine spezifische Form des Sektendaseins. Wie immer man im einzelnen die Anfänge des Christentums historisch zu sehen hat, unter religionswissenschaftlichen Perspektiven sind bis zur Konstantinischen Wende alle Merkmale einer Sekte vorhanden.

Dieser Hinweis scheint in mehrfacher Hinsicht notwendig; er drängt uns nämlich zur Beachtung folgender Einsichten:

- die Entwicklung neuer Religionen, die Entstehung von Glaubensgemeinschaften oder Kirchen ist von politisch-gesellschaftlichen Verhältnissen mitbestimmt oder gar abhängig;
- in der Regel müssen sich neue religiöse Ideen, geoffenbarte Wahrheiten oder Absolutheitsansprüche in langwierigen Prozessen gegen vorherrschende Sozialordnungen behaupten;
- durchsetzen können sich »neue Religionen« nur, wenn sie sich bis zu einem gewissen Grad anpassen und entgegen ureigenen Forderungen nach Selbstlosigkeit und Machtverzicht machtpolitisch tätig werden;
- dabei nehmen religiöse, sich auf göttliche Offenbarung berufende Gruppierungen die kaum widerlegbare Verpflichtung auf eine transzendente Autorität für sich in Anspruch und zeugen dafür notfalls mit blutigem Martyrium;
- im Zuge solcher Entfaltungsprozesse sind politisch-taktische, ökonomische und philosophisch begründete Manipulationen menschlicher Grundbedürfnisse ebenso unausweichlich wie eschatologische Versprechungen und die Zusage künftigen Heils;
- die Spannung zwischen »schon« und »noch nicht« des verbindlich zugesagten Heils oder gar die Forderung nach Ausharren, Bereitschaft zum bedingungslosen »Endkampf« bzw. totaler Selbstverleugnung werden gleichermaßen mit künftiger, unvergleichlicher Entlohnung und dem juridisch-moralischen Appell zur Wahrnehmung des Grundrechtes auf persönliche Freiheit begründet;
- jede religiöse Bewegung kämpft für die Sicherung des Erreichten und proklamiert damit zugleich einen Fortschritt in Richtung auf endgül-

tige Vereinigung von Göttlichem und Menschlichem, so daß eine Einordnung als reaktionär-restaurativ oder prinzipiell progressiv nicht möglich ist;

- ungeachtet aller historischen Unterschiede und Nuancierungen sind religiöse oder sich religiös gebende Gruppen niemals losgelöst von den konkreten gesellschaftlichen Gegebenheiten ihrer Entstehungszeit und den entsprechenden Bedingungen in der jeweiligen Gegenwart verstehbar.

Mit diesen Thesen sollten ganz grob die Bedingungen skizziert werden, unter denen religiöse Bewegungen sich ausbreiten bzw. die eine Entwicklung von Sekten zu Großkirchen ermöglichen. Die großen christlichen Kirchen haben sich nach denselben oder ganz ähnlichen strukturellen Voraussetzungen entfaltet, unter denen heute ihre Epigonen, enttäuschte Anhänger oder selbsternannte Antipoden, versuchen, sich zu Heilsvermittlern für die ganze Welt hinaufzustilisieren. So vermessen der Gedanke anmuten mag: Das von der Christenheit geglaubte Heilswirken Gottes in Jesus Christus kann sich nur verwirklichen, wenn es in jeder geschichtlichen Epoche glaubwürdige Zeugen findet, die noch längst nicht dadurch ausgewiesen sind, daß sie einer bestimmten Kirche oder Glaubensgemeinschaft angehören. Vielmehr geht es allein um die wirklich-wirksame Vergegenwärtigung der Gottesherrschaft hier und heute, die allerdings in grundlegender Übereinstimmung mit den fundamentalen Aussagen der Schrift und der wechselvollen Tradition des Christentums stehen muß. Damit ist eine »Unterscheidung der Geister« gefordert, die unter den sich ständig wandelnden Bedingungen der gesellschaftlichen Situation je neu zu vollziehen ist. Wie und wo unsere Gesellschaft dafür offen ist, welche Hintertüren oder offiziellen Zugänge über rote Teppiche darin offenstehen, und wann geheime Verführer auf ihren Schleichwegen zum Erfolg kommen können, darüber soll im folgenden nachgedacht werden.

1.1 Atomisierung der Gesellschaft und Privatisierung der Religion

Wertungen und vorschnelle Einordnungen vermeidend, lassen sich eine Reihe von Beobachtungen beschreiben, die auf eine zunehmende Auflösung unserer gesellschaftlichen Bindungen deuten:

- Die Familien werden kleiner; Vater, Mutter, ein oder höchstens zwei Kinder sind weithin die Regel; gleichzeitig schwindet die Beziehung zu Großeltern, Tanten und Vettern; entferntere Verwandte kennen viele Zeitgenossen oft weniger gut als Nachbarn, Arbeitskollegen oder Klub-Bekannte . . .
- Freundschaften, Schulklassengemeinschaften und Tennis-, Kegel- oder Sauna-Cliquen sind zahlreich; die Kameradschaft in Sport- oder Hobbyvereinen blüht, bleibt aber unverbindlich, und ihr Bestand ist meist von der Aktivität einzelner Initiatoren abhängig; die Kommunikation

innerhalb solcher Gruppen beschränkt sich in der Regel auf den Austausch bürgerlich-konventioneller Floskeln ...

- In der Arbeitswelt und der allgemeinen Öffentlichkeit, wie etwa dem Straßenverkehr zur ›Stoßzeit‹, scheint trotz freundlicher Parolen der Konkurrenz- und Leistungsdruck ständig weiter zu wachsen; daß an bare Selbstverständlichkeiten, wie Rücksichtnahme auf Kinder oder alte Menschen, mit aufwendigen Propaganda-Aktionen immer wieder erinnert werden muß, berechtigt schon zu dem Schluß, daß es mit der Solidargemeinschaft in unserer Gesellschaft nicht weit her ist ...
- Schlagworte wie ›Schulstreß‹, ›Managerkrankheit‹ oder allgemein ›Krise‹ zeigen auch nicht gerade eine harmonische, freundliche Lebensqualität bietende Gesellschaft an; nimmt man die Nachrichten über Milieuschädigungen, Suchtgefahren und zunehmende Kriminalität hinzu, ist der Eindruck fast unabweisbar, daß die Gesellschaft sich selbst mehr und mehr zersetzt;
- erst recht an den ideologischen Fronten der Tages- und Parteipolitik machen sich Formen der Verunglimpfung und Manipulation breit, die jedenfalls dem sozialen Frieden nicht dienlich sind; gerade in der Bundesrepublik verdecken vielgerühmte Umstände, wie Seltenheit von Streiks und hohe Sozialleistungen, wohl doch eher zahlreiche tragische Einzelschicksale und eine Mentalität des Kampfes jeder gegen jeden;
- daß so viel von *Außenseitern* oder *Randgruppen* die Rede ist, sollte ebenfalls zu denken geben: Was da alles nicht »dem Normalen« entspricht, also extrem weit »rechts« oder »links« von der *Mitte* gesehen, angesiedelt oder verdächtigt wird, macht summa summarum fast alle Bürger dieser Gesellschaft aus! Nachdem immer mehr Zeitgenossen stolz darauf sind, irgendwo Außenseiter zu sein, kann diese Feststellung kaum verwundern, aber es bleibt die Frage, was normal bzw. wo *die* Mitte ist, weil ja sonst niemand weiß, an welchem Rand er eigentlich lebt;
- unmittelbar auf religiöse Einstellungen und aktiven Glaubensvollzug bezogen äußert sich die ›Atomisierung‹ der Gesellschaft wohl am deutlichsten in den als »Privatisierung des Christentums« beschriebenen Phänomenen; nicht nur, daß Religion als Privatsache deklariert wird, sondern mehr noch der überwiegend privatisierte Denk- und Handlungsstil der kirchlichen Verkündigung und der praktizierenden Gläubigen[1] verweisen auf eine bedenkliche Trennung zwischen persön-

[1] Hier könnte eine mehrseitige Literaturliste eingefügt werden, die alle Arbeiten zum Problemfeld der Kommunikation in Theologie und Kirche ebenso enthalten müßte wie die Publikationen zur politischen Theologie, zur Sozialethik und zu Fragen nach Grundwerten und ›christlicher Politik‹. Stellvertretend seien einige Werke genannt, in denen weiterführende Literatur angegeben ist:
E. Feifel u. a. (Hrsg.), Handbuch der Religionspädagogik, 3 Bde., Zürich-Köln 1972 ff. – H. E. Bahr, Verkündigung als Information. Hamburg 1968. –

lichem Heilsstreben und gesellschaftlichem Engagement der Christen. Auch entschiedene und überzeugende theologische Grundaussagen, wie sie von der Pastoralkonstitution »Kirche in der Welt von heute« bis hin zur sogenannten politischen Theologie formuliert wurden, haben in der Praxis noch kaum Veränderungen bewirkt. Für die regelmäßigen Kirchenbesucher geht es mehr oder weniger bewußt primär um das eigene Seelenheil oder gut lutherisch: »wie finde ich einen gnädigen Gott?«

Obwohl noch zahlreiche weitere Beispiele und sehr konkrete »Fall-Berichte« möglich sind, sei diese Aufzählung hier abgebrochen. Wichtiger scheint mir die Einsicht, daß auf praktisch allen Ebenen des gesellschaftlichen und privaten Lebens ein Trend zu Distanzierung, Absicherung der eigenen Position und freiwilliger Gettobildung fortschreitet. So etwas nenne ich ›Atomisierung der Gesellschaft‹, Auflösung zwischenmenschlicher Beziehungen und Verlust der Hoffnung. Die Suche nach Schuldigen wird ebensowenig Wege aus solchen Sackgassen weisen wie psychologische Urschrei-Theorien oder Aktionistenprogramme. Auch die allenthalben entwickelten gruppendynamischen Arbeitsformen, Methoden zur Sensibilisierung für soziale Fragen und gesellschaftspolitischen Aktionsprogramme kommen bislang nur punktuell zur Auswirkung. Die von derartigen Unternehmungen ausgehenden Wirkungen enden meist noch in Aussagen der Teilnehmer, was sie davon mitgenommen haben. Und der Brückenschlag zum Nächsten, zu anderen Interessengruppen oder fundamentalen Problemen der Gesellschaft gelingt fast ausnahmslos nur unter dem Gesichtspunkt eines privaten Vorteils.

Dabei mangelt es offensichtlich gar nicht an Lernbereitschaft oder dem Willen zum selbstlosen Einsatz; doch letztlich überwiegt eine verbreitete Mentalität des ›do ut des‹, die Veränderungen nur dann ermöglicht, wenn ›unter dem Strich‹ ein privat nutzbarer Vorteil herauskommt. So bleibt es dabei, daß auch in den Kirchen und bei ihren aktiven Gliedern der Privatisierung der Vorrang eingeräumt wird. Mit Worten bekennen sich zwar fast alle zur Sozialpflichtigkeit, doch wem hilft das faktisch? Wo entsteht eine wirklich selbstlose Gemeinschaft? Es gibt Beispiele im christlichen Bereich; Basisgemeinden oder Gruppen junger Familien haben Zeichen gesetzt, doch deren Übertragung auf die ganze Gesellschaft muß noch geleistet werden. Dabei helfen würde sicher ein »Glaube, der die Erde liebt« [2], den Menschen kennt und auf Gott hofft.

W. Bartholomäus, Evangelium als Information. Zürich–Köln 1972. – P. Watzlawick u. a., Menschliche Kommunikation. Formen, Störungen, Paradoxien. Bern–Stuttgart–Wien 1972.

[2] Titel einer kleinen Schrift von K. Rahner, in der Meditationen, Ansprachen und Gebete zur Situation des Menschen im alltäglichen Leben und im Kirchenjahrs-Kreislauf gesammelt sind. Herder-Bücherei 266, Freiburg 1966.

1.2 Angepaßtes Christentum und Pluralismus in den Kirchen

So konfessorisch und vielleicht floskelhaft die vorstehenden Sätze klingen mögen, so selbstkritisch sind sie gemeint: Haben nicht wir alle als Christen und Mitglieder einer großen Weltkirche allzuviel der Institution, dem Lehr- und Hirtenamt, der offiziellen Verkündigung von Kanzeln und Schulkathedern überlassen? Kennen und realisieren wir die Provokationen der Bergpredigt und des Kreuzes Jesu Christi noch auf eigene Rechnung, oder haben wir uns vielleicht längst damit abgefunden, daß hinter dicken Kirchenmauern allsonntäglich diese Botschaft werbend, vertröstend oder selbstbestätigend ›amtlich‹ ausgerichtet wird?
Die in diesen Fragen anklingende Kritik richtet sich nicht gegen die kirchliche Pastoral und Verkündigungspraxis. Angefragt ist vielmehr, ob die inzwischen fast allgemeingültige Lehre von der Kirche als Gemeinschaft der Glaubenden, dem pilgernden Gottesvolk oder aller zum Heil Gerufenen eine reale Entsprechung im Bewußtsein derer hat, die sich Christen nennen? Ist nicht allein der Umstand, daß bis in ökonomische Grundsätze oder bis hin zu Parteinamen *das Christliche* in Anspruch genommen, als Gütesiegel verwendet und mit Seriosität gleichgesetzt wird, ein Zeichen für die Anpassung des Christentums an die gegenwärtigen Lebensverhältnisse und an die Bequemlichkeiten des so viel beredeten ›Fortschritts‹? Sowenig Christsein mit Humanität gleichgesetzt werden kann, so entschieden Christen sich gegen den Verdacht bloßen Mitläufertums verwahren müssen, sowenig läßt sich leugnen, daß viele offizielle Vertreter des Christentums ihrem Lebensstil wie ihrer konkreten Berufsausübung nach eher als Beamte oder gar Funktionäre erscheinen, denn als Zeugen des Kreuzes. Nichts gegen die selbstlose, oft bis zum Einsatz von Gesundheit und Leben gehende Aktivität von Bischöfen, Priestern und Laien! Doch wie und wodurch unterscheidet sich ihre Tätigkeit für den Außenstehenden vom Management der Industriebosse, Gewerkschaftsführer und Werbepsychologen? Den Unterschied mache der Inhalt ihres Angebots, ihrer Botschaft aus, wird man sagen; doch diese inhaltlichen Unterschiede scheinen kaum Auswirkungen auf die Form der öffentlichen Selbstdarstellung zu haben.
Nicht gerade förderlich für die Glaubwürdigkeit der christlichen Heilsbotschaft wirkt sich der ebenso viel beschworene wie geschmähte Pluralismus in Theologie(n) und Kirche(n) aus. Obwohl Karl Rahner das damit angesprochene Problem schon vor Jahren erkannte und im »Strukturwandel der Kirche« [3] hin zu einem Miteinander vielfältiger Meinungen, Bekenntnisformen und sich wandelnder Gestalten der Glaubensgemeinschaft geradezu *die* Chance einer künftigen katholischen Kirche beschrieb, treiben die Polarisierungen zwischen den großen Konfessionen

[3] K. Rahner, Strukturwandel der Kirche als Aufgabe und Chance. Herder-Bücherei 446, Freiburg 1972.

und auch innerhalb der römisch-katholischen Kirche immer neue Blüten. Die sich um Alterzbischof Lefebvre sammelnden Traditionalisten-Bewegungen dürften nur die Spitze eines Eisbergs sein, der eine kreativ-gläubige Auffassung von katholisch als allumfassend-weltumspannend ernsthaft bedroht.

Da sind etwa in der theologisch-wissenschaftlichen Diskussion längst die Voraussetzungen für eine wechselseitige Anerkennung des geistlichen Amtes zwischen den reformatorischen und der katholischen Kirche geschaffen; doch statt praktische Konsequenzen daraus zu ziehen, wird auf beiden Seiten weiter kräftig das Trennende betont. Oder das oft zu hörende Argument, Abendmahl/Eucharistie könnten erst nach erreichter Einheit gemeinsam gefeiert werden und dürften nicht als Mittel auf dem Weg zur Einheit mißbraucht werden, macht den Vollzug der Einheit im Glauben von juridischer Übereinstimmung abhängig. Übersehen wird dabei völlig der heilstiftende und ausdrücklich auf gottgewirkte Einheit gerichtete Sinn des Sakraments, das seiner Natur nach bis hin zu seinem Symbolcharakter instrumentaler Art ist.[4] So kommt es zu der Situation, daß viele im täglichen Zusammenleben und -arbeiten gewachsene wirklich-wirksame Glaubensgemeinschaften nur noch durch das Verbot der sakramentalen Gemeinschaft behindert werden.

In diesen und ähnlichen Fällen scheinen die oben beschriebenen Atomisierungstendenzen sich auch in den Kirchen auszuwirken, so daß Solidarität und Einheit im Glauben gerade dort und dadurch verunmöglicht werden, wo sie verheißen sind und verkündet werden. Die Kirchen scheinen dem Ordnungs- und Leistungsdenken sowie den Formen politischen Taktierens der Gesellschaft in weiten Bereichen soweit angepaßt, daß der Umkehrruf Jesu nicht mehr gehört oder nur noch als geistliche Forderung an die Gläubigen gestellt wird. Wenn das Bewahren überkommener Formen und kirchlicher Lebensordnungen aus angeblicher Treue zur Tradition den Vorrang gegenüber der vom Evangelium geforderten permanenten Veränderungsbereitschaft erhält, wird die Verkündigung der Bergpredigt und des Kreuzes Jesu Christi unglaubwürdig.

Erst wenn sich die Kirchen und ihre Amtsträger selbst als in der Geschichte unterwegs begreifen, können sie ganz zu Weggefährten aller Menschen werden. Wer sich selbst noch auf dem Weg weiß, kann schwerlich Absolutheitsansprüche stellen oder sich im alleinigen Besitz der Wahrheit wähnen. Wo ich mich selbst als Suchender *und* Gefragter begreife, finde ich leichter eine Gesprächsbasis mit radikalen Traditionalisten und eingeschworenen Progressiven.

---

[4] Vgl. dazu J. Brosseder, Kirche und Reich Gottes, in: Katechetische Blätter (künftig zit.: KBl) 101 (1976) 10, 633 ff.

1.3 Religiös motiviertes Engagement für Welt, Menschen und Gesellschaft

Die vorstehenden Überlegungen führen unmittelbar zu einer religionsgeschichtlich zentralen Einsicht: Im Unterschied zu allen bekannten Religionen und Kulturen gibt es nur im unmittelbaren Wirkungsbereich der jüdisch-christlichen Traditionen jene dialektische Spannungseinheit von Gottes- und Nächstenliebe, die im Hauptgebot (Mt 22,36 ff.) ihren unüberholbaren Ausdruck gefunden hat. *Das Neue* und religionsgeschichtlich Einmalige dieses Entwurfs liegt darin, daß hier die Gottesliebe in ihren konkreten Vollzugsformen von der praktischen Nächstenliebe korrigierbar ist. Die wechselseitige Bindung ist so eng, daß niemand ohne praktizierte Selbstlosigkeit den Mitmenschen gegenüber zu einer ernsthaften Gottesliebe fähig sein kann.

Selbstverständlich prägen Art und Intensität meiner liebenden Gottesbeziehung, meiner gläubigen Hoffnung auf seine rettenden Heilstaten meine Beziehung zum Nächsten. Aber nicht diese Feststellung macht das unterscheidend Christliche aus, sondern die Argumentation verläuft genau umgekehrt: Vom wirklich-wirksamen Vollzug meiner Nächstenliebe her bestimmen sich Inhalt, Ausmaß und Wirklichkeit meiner Gottesliebe. Das bedeutet, daß Gott in seiner Schöpfung, in heutiger Welt und Gesellschaft durch unser menschliches Handeln wirkt. Schöpfung und Heilsgeschichte sind und bleiben sein Werk, aber was daraus wird und wie die menschliche Geschichte den Weg zur Vollendung im Reich Gottes findet, hängt mit davon ab, ob und inwieweit die göttliche Zuwendung zum Menschen durch die Inkarnation Jesu Christi ihre Entsprechung findet im konkreten Handeln der Christen.

Unter diesem Gesichtspunkt gibt es christlich keinen Unterschied zwischen Welt- und Heilsdienst. Vielmehr ist die Verwandlung der Welt bis hin zur Veränderung der sozialen Verhältnisse und zum praktischen Vollzug der Nächsten- und Feindesliebe gleichermaßen heilwirkend, und zwar nicht so, daß der Mensch sich durch das Engagement in Welt und Gesellschaft sein Heil ›verdiente‹, sondern hier wirken Gottes- und Menschenliebe in dialektischer Spannungseinheit zusammen: Dienst an Welt und Menschen ist zugleich Dienst zu deren Heil. So begründet sich ein christliches »Weltethos«,[5] aus dem heraus ein Leben nach dem Willen Gottes, die Einhaltung seiner Gebote und besonders des ersten und größten, des Liebesgebotes, zum zentralen Motiv einer umfassenden Weltverantwortung wird.

Starke Tendenzen zu Weltflucht und Verinnerlichung haben diesem ursprünglichen Auftrag zum Annehmen und Verwandeln der »weltlichen Welt« [6] immer wieder entgegengewirkt. Ohne das hier im einzelnen bele-

---

[5] Siehe: A. Auer, Autonome Moral und christlicher Glaube. Düsseldorf 1971.
[6] Vgl. J. B. Metz, Theologie der Welt, Mainz–München 1968.

gen zu können[7], wage ich die These: Es ist den großen christlichen Kirchen noch nicht gelungen, sich von den hellenistisch-dualistischen, gnostischen und manichäischen Elementen ihres Ursprungs frei zu machen; trotz eindeutiger Verurteilungen entsprechender Irrlehren hat die Kirche der Versuchung einfacher Schematisierungen ebensowenig zu widerstehen vermocht wie den Verlockungen der Machtausübung im politischen wie im pädagogischen und geistlichen Sinne. Das permanente innere Ringen von Kirche und Theologie um die rechte Einstellung zur Welt hat Kräfte gebunden, die dem unmittelbaren missionarischen Einsatz für das Heil der Welt fehlten.

Die wechselnde Wertung von weltsüchtiger Leidenschaft[8] einerseits und beschaulich-mystischer Abkehr vom ›profanen‹ Geschäft der Politik andererseits muß zu den Ursachen dafür gezählt werden, daß nach beiden Seiten hin immer wieder extreme Gruppen- und Frontbildungen erfolgen. Und genau hier liegt einer der wesentlichen Gründe für die Chance religiöser Outsider oder Sektengründer. Wo immer es dem Christentum nicht gelingt, ohne viel ›Wenn‹ und ›Aber‹ sein Bekenntnis und seinen konkreten Beitrag zur Gestaltung einer menschlichen Gesellschaft darzustellen und zu verwirklichen, da läßt es Lücken, in denen sich vor allem chiliastische und einem zyklischen Weltbild verhaftete Sektierer ohne Schwierigkeiten ansiedeln können.

2 Neue Formen religiösen Glaubens – Frage und/oder Antwort?

Hier kommt der Kern des Problems in den Blick: Sind die großen christlichen Kirchen überhaupt in der Lage, neue Formen religiöser Sinnsuche und elementare Bedürfnisse heutiger Menschen als solche zu erkennen? Können ihrer Tradition verpflichtete Theologen und Kirchenleute überhaupt die ersten sein, wenn es darum geht, einen radikalen Aufbruch zu wagen, völlig neue Ausdrucksgestalten religiösen Glaubens zu finden oder auch nur entsprechende Denkansätze ernstzunehmen? Waren es nicht stets die Außenseiter oder gar Irrlehrer, die neue Entwicklungen eingeleitet oder herausgefordert haben? Mußte nicht erst ein Franziskus ›verrückt‹ spielen, damit das Armutsideal in einer überrreichen Kirche neu verstanden werden konnte? War nicht Luthers dreifaches ›sola‹ notwendig, um das Christentum zum Wort Gottes als seinem Ursprung zurückzuführen *und* die auf dem Tridentinum festgeschriebenen Zeichen und Lehren der Catholika zu provozieren? Konnte nicht erst Johannes XXIII.

---

[7] H. Mühlen, Säkularisierung, Paderborn 1971, bringt nicht nur Material, sondern bespricht im einzelnen die Phasen und Formen des Weltverständnisses im Christentum.

[8] Vgl. L. Zinke, Paul Claudel – Leidenschaft für die Welt, in: O. Betz (Hrsg.), Das Wagnis mit der Welt, München 1965, 38 ff.

Fenster und Türen der lateinischen Kirche aufstoßen für den Wind des Geistes aus der Dritten Welt, aus marxistischen Ideologien und aus anderen Ecken der säkularisierten Welt? Hatte nicht schon Paulus dem Petrus »ins Angesicht wiederstehen« müssen (Gal 2,11), um den Weg der Christen über das Judentum hinaus frei zu machen?
Sollten heute vielleicht die ›Jugendsekten‹ die Rolle des »Pfahls im Fleisch« übernehmen, durch den ein neues Empfinden für das Verlangen heutiger Menschen nach Glaubensgewißheit, mystischer Erfahrung, wissenschaftlicher Begründung des Glaubens und Anerkennung emanzipatorischer Selbstbestimmung in den Kirchen provoziert wird? Weit entfernt von dem Gedanken, die »Kirche« könne »in den Kirchen nichts mehr zu sagen haben« [9], muß man solche Fragen einmal stellen, um ein wenig klarer zu sehen: Wenn eine zunehmende Zahl junger Menschen bei den Jugendreligionen die Antwort auf ihr religiöses Suchen zu finden meint, dürften die Ursachen weder allein in deren ›Wahrheit‹ noch in Verblendung oder Irreführung der jungen Leute, noch aber auch ausschließlich im Versagen der Kirchen zu finden sein. Vielmehr wird man sich Inhalte, Strukturen und Ausdrucksformen des religiösen Selbstverständnisses aller Beteiligten und Betroffenen näher ansehen müssen, um herauszufinden, wo welche Affinitäten oder Gegensätze die beobachtete Entwicklung fördern. Dabei kommt der selbstkritischen Rückfrage an Lehre und Praxis der Kirchen insofern besonderes Gewicht zu, als erfahrungsgemäß davon Enttäuschte ihr Heil bei dieser oder jener Gruppe der Neureligionen suchen.
Daß die Jugendreligionen nicht einfach als Teufelswerk abgetan werden können, ist ebenso einleuchtend wie der Umstand, daß deren Gründer, Epigonen und Anhänger sich keineswegs nur aus psychisch Angeschlagenen oder gar kranken Menschen rekrutieren. Will man sich kirchlicherseits nicht in rein apologetischen Positionen festsetzen, bleibt kein anderer Weg, als die neuen religiösen Gemeinschaften samt ihren Ideen, Lehren und Praktiken ernst und beim Wort zu nehmen; gleichzeitig aber – und vielleicht noch intensiver – gilt es, die Erfahrungen, Bedürfnisse und Lebensformen Jugendlicher in ihrer religiösen Wertigkeit anzunehmen. Da gibt es zweifellos entscheidende Defizite bei den Kirchen, die zwar neben einer Vielzahl von Jugendpflegern, -seelsorgern, Sozialarbeitern und freiwilligen Gruppenleitern inzwischen auch Sachverständige und Berater in Sachen Weltanschauungs- und Sektenfragen beschäftigen, aber noch kaum die Chancen echten Weggeleits auch auf Umleitungen und Nebenstraßen des Lebensweges ihrer künftigen Generationen wahrnehmen.

[9] W. Gössmann, Der Auszug aus der Kirche, in: ders., Protestieren–Nachdenken–Meditieren–Beten. Textangabe. München 1970, 55.

2.1 Ziele religiöser Sozialisation und der Weg zur Selbstfindung

Versteht man religiöse Sozialisation als den Prozeß des Hinwegs zum eigenen Glauben in einer konkreten, geschichtlichen Kirche oder Glaubensgemeinschaft, so ist damit nicht eine anpassende Eingliederung in eine bestehende, statische Gemeinde gemeint. Vielmehr umfaßt das Ziel dieses Prozesses – die volle Gliedschaft in einer religiösen Gemeinschaft und der eigenverantwortliche Vollzug des gemeinsamen Glaubens – gleichermaßen das Suchen nach der je zeitgemäßen Ausdrucksgestalt gläubigen Lebens. Religiöse Sozialisation ist nie einlinig, auch wenn sie beim Kleinkind mit dem einübenden Nachvollziehen des elterlichen Tuns beginnt. Soll ein junger Mensch nicht in dem als Kind übernommenen Glauben stehenbleiben, braucht er nicht nur die Gelegenheit, sondern eine wachsende Herausforderung, die unverwechselbar persönliche Gestalt *seines* Glaubens zu entwickeln; darin muß er von der Gemeinde anerkannt werden. Und schließlich braucht er das Recht, seinen Standpunkt notfalls auch gegen vorherrschende Lehrmeinungen artikulieren zu dürfen.

Das alles geschieht nicht in wenigen Jahren, ist nicht mit einem bestimmten Alter abgeschlossen, sondern muß als lebenslanger Lernprozeß verstanden werden, in dem alle einzelnen *und* die Glaubensgemeinschaft als solche immer wieder die Ausdrucksformen und praktischen Konsequenzen ihres Glaubens überprüfen. Obwohl es dabei sehr wohl um den personalen Gottesbezug der Menschen geht, steht er nicht im Vordergrund oder an oberster Stelle der Ziele religiöser Sozialisation, sondern verwirklicht sich im Gesamtprozeß des gemeinsamen Hinwegs. Der Zielbereich religiösen Lernens ist wesentlich vom Selbstverständnis der betreffenden Gruppe als Glaubensgemeinschaft her zu sehen: Nur insoweit eine Gemeinde ihren Gliedern Raum gibt für eigenständige Gestaltungsformen, persönliche Überzeugungen und ureigene Erfahrungen, wird sie sich selbst lebendig weiterentwickeln, das gemeinsame Bekenntnis je neu formulieren und ihren nachwachsenden Generationen die nötige Hilfe zur religiösen Selbstfindung bieten können.

Das meint ein Integrationsgeschehen, bei dem nicht bloß die Jüngeren hereingeholt werden und schrittweise mehr Mitspracherechte bekommen, sondern da stehen ihre Fragen und vielleicht vorläufigen Antworten der bisherigen Praxis, den oft eher rhetorischen Fragen und gängigen Antworten auf gleicher Stufe gegenüber. Nur so können Jugendliche die Erfahrung des Angenommenseins in dauerhaft tragender Weise machen; und nur so ist jener Dienst an der Einheit im Glauben möglich, den das Johannes-Evangelium in Jesu Abschiedsreden geradezu beschwört: in der Welt, aber nicht verlassen – in der Distanz, aber nicht entrückt – vom Geist geleitet, aber nicht fremdbestimmt – in Gemeinschaft und Glauben vereint und deshalb gottbefohlen.

2.2 Die Ideale der ›Jugend‹ – Religionen und die Sinnsuche heutiger Jugendlicher

Im Unterschied zu den skizzierten Grundelementen religiöser Sozialisation missionieren die sogenannten Jugendsekten erstaunlich erfolgreich mit ganz anderen Idealen. Strenger Gehorsam, asketische Lebensführung und enthusiastisches Beten in unmittelbarem Erwählungsbewußtsein vermitteln nicht nur den Eindruck einer endgültig heilen Welt, sondern lassen zugleich ein ungeahntes Maß an Bereitschaft zu Selbstverleugnung und blindwütigem Vertrauen gegenüber einmal akzeptierten Autoritäten erkennen. Beides miteinander, die offenbar mögliche Flucht in vor-endgültige Schutzräume und der mehr oder weniger freiwillige Verzicht auf Selbstbestimmung, scheint die unausweichliche Spannung zwischen »schon« und »noch nicht« menschlicher Erlösungshoffnung aufheben oder doch mildern zu können. Wer in einer Gruppe lebt, die für sich und ihre Getreuen das Heil zumindest antizipatorisch zu besitzen vorgibt, kann schwerlich erkennen, daß ihn gerade dieser Umstand jeder Möglichkeit aktiver Mitarbeit an der Überwindung gesellschaftlicher Zwangsmechanismen beraubt. Da begibt er sich nämlich in eine genau nach dem Muster der verteufelten Gesellschaftskonventionen organisierte Gruppe, die überdies mit religiös kaschierten Autoritäten einen sieghaften Weg verspricht, der in der bereits begonnenen Zukunft sozusagen automatisch ans Ziel führen werde. Dabei wird nicht nur die Flucht aus gegenwärtiger Realität verschleiert, sondern das eigentlich gesuchte Ziel, die selbstverantwortliche Lebensgestaltung mit anderen für eine menschlichere Welt, gerät in Abhängigkeit vom Idealbild eines künftigen Menschseins, das »im Namen Gottes« eher disziplinierend denn befreiend wirkt.

Da propagieren alle Neureligionen so etwas wie *ewige Jugend*. Die ›Children of God‹ etwa suggerieren, Kindsein und Jugendlichkeit seien bereits das endgültige Stadium christlich-menschlicher Vollendung; bei den Krishna-Jüngern gilt die bis in formale Gebetsanweisungen durchgehaltene Verwirklichung einfacher Wiederholung des Gottesnamens als Heilsgarantie; S. M. Muns ›Vereinigungsideologie‹ gar verspricht den Endsieg allein aufgrund des durch Missionserfolge zu belegenden Bekenntnisses zum »Herrn der Wiederkunft« als endgültigem Messias. Gemeinsam ist allen diesen ›Verheißungen‹ ein Jugendlichkeitsideal, das die Erfüllung von bedingungsloser Unterordnung abhängig macht. Jugend ist da weniger das Heranwachsen und Erproben ureigener Lebensformen als ein festgelegtes Idealschema für die Verwirklichung vorgeblich göttlicher Heilspläne. Und die Teilhabe an solchem Heilsgeschehen ist an ganz bestimmte Bedingungen geknüpft: an den selbstlos-missionarischen Einsatz für die Spezialziele der betreffenden Gemeinschaft.

Sinnantworten gibt es heute im Übermaß. Wer aber sich der einen total verschreibt und alle anderen ins zweite Glied verweisen möchte, stellt

für sich selbst eine Art Absolutheitsanspruch, der zwangsläufig zu autoritären Erziehungsformen führt. Die Beobachtung, daß alle sogenannten Jugendsekten von einer autoritär bis absolut herrschenden Führergestalt gegründet wurden, findet hier eine unmittelbar einleuchtende Erklärung; ob als »Seine Göttliche Gnade«, Guru, Vater, Messias, Entdecker der Welt- und Menschheitsgesetze bezeichnet, sie alle spielen innerhalb ihrer Gemeinschaft die Rolle des »Unfehlbaren«, weil sich nur so eine Aura des gütigen, gerechten, liebenden und allgegenwärtigen Lehrer-Vaters aufbauen läßt. ›Göttlich‹ werden solche Herren und Meister für jeden, der sich ihnen einmal verschrieben hat, weil sie keine kritische Rückfrage dulden, nur sich und ihre Heilsideale gelten lassen und diese Ansprüche als einzig wahre Verheißung auszugeben verstehen. Da scheint ein psychischer Mechanismus zu wirken, der den Glanz des absoluten Herrschers um so heller strahlen läßt, je weniger seine Hörigen das geforderte Ideal zu erfüllen vermögen. So wachsen Verehrung und Abhängigkeit leicht im Maße des Autoritätsanspruches, weil die eigene Hilflosigkeit und Erlösungssehnsucht um so größer wird, je unerreichbarer das gesteckte Ziel zu sein scheint.
Selbstverständlich sind in dieses System fortschreitender Bindung an eine Führerfigur auch Erfolgserlebnisse und Belohnungen eingebaut: Missionserfolge und blinder Gehorsam werden als Fortschritt auf dem Weg zum Heil honoriert, bringen Anerkennung ein und lassen ein Mitglied in der Autoritätshierarchie um so viele Sprossen aufsteigen, wie es sich vorher untergeordnet hat. Da greifen die neureligiösen Gruppen auf ein Muster der Menschenführung zurück, das es in allen Kulturen zu geben scheint: die Chance zum sozialen Aufstieg durch Linientreue und systemstabilisierende Leistung.
Wenn gerade in der gegenwärtigen Situation ungezählte Jugendliche solchen Verlockungen erliegen, hat das sicher vielfältige Ursachen. Einer der wesentlichsten Gründe dürfte in dem Umstand zu suchen sein, daß einfache Lehren, klare Lebensordnungen und unumstößliche Autoritätsansprüche einem fundamentalen Bedürfnis junger Menschen entsprechen, das in der »vaterlosen Gesellschaft« und angesichts einer unüberschaubaren Pluralität von Sinnangeboten fast zwangsläufig auftritt: Einem überbordenden Jugendlichkeitskult stehen Hochleistungsanforderungen gegenüber, die buchstäblich alle Lebensbereiche umfassen; vom Übererfüllen schulischen und beruflichen Lernsolls bis zum spielerischen Ausleben der Sexualität, von angepaßter Bravheit bis zu kreativem Nonkonformismus, von immer neuen Ideen für den Fortschritt bis zum Einhalten vorausberechneten Konsumverhaltens wird von Eltern, Lehrherren, Politikern, Bildungsbürokraten, Wirtschaftsbossen, Werbemanagern und Fortschrittsideologen – die Amtsträger und Verkündiger der Kirchen nicht ausgenommen – den Jugendlichen so gut wie alles Menschenmögliche und -unmögliche abverlangt; ausgesprochen oder verschlüsselt in allge-

meinen Theorien stellen sich ungezählte Angebote zur Sinnerfüllung des Lebens den nachwachsenden Generationen als die einmalige Chance dar, die – koste es was es wolle – nicht ausgelassen werden darf; Kampagnen zugunsten der Kriegsdienstverweigerung betreibt man mit denselben Methoden, die den Absatz eines Waschmittels zu steigern vermochten, und kirchliche Aktionen gegen die Änderung von Strafrechtsparagraphen unterscheiden sich in ihrer propagandistischen Aufmachung kaum von Wahlkampf-Feldzügen der Parteien. So finden sich viele Menschen schon in früher Kindheit als Ausgelieferte vor, die gleichermaßen überfordert und verhätschelt nur noch nach Sicherung ihres Daseins trachten können, wollen sie nicht resignieren oder gar verzweifeln.
Genau hier scheint die Faszination jener neureligiösen Führergestalten zu greifen: Sie bieten eine Sinnorientierung, die gleichermaßen gibt und fordert; da führt die Demütigung zum Erfolg; nicht der teuer erkaufte, rasch verflogene Genuß, sondern eine Treppchen für Treppchen erklommene Leiter der Selbstbestätigung, die schrittchenweise belohnte Askese und der Anspruch auf direkte Überleitung zum nächsthöheren Ziel machen die Anziehungskraft solcher Heilsversprechungen aus; da ist ›Religion‹ noch ›religiös‹, weil sie einem evolutionistischen Schema folgend jedes Geben mit einem sicher zu erwartenden Lohn zu entgelten verspricht. »Do ut des« – ich gebe, damit du gibst – ist die Maxime, nach der sich eine endgültige Sinnerfüllung verheißen läßt, ohne daß man den Anspruch auf absolute Geltung der eigenen Heilsprinzipien aufgeben muß.

2.3 Radikales Christentum als Alternative

In der geschilderten Weise treffen die neuen Jugendreligionen zweifellos eine ›Marktlücke‹ im Angebot wirklich-wirksamer Lebensorientierung. Schon von ihrem Ursprung her sind die Kirchen der protestantischen Reformation kaum in der Lage, entsprechend eindeutige Verhaltensregeln für ihre Gläubigen vorzuschreiben; und die römisch-katholische Kirche verzettelt sich allzu leicht in detaillierten Anweisungen für die Ausrichtung des Verhaltens ihrer Glieder an lehramtlichen Äußerungen, als daß sie unmittelbar auf die Herausforderung der Jugendsekten einzugehen vermöchte. Weder fortschreitende Profilierung der je eigenen Tradition noch bloße Anpassung an aktuelle Situationen und Bedürfnisse wird den Kirchen dazu verhelfen können, jene Defizite auszugleichen, welche sich die Jugendsekten zunutze machen. Hier ist vielmehr eine ebenso fundamentale wie permanente »Reform an Haupt und Gliedern«, eine ständige Rückbesinnung auf Anfang, Mitte und Ziel des christlichen Glaubens angezeigt: Nur die bedingungslose Hinwendung zur Wurzel, die radikale Selbstverwirklichung der Kirche als Weg der angebrochenenen Gottesherrschaft kann Alternativen zu jener festlegenden Art neuer Gurus aufschließen.

Ganz im Sinne Johannes XXIII. müssen Fenster, Türen, Augen, Ohren und Herz der Kirche in doppelter Hinsicht aufgestoßen werden: Der Hauch des Geistes Jesu Christi muß Einlaß finden dort und so, wie er heute wirkt; und der Blick für die heutigen Menschen, ihr Suchen, Lieben und Bangen wird immer wieder geschärft werden müssen. Zusammengesehen ergibt sich da nicht etwa die Forderung nach Aufmerksamkeit in zwei einander entgegengesetzten Richtungen; vielmehr gilt es, lediglich wahrzunehmen, daß und wie Gottes Reich hier und heute schon gegenwärtig ist. Unvollendet freilich und »in statu viatoris«, noch unterwegs, unabgeschlossen, aber deshalb um so lebendiger ist Gottes Heilswirken in der Geschichte längst angekommen. In welchen menschlichen Gestalten, unter welchen Chiffren und Zeichen, bei welchen Gelegenheiten und vor allem in was für existentiellen Ausdrucksformen offenbart sich die Antwort des Christentums auf die vielfältige Sinnfrage? Wie können Leben, Passion, Sterben und Auferstehen Jesu von Nazaret im Dasein heutiger Menschen sich abbilden? Woran erkennt man in den Schwestern und Brüdern, den nur flüchtig bekannten Nachbarn oder vertrauten Bekannten den »alter Christus«, das Nachbild des menschgewordenen Gottessohnes?

Rezepte dafür gibt es sicherlich nicht; »Dienstanweisungen« lassen sich allenfalls für »Unterteufel«[10] formulieren; doch es gibt Kriterien, nach denen sich entscheiden läßt, wo gelebtes Menschsein als christlicher Weg zu verstehen ist:

- Bedingungslose Offenheit für jeden Menschen, vor allem für die geschundenen, unterdrückten, sich selbst und ihrer sozialen Umwelt entfremdeten Zeitgenossen allein kann die Grundlage für ein brüderliches Verhältnis schaffen, in dem der Nächste Christus offenbar macht;
- die Hörbereitschaft muß sich in aktiver Zuwendung fortsetzen; wer nur sieht und hört, aber nichts tut, bleibt nicht nur Zuschauer, sondern kapselt sich gerade dort ab, wo auch seine ureigene Sache auf dem Spiel steht;
- christlich bedeutet das: Jede menschliche Not und alle Freuden sind Herausforderung und Aufruf zur Solidarität; nur im Miteinander kann sich Leben entfalten, und die Wege zum gemeinsamen Ziel führen nicht aneinander vorbei, sondern sind »gleichgerichtet«;
- für jeden einzelnen liegt darin der Ruf zur Umkehr; nicht nur der Verzicht auf liebe Gewohnheiten oder Schönheitsoperationen am eigenen Selbstbildnis sind da gefordert, sondern ich selbst bin gefragt und muß mich vorbehaltlos dem Mitmenschen zuwenden;
- insgesamt geht es hier um eine radikale Lernbereitschaft, von der sich niemand und nichts ausnehmen kann; lernen meint da vor allem, sich selbst zu ändern, anstatt reuige Umkehr vom anderen zu erwarten;

---

[10] C. S. Lewis, Dienstanweisungen für einen Unterteufel, Herder-Bücherei 545, Freiburg 1976.

- nicht Flucht also und Ausweichen vor den Schwierigkeiten im Umgang mit Andersdenkenden, sondern das Hinhören auf deren ureigene Stimme, das Aufmerken gegenüber den Anliegen ›religiöser Spinner‹ oder irregeführter Jugendlicher, an den Rand gedrängter Zeitgenossen macht die christliche Position in dieser Welt aus;
- wirklich radikal wird gelebtes Christentum jedoch erst, wenn ich bereit bin, die übliche Distanz zu den anderen, den Sektierern und Frömmlern ebenso wie zu unsympathischen, kranken, süchtigen und feindlich gesinnten Menschen nicht nur gesinnungsmäßig und verbal aufzugeben, sondern bei ihnen zu bleiben, mit ihnen zu leben, ohne mich immer wieder ins eigene, gesicherte Gebäude des erwählungsbewußten Glaubens zurückzuziehen;
- theologisch formuliert: Es gibt nur den Hinweg zum Menschen; der Rückweg zu sich selbst würde auch von Gott wegführen. Wie Gottes Zugehen auf uns in Jesus Christus mit dem solidarischen Sterben unter Verbrechern zu enden schien, damit aber in Wirklichkeit erst begann, so dürfen wir nicht nach dem Himmel schielen, ihn »wie einen Raub festhalten« (vgl. Phil 2,6) wollen, sondern müssen konsequent die Richtung zur Hingabe des eigenen Lebens einhalten;
- konkret heißt das: nicht polemisches Verurteilen, nicht hochnäsiges Abtun oder moralinsaures Warnen vor den ›religiösen‹ Verführern, sondern allein der eigene bedingungslose Einsatz im Wissen um die Führung durch den Geist Jesu Christi kann retten; gerade junge Menschen, werdende Christen brauchen unmittelbares Weggeleit und nicht Prinzipien, disziplinierende Lebensordnungen und autoritäre Forderungen absolutistischer Führer;
- noch einen Schritt praktischer: Wenn man davon spricht, die Jugendlichen müßten dort »abgeholt« werden, wo sie wirklich leben, so kann das nicht heißen, sie von dort weg hinein in kirchliche Gettos oder moralische Schonräume zu führen, sondern gemeint ist der Ausgangspunkt für ihren eigenen Weg, den Seelsorger und Jugendführer begleitend mitzugehen haben.

Zusammenfassend läßt sich formulieren, daß gerade angesichts einer oft übersteigerten Selbstsicherheit und der dogmatischen wie moralischen Absolutheitsansprüche seitens der neuen Jugendsekten die kirchliche Jugendpastoral nicht so auftreten darf, als wähne sie sich im Besitz der Wahrheit, als wisse sie *die Antwort auf alle Fragen* immer schon oder als habe sie prinzipiell die besseren Ziele, richtigeren Methoden und hilfreicheren Angebote. Viel eher müßten die christlichen Kirchen sich selbst als gleichermaßen fragende und gefragte, sich in-Frage-stellen-lassende Solidargemeinschaften begreifen, die selbst noch nicht am Ziel sind, ja dieses in konkret vorstellbarer Weise nicht einmal beschreiben können; obwohl sie keineswegs verschweigen dürfen, vom Geist Jesu Christi ge-

führt die Richtung auf die Vollendung des Menschen zu kennen, liegt der rechte Ansatzpunkt für Selbstdarstellung der Kirchen und ihre Verkündigung an die Jugend beim Unterwegssein des Gottesvolkes. Von da aus wird es möglich, das Suchen und Fragen junger und älterer Menschen anzunehmen und gemeinsam mit ihnen jene Wege auszumachen und zu gehen, die weder als Trampelpfade früherer Scharen von Christenmenschen vorgezeichnet sind noch ziel- oder gar richtungslos täglich neu gesucht werden müssen: Vom je gegenwärtigen Standpunkt her lassen sich Zukunft und Vergangenheit gleichermaßen in den Blick nehmen, um Antwort auf die Fragen nach dem ›Woher‹ und ›Wohin‹ zu finden, die heutigem Leben Sinn geben können.
Nicht weil Jugend sich für Neues eher begeistern läßt, nicht um einer billigen Anpassung an jedweden modischen Trend oder vordergründiger Bedürfnisse willen, sondern allein aufgrund der Einsicht in die Geschichtlichkeit des Christentums gibt es unter theologischer und pädagogischer Perspektive schwerlich eine Alternative zu dem Versuch, unter Verzicht auf festgeschriebene, überzeitlich gültige Antworten und ohne im voraus berechenbare Lohn-Zusagen christliches Leben als Pilgerexistenz auf das Sterben hin zu verstehen und ausgerechnet im Skandalon des Kreuzes, dem offenkundigen Scheitern Jesu von Nazaret den Grund für eine Auferstehungshoffnung zu finden, die nicht bloß jenseitig ist, sondern hier und jetzt eine Befreiung aus persönlichen Ängsten und gesellschaftlichen Zwängen bewerkstelligen möchte. Dabei sollen und können die Erfahrungen der christlichen Vorfahren nicht nur nicht ausgeschaltet werden, sondern sie sind als Korrektiv zu blindem Fortschrittsdenken unverzichtbar. Da muß beispielsweise unmißverständlich zum Ausdruck kommen, warum weder sozialer Aktionismus noch ausschließlich persönlich-private Innerlichkeit einen christlichen Heilsweg garantieren können. Hier ist wirkliches Christentum weder auf einer horizontalen noch auf einer vertikalen Linie zu sehen, sondern muß sich in deren Schnittpunkt bewähren, – und der ist je hier und heute, überall wo Menschen leidend, sehnsüchtig und hoffend unterwegs sind . . .

Roman Bleistein
Gefährdete Identität

Sozialpsychologische Reflexionen zu den Bedingungen der Ausbreitung »neuer Jugendreligionen«

Die Tatsache, daß »neue Jugendreligionen« entstehen konnten und daß sie einen so enormen Zulauf finden, muß in vielfältiger Weise in der Zeitsituation begründet sein, in einer Situation, die K. Mehnert »Zeitbruch« nennt [1]. Es stellt sich also die Frage, wie kulturhistorische Gegebenheiten sich in individual- und sozialpsychologische Reflexe umsetzen, die wiederum bestimmte gesellschaftliche Realitäten – also »Jugendreligionen« – hervorbringen. Will man nicht alles Frag-würdige der heute arg strapazierten »Sinnfrage junger Menschen« anlasten – zusehends ein moderner »Deus ex machina« –, wird man tiefer in die durch die historische Situation mitbestimmte psychische Struktur und Reaktionsweise junger Menschen eindringen müssen: wird man fragen müssen, weshalb der Verlauf jugendlicher Lebensschicksale anscheinend nur über die Jugendreligionen in einen befriedigenden, zumal religiösen, Erwachsenenstatus gelangen kann.

1 Gefährdete Identitätsfindung

Entwicklungspsychologisch gesehen und mit Begriffen der Psychologie E. H. Eriksons beschrieben, stehen Pubertät und Adoleszenz unter dem Imperativ: die eigene Identität finden, ein verläßliches Ich werden, zu sich selbst kommen, eine von der umgebenden Gemeinschaft angebotene Selbstdefinition akzeptieren [2]. Was ist mit diesen Aussagen von Identitätsfindung gemeint? Der Jugendliche gewinnt in der Identifikation mit bewundernswerten Menschen und durch die Übernahme einer »klaren Theorie im Lichte einer Weltanschauung«, also einer »Ideologie«, jene Selbstvergewisserung, die auch von der Umwelt akzeptiert wird. Sind diese beiden Bedingungen – Identifikationsobjekt und »Ideologie« erfüllt –, erfährt der Jugendliche ein Identitätsgefühl, das als »das subjektive Gefühl einer bekräftigenden Gleichheit und Kontinuität« [3] ihm ermöglicht, sich zu binden und jene Tugend zu entwickeln, die Erikson als »Treue« für diese Altersstufe phasentypisch hält. Er sagt dazu erklä-

[1] K. Mehnert, Jugend im Zeitbruch. Stuttgart 1976, 461–464.
[2] E. H. Erikson, Der junge Mann Luther. Frankfurt 1975; Dimensionen einer neuen Identität. Frankfurt 1975; Identität und Lebenszyklus. Frankfurt 1973; Jugend und Krise. Stuttgart 1973.
[3] E. H. Erikson. Jugend und Krise, a.a.O. 15.

rend: »Hinter all der scheinbaren Unbeständigkeit der Jugend ist ein Suchen nach irgendeiner Beständigkeit im Wechsel erkennbar, sei es in der Genauigkeit der wissenschaftlichen und technischen Methode oder in der Aufrichtigkeit des Gehorsams; sei es in der Wahrhaftigkeit historischer und dichterischer Rechenschaftsablegung oder in der Fairneß der Spielregeln; in der Echtheit der künstlerischen Produktivität und der hohen Treue der Reproduktion oder in der Wahrhaftigkeit der Überzeugungen und der Zuverlässigkeit der Verpflichtungen« [4]. Erst also in dieser in Treue umgesetzten Identität macht der junge Mensch die Erfahrung »lebendig zu sein« und dies gerade angesichts des »sozialen Dschungels der menschlichen Existenz« [5]. Dieser Aspekt der Treue gewinnt einem bisher als jugendlichem Rigorismus verstandenem Gefühl eine positivere Seite ab. Man wird Erikson zustimmen, wenn er den als Treue verstandenen Rigorismus als jene Identität erkennt, die – gerade weil sie sich erst gestiftet hat – mit dem Charakter des Unbedingten allein die je neue und anspruchsvolle Situation zu bestehen wagt.
Die Identitätsfindung stellt also einen langen Prozeß dar, der durch mancherlei Mängel und Konflikte gefährdet werden kann. Diese gefährdete Identität, die zum Wesen einer Entwicklung zählt, und die sonst mehr latent vorhanden ist, tritt in unserer Zeit, im Zeitbruch, häufig in Erscheinung. In dieser gefährdeten Identitätsfindung scheint mir die psychosoziale Ursache jenes enormen Zustroms junger Menschen in die Jugendreligionen zu liegen. Diese Jugendreligionen bieten als Ideologie, als Identifikationsfeld und als Gruppe jene Hilfen an, die verunsicherten Jugendlichen eine Identität im Heute ermöglichen.
Um welche Gefährdungen der Identitätsfindung handelt es sich nun im besonderen? Um die Identitätsverwirrung, um die Totalisierung, um eine Regression.
Die *Identitätsverwirrung* – Erikson nannte sie zuweilen auch »Identitätsdiffusion« [6] – ergibt sich aus vielerlei Ursachen. Die entscheidende ist: Die verwirrende Fülle der Angebote an Identifikationsobjekten und an »Ideologien« werden von der Gesellschaft nicht mehr hinreichend geordnet oder eingeengt; denn der Gesellschaft käme es zu – vor allem rituell –, die Vielzahl der Identifikationsobjekte zu vermindern. Das nicht selektierte Überangebot führt nun zu einer Rollenverwirrung. Erikson sagt dazu: »Wo die resultierende Selbst-Definition aus persönlichen oder kollektiven Gründen zu schwierig wird, entsteht ein Gefühl der Rollenverwirrung: Der junge Mensch kontrapunktiert seine sexuellen, ethnischen, berufsmäßigen und typologischen Alternativen, statt sie zu synthetisieren und wird oft dazu getrieben, sich definitiv und total für die eine oder

---

[4] ebd. 246
[5] ebd. 133
[6] ebd. 109, 154

die andere Seite zu entscheiden. Hier hat die Gesellschaft die Funktion, die Wahlmöglichkeit des einzelnen zu leiten und einzuengen« [7].
Damit weist Erikson auf einen Mangel unserer Gesellschaft hin, der nicht nur darin besteht, daß Werte zu wenig konkret sind und nicht personal bzw. im Symbol dargestellt werden, sondern auch darin, daß keine Einweihungsriten vorhanden sind und die Gesellenfeier, das Abitur und die Firmung bzw. die Konfirmation insgesamt in ein gesellschaftliches Abseits geraten sind. Der Erfolg eines solchen Mangels ist, daß Jugendliche weder sich in ihren sexuellen Rollen, noch in ihrer Berufsrolle, noch in ihrem religiösen Verhalten festlegen können. Diese Unfähigkeit führt zur Verwirrung, also zu einem Bündel an Unsicherheit und Aggressionen.
Aus dieser Verwirrung ergibt sich wie von selbst die zweite Gefährdung: *die Totalisierung*. Eben schon wurde angedeutet, daß der Jugendliche statt eine Synthese zu finden, die Alternative wählt, d. h. präziser: in sie getrieben wird. Diese totale Überantwortung wird einem Zustand vorgezogen, den man beschreiben könnte als »Empfindung, gar nichts zu sein«. Der verunsicherte Jugendliche ergreift also wie einen Strohhalm der Rettung die sich anbietende Doktrin – etwa eines Rassismus, eines Nationalismus, eines Klassenbewußtseins oder einer extremen religiösen Sekte. Er liefert sich in der entsprechenden Unterwerfung auch dem jeweiligen Führer aus, der die Ideologie glaubwürdig vertritt. Wenn damit auch seine momentane Unsicherheit behoben wird, kann dies dennoch keine Lösung von Dauer sein, da unter der Decke einer totalen Abhängigkeit der Wille weiterbesteht, zu sich selbst zu finden.

Festzuhalten ist, daß bei solcher total-radikaler Praxis sich Gruppen entwickeln, die kriminelle Verhaltensweisen oder pathologische Reaktionen an den Tag legen. In einer Gruppenidentität gewinnt ein junger Mensch jene Standfestigkeit, die ihm erlaubt, die bedrückende Unsicherheit zu überwinden. Oft werden solche Gruppen auch aktiv, aggressiv nach außen, etwa in kriminellen Handlungen, in politischen Protesten, in einem provozierenden religiösen Engagement.
In das gleiche Phänomen einer Totalisierung wäre einzuordnen eine gewisse Überidentifizierung mit »Helden«, die nicht nur bewundert, sondern gläubig, schier religiös verehrt werden. Um selbst nicht in allen Strebungen und Bedürfnissen auseinanderzufallen, überidentifiziert sich ein junger Mensch mit Helden von Cliquen und Massen »bis zu einem scheinbar völligen Verlust der Individualität« [8].
In den eben angedeuteten Phänomenen wird greifbar, was man oft – beschreibend und wertend – *Regression* nennt, also ein Zurückweichen aus der Gegenwart in alterstypisch frühere Verhaltensweisen. Unbestreitbar ist die Zeit der Identitätsfindung – mit Entscheidungszwang und Treue-

[7] ebd. 87
[8] ebd. 135

forderung, mit Probeidentifikationen und Utopien – eine bittere Zeit; dennoch muß der Jugendliche, wenn er zu sich selbst finden will, diese Herausforderung bestehen. Gewisse Schwierigkeiten bei diesem Prozeß gehören zur normalen Adoleszenz. Manche Schwierigkeiten, die sich im sozialen Feld störend äußern, geraten dann allerdings schon in den Verdacht einer pathologischen Identitätsfindung. Eine solche extrem gefährdete Identitätsfindung wird dort greifbar, wo eine Regression stattfindet, wo der junge Mensch nur seine Realität akzeptieren und bewältigen kann, indem er sich wieder das Verhalten eines Klein- oder Schulkindes zulegt. Kurz gesagt: Die Flucht vor der nötigen Selbstdefinition erscheint als eine Regression. Diese Flucht gerät dazu noch in den Sog einer gewissen Anfälligkeit für Demagogen [9], die die Rolle der großen Mutter spielen. Sie bieten jene Geborgenheit, die der junge Mensch in seiner sozialen Unsicherheit sucht. Neben diesen Suggestionen offerieren die Führer in ihren Gruppen ein familiäres Gruppen-Ich, sozusagen einen neuen sozialen »Schoß«, der von Verantwortung befreit. Typisch für diese Art eines regressiven Verhaltens ist, daß es einerseits ins Getto führt, in esoterische Zirkel, daß es aber andererseits wegen der emotional-überhitzten Atmosphäre zu einem extremen Tatendrang anstiftet, der sich in Fanatismus und Missionsaktivitäten äußert. Je mehr dabei die Identitätsfindung verunsichert ist, um so mehr wird ein junger Mensch die Konfrontation und den Widerspruch suchen, damit der Gegensatz die eigene schwache Position festigt.

Die drei Gefährdungen haben jene Situationen beschrieben, in denen die Identitätsfindung junger Menschen mißglücken kann. Es ist endlich hervorzuheben, daß manche Identitätsfindung innerhalb der Bandbreite der personalen und normalen Reife liegt, daß manche aber nur in dem Bereich des Pathologischen einzubringen sind. Dieses Grundproblem artikuliert die Frage an unsere Gesellschaft, inwieweit sie in der Betonung des technisch Machbaren, in der Geringschätzung des Ethnischen zugunsten eines Pragmatismus, im Verzicht auf Tradition und Geschichte selbst zu einem pathologischen Verlauf der Identitätsfindung ihrer Jugendlichen beiträgt. Bei der Bedeutung der Selbstfindung in Ideologie und Identifikation liegt es auf der Hand, daß Glaube und Religion in diesem Prozeß eine große, integrierende Rolle spielen könnten. Bestürzend ist in diesem Zusammenhang deshalb die Feststellung, daß gerade der Glaube, der (nicht nur religiöse) Identität ermöglichen sollte, sich zum bedeutendsten Feld der pathologischen Identitätsfindung anzubieten scheint.

2 Regressive Subkultur und religiöser Untergrund

Dieser eben beschriebenen gefährdeten Identitätsfindung kommen heute Tendenzen in der Jugendkultur entgegen, die unter die Begriffe einer

[9] ebd. 269

»Subkultur« und eines »religiösen Untergrundes« [10] zu bringen sind. Gruppen der Jugendreligionen, die vor allem das Freizeitverhalten junger Menschen bestimmen, aber noch immer – wenn auch parasitär – der Familie, der Schule bzw. dem Arbeitsplatz verbunden bleiben, würden eine »Subkultur« darstellen. Die Radikalisierung dieser Subkultur, die alle Kontakte zu den bisherigen Lebensräumen verliert und sich aus den gesellschaftlichen Institutionen loslöste [11], wäre dann ein »religiöser Untergrund«. Dabei könnte man die Hare-Krishna-Bewegung als religiösen Untergrund, die Jesus-People als Subkultur bezeichnen. Diese Gruppen im Abseits der Gesellschaft bieten jungen Menschen, denen die Identitätsfindung nicht gelingt, Entscheidend-Hilfreiches an: eine begeisternde Stifterfigur, die Werte verkörpert, die Identifikation ermöglicht; einen überschaubaren Lebensraum, weithin in einer straff organisierten Gruppe – mit emotional dichten zwischenmenschlichen Beziehungen; eine Ideologie, die entweder durch die theologische Simplizität (vgl. die Jesus-People), durch die ungeheure Systematik (etwa in den »Göttlichen Prinzipien« des San Myung Mun) oder in der Exotik (vgl. die Wahrheiten der Hare-Krishna-Bewegung) fasziniert. Die Normen solcher Gruppen können leicht durchschaut und angenommen werden, vor allem im Vergleich zu einer Gesellschaft, die alles andere als klare Normen und Lebensorientierungen anzubieten hat. Das intensive Gruppenleben übernimmt die Funktion einer stetigen Selbstvergewisserung für den Zweifelnden. Identität ist sozial abgestützt. Wichtig scheint mir für diese Gruppen vor allem, daß sie gerade die sexuellen Probleme und Fragen, die zur Lösung der Identitätsfindung eine solche Rolle spielen [12] und für die die heutige Gesellschaft kaum Maßstäbe setzt, asketisch regelt – in Konfrontation mit einer libertinistischen Gesellschaft und einer zumindest für viele nicht hinreichend orientierenden Kirche. Ferner bieten sie in apokalyptischen oder naiven Bildern dem Jugendlichen eine Zukunftsvision an, die die Angst und Unsicherheit junger Menschen behebt. Diese Angst wird auch dadurch überwunden, daß man in »Missionsvorträgen« und »Straßenpredigten« andere Zeitgenossen mit dem eigenen »Trost« konfrontiert.

Es herrscht in diesen Gruppierungen ein Moment des Regressiven derart massiv vor, daß man von einer »regressiven Subkultur« [13] sprechen kann. Im Gegensatz zu einer »progressiven Subkultur«, die den gegenwärtigen Zustand von Gesellschaft und Welt verändern will (etwa in

[10] H. Wöller. Die getaufte Revolution. München 1973; H. Hoffmann. Gott im Underground. Hamburg 1972.

[11] D. Baacke. Jugend und Subkultur. München 1972, 118.

[12] E. H. Erikson. Jugend und Krise, a.a.O. 253.

[13] D. Baacke. a.a.O. 175. In Berufung auf R. Schwendter, Theorie der Subkultur. Köln 1971; Vgl. auch Chr. Wichmann, C. W. Müller. Thesen zur Jugendkultur: Fr. Henrich, R. Bleistein (Hrsg.), Jugend zwischen Schonraum und Emanzipation. München 1972, 203–209.

politischen Gruppen und Banden), sucht eine »regressive Subkultur« vergangene Werte und Normen wieder einzuführen, so daß eine konservative Grundströmung in diesen religiösen Gruppierungen nicht zu übersehen ist.

Der Blick in die Vergangenheit verachtet natürlich die Gegenwart nicht gänzlich. Aber entscheidend ist in Theorie und Praxis ein gewisser Eskapismus, der die Konfrontation mit der neuen Zeit nicht zu bestehen wagt und dafür lieber eine Identität im Getto sucht, – was vor allem für die exotischen Gruppierungen zutrifft, die zudem noch durch die Gruppe geschaffen und getragen, kontrolliert und stabilisiert wird.

Das Moment der Regression (und damit der frühkindlichen Frustration) wird überaus deutlich nicht nur in der großen Geborgenheit, die in den Gruppen verwirklicht wird, sondern auch in der Tatsache, daß man sich gegenseitig »Bruder« und »Schwester« nennt, also Geschwister-Rollen übernimmt, – und daß man – etwa in der Unification Church – eine »Familie« anbietet, ja sogar ein Gelöbnis an das »wahre Elternpaar« ablegt [14].

Diese religiöse Subkultur steht gewiß in einem Zusammenhang mit der Hippiebewegung, deren Herkunft, Struktur und Ideologie D. Baacke herausarbeitete. Er sagt zu unserem Problem: »Initiationssprache, Kultus und Riten sind offenbar zum einen Instrumente der Selbstdefinition dieser Bewegung, die die amorphe Masse der Zuströmenden gliedern und disziplinieren, zum anderen der Versuch, eine weltabgewandte, jenseits gesellschaftlicher Erklärbarkeit angesiedelte Botschaft zu haben, etwas ›Unbedingtes, das dich umwirft‹. Insofern ist die Jesus-People-Bewegung nur ein Ableger ohne eine eigenständige ideologische oder theologische Gegensubstanz und darum vermutlich ebensowenig von innerer Konsistenz und Dauer« [15].

Diese Aussage mag für die Jesus-People der Mitte-Sechziger-Jahre zutreffen; sie trifft für die heutigen Jugendreligionen gewiß nicht zu; denn diese Gruppen haben inzwischen ihre »eigenständige ideologische Gegensubstanz« in Konfrontation mit den überkommenen Weltanschauungen und Kirchen, nicht zuletzt mit der heutigen »Welt«, gefunden. Von daher ist für sie eine längere Lebensdauer zu erwarten. Die heftigen Attacken auf die Kirchen, die als »Betrüger« (Krishna-Bewegung) oder als »Gräber voller toter Menschenknochen« (Children of God) bezeichnet werden, beweist nur das große Sendungsbewußtsein dieser Gruppen.

Es erhebt sich die Frage, ob diese, die Identitätsfindung fördernden Jugendreligionen nur eine Episode im Leben junger Menschen, ohne große Nachwirkungen, darstellen, oder ob sie zu einer bleibenden Fixierung auf eine Outsiderposition mit allem Fanatismus und Eskapismus führen werden. Man kann aufgrund vergleichbarer Lebensläufe junger Menschen

[14] Fr. W. Haack. Die neuen Jugendreligionen. München ^{4}1976, 26.
[15] D. Baacke, a.a.O. 124.

nur insofern Vermutungen äußern, daß die einen unter ihnen mit der neugefundenen Identität den Mut gewinnen, sich aus dem Gruppen-Ich zu lösen und in die »normale Welt« zurückkehren, daß die anderen aber derartigen oder ähnlichen Organisationen in einer Art pathologischer Hörigkeit verfallen und die Zahl jener, die ekstatisch, hysterisch, krank zu Marginalexistenzen am Rand der Gesellschaft werden, vermehren.

Diese Reaktionsweise junger Menschen, der eine zeitgenössische Subkultur- oder Underground-Bewegung entgegenkommt, ist noch einmal auf die Bedingungen ihrer Möglichkeit zu befragen. Finden sich dafür Ursachen in der Gesellschaft? Bieten die Großkirchen auch dazu einen Grund?

Die These, daß die Gesellschaft selbst einen Anlaß zu solchem Verhalten bietet, vertreten R. Döbert und G. Nunner-Winkler in »Adoleszenzkrise und Identitätsbildung«. Sie bringen in ihrer (empirischen) Studie eine Antwort auf ihre beiden Fragen – angesichts der gegenkulturellen Bewegung: »Warum verliert das institutionalisierte Wertsystem der bürgerlichen Gesellschaft an Verbindlichkeit, und warum werden die ... alternativen Orientierungen propagiert? – Warum treten als Träger dieser gegenkulturellen Bewegungen gerade Gruppen von Jugendlichen auf, und welche biographischen Antezedenzien bestimmen jeweils die Zugehörigkeit zu den unterschiedlichen Verhaltenspotentialen (von Jugendkriminalität bis ›neues religiöses Bewußtsein‹)« [16].

Ihrer Meinung nach führt eine Aushöhlung des Legitimationssystems der bürgerlichen Gesellschaft und ihres »Weltbildes« dazu, daß das durch die Adoleszenzkrise gestellte Identitätsproblem nur durch abweichendes Verhalten lösbar wird. Sie sagen: »Daher wird eine Verschärfung der Adoleszenzkrise eine problemlose Integration in die Gesellschaft erschweren« [17].

Daß die Großkirchen selbst mehr die Ursachen sind (natürlich auch als Teil dieser Gesellschaft), wird in Zusammenhang mit der »religiösen Sensibilisierung« behauptet. Die sich abzeichnende »religiöse Sensibilisierung«, also die »Verflüssigung, Ausweitung und partielle Zurückweisung amtskirchlicher Programmatik, d. h. der von den Großkirchen angebotenen Wissens-, Deutungs- und Normenbestände« [18], führt zu vielfältigen Gruppenbildungen in der Kirche. Als Ursachen dieser Gruppen ist festzustellen: »Die wachsende Komplizierung und Anonymisierung des Lebens, die ihre Parallele findet im großkirchlichen Bereich, schafft Bedürfnisse nach Nähe, Gemeinschaft, Überschaubarkeit, verbindlicher Spontaneität« [19]. Wie bereits angedeutet, formt sich diese religiöse Sensi-

---

[16] R. Döbert / G. Nunner-Winkler. Adoleszenzkrise und Identitätsbildung. Frankfurt 1975, 18–19.

[17] ebd. 74

[18] J. Lell / F. W. Menne (Hrsg.), Religiöse Gruppen. Düsseldorf 1976, 55.

[19] ebd. 58

bilisierung aus in regressiven, affirmativen und progressiven Gruppen [20]. Dabei bleibt das Problem bestehen, ob diese, sich weithin von den Großkirchen lösende Sensibilisierung ein Endprodukt des Christlichen ist, das sich in ethische, soziologische, politische oder ästhetische Kategorien umsetzen läßt, oder ob es ein neuer Anfang ist, im Hinblick auf die religiöse Dimension des menschlichen Lebens und der Welt überhaupt (Mystagogie)? Wie auch immer: Eine religiöse Sensibilisierung, in der die Großkirchen mitgemeint und mitbetroffen sind, spielt bei der Identitätsfindung eine große Rolle – in Übereinstimmung sozial- und individualpsychologischer Motivationen [21].

3 Überwindung der Defizite einer religiösen Sozialisation

Die Jugendreligionen stellen an die Kirchen überdeutlich die Frage, wie eine religiöse Sozialisation mit dem Ziel einer religiös-christlichen Identität so angeboten werden könne, daß junge Menschen von heute das Angebot als Herausforderung und als Versprechen wahrzunehmen imstande sind. Da das regressive Moment in den Jugendreligionen von solcher Bedeutung ist, wird diese allgemeine Frage an die Kirche sich doppelt entfalten lassen: a) Wieso nimmt die frühe Kindheit in der religiösen Sozialisation nicht einen solchen Verlauf, daß sie auch als Basis für die Prozesse und Konflikte der Adoleszenz gelten kann? b) Weshalb ist das zur Zeit in der kirchlichen Jugendarbeit vorherrschende Moment des Progressiven so wenig auf die Lebenssituation junger Menschen hin vermittelt, daß diese eher erschreckt sich abwenden, als daß sie die kirchliche Jugendarbeit als Feld der eigenen gläubigen und sittlichen Ertüchtigung und Selbstverwirklichung erkennen?

Auf die erste Frage kann man einleitend nur mit A. Zwergel antworten: »Die prägenden Einflüsse im Elternhaus fallen weitgehend aus, weil Eltern sich häufig ihrer eigenen Orientierungen nicht mehr sicher sind. Daraus resultiert eine Schwächung des Nachahmungslernens (anzustrebende Verhaltensweisen treten nicht mehr deutlich hervor) und des Identifikationslernens (die normative Kraft des Religiösen kommt nicht mehr zum Ausdruck). Die zunehmende Richtungslosigkeit heutiger Jugendlicher mag unmittelbare Folge dieser Ausfälle sein« [22].

---

[20] ebd. 16

[21] Vgl. zum Problem: F. Menne (Hrsg.), Neue Sensibilität. Neuwied 1974. R. Volp (Hrsg.), Chancen der Religion. Gütersloh 1975; Religionsgespräche. Zur gesellschaftlichen Rolle der Religion. Neuwied 1975. Eine Weiterführung in den christlichen Bereich bietet: A. Heimler, Selbsterfahrung und Glaube. München 1976.

[22] H. A. Zwergel, Religiöse Erziehung und Entwicklung der Persönlichkeit. Zürich 1976, 47.

Es mangelt den Kindern nicht nur der Unsicherheit ihrer Eltern wegen an religiöser Orientierung; es fehlt auch das sowohl normsetzende wie stabilisierende Beispiel einer alltäglichen religiösen Praxis. Wo das gemeinsame Tischgebet ausstirbt, wo der Besuch der ganzen Familie im Sonntagsgottesdienst nicht mehr die Regel ist, wo statt der Fülle früherer sakramentaler und paraliturgischer Vollzüge nur die Höhepunkte von einmaligen Festen übrigbleiben, kann sich keine kindliche Frömmigkeit entwickeln, die auch die Belastungen der Reifejahre überdauert. Ganz im Gegenteil: Gerade in der Pubertät sucht man das zu kompensieren, was man in der Kindheit entbehren mußte.

Um nicht falsch verstanden zu werden: Es wird hier nicht für einen Rückmarsch in die volkskirchliche Vergangenheit ein Plädoyer gehalten. Es soll nur darauf aufmerksam gemacht werden, daß eine stil- und formlose Frömmigkeit – ohne Ordnung und ohne eine gewisse Gewohnheit – Lücken offenläßt, die sich erst später verhängnisvoll auswirken. Diese Notsituation kann zum einen Teil in einer (teilweise noch zu entwickelnden) Kinder-Katechese behoben werden [23]. Sie wird aber auch einer gezielten Arbeit mit vor allem jungen Eltern bedürfen. Die Probleme, die Eltern heute mit ihren Kindern haben, sind zum größten Teil nur der Widerhall ihrer eigenen Probleme.

Die zweite Frage nach der Ineffizienz der kirchlichen Jugendarbeit kann nicht mit einer einseitigen Kritik an der heutigen kirchlichen Jugendarbeit beantwortet werden, obgleich bedenklich ist, daß in einer Zeit wachsender Solidarisierung junger Menschen die Zahl der Mitglieder in kirchlichen Verbänden abgenommen hatte [24]. Gewiß soll nicht bestritten werden, daß kirchliche Jugendarbeit heute oft mehr die Unsicheren verunsichert als Unsichere aufrichtet, daß sie mehr »vernünftige« Verhaltensweisen zerstört als gültige Normen anbietet [25]. Aber es soll hier nicht verallgemeinert werden.

Selbst wenn eine modische Emanzipationsideologie oft das eigentlich kirchliche Anliegen der kirchlichen Jugendarbeit verdeckt, die kirchliche Jugendarbeit hat als Zielgruppe den jungen Menschen schlechthin, dem sie in selbstloser Diakonie dienen, dem sie im Selbstvollzug von Kirche eine christliche Erfahrung vermitteln, dem sie in beidem eine an Jesus Christus Maß-nehmende Selbstverwirklichung ermöglichen will [26]. Ein

---

[23] H. M. Schulz, Gemeinde als lebendige Katechese. Kinder und Erwachsene auf dem Weg zum Glauben. Mainz 1976; A. Kalteyer, Katechese in der Gemeinde. Frankfurt 1974.

[24] Vgl. Jugend zwischen 13 und 24. Vergleich über 20 Jahre, III. Band. Hamburg 1975, 28, 62.

[25] Es wäre in diesem Zusammenhang einmal zu überlegen, ob nicht viele Sozialarbeiter und junge Geistliche ihre (sozialpolitischen) Probleme aus den Jahren zwischen 1968 und 1972 in junge Menschen projizieren, obgleich die heutige Jugend sich ganz anderen Fragen ausgesetzt weiß.

[26] Synodenbeschluß: Ziele und Aufgaben kirchlicher Jugendarbeit: Gemein-

solches Angebot an junge Menschen wird immer durch den Charakter des Vorläufigen, des Probehaften und des »Experimentellen« gekennzeichnet sein.

Worum es als Gegenzug zu den Jugendreligionen und als Ergänzung der kirchlichen Jugendarbeit ginge, wäre eine Gemeindekatechese für junge Menschen, die den »Glaubenswilligen« [27] anspricht und ihm auf moderne Weise Orientierung und Hilfe bietet. Was das Arbeitspapier der Synode »Das katechetische Wirken der Kirche« [28] an grundlegender Theorie und an erprobter Praxis zu dieser Frage beiträgt, ist beachtlich. Was heute schon in einem Arbeitspapier für die Bischofssynode 1977 in Rom, die unter dem Thema steht: »Die Katechese in unserer Zeit mit besonderer Berücksichtigung der Kinder- und Jugendkatechese«, enthalten ist, an Fragen gestellt, an Wegweisungen gegeben wird, läßt hoffen. Zielsetzung dabei ist »der Wunsch der Kirche, daß die Katechese der neuen Generation eine Katechese der authentischen Freiheit und der authentischen Kreativität« ist. Die Folgerung ist einleuchtend: »Deshalb muß die Kirche, wenn sie sich im Namen des Evangeliums besonders an die Jugendlichen wendet, auch sich selbst von deren Lebensweise und deren Sprache fordern lassen« [29].

In einer solchen Gemeindekatechese könnte auch eine gewisse »Entmythologisierung der Jugend« betrieben werden, wie sie H. Glaser fordert, wenn er schreibt: »Jugend sollte wieder mehr als anthropologisches Durchgangsstadium erkannt und weniger als politisches Repressionsobjekt ideologisiert werden. Konservatives Erfahrungswissen hätte sich der Antizipationsfähigkeit jugendlicher Sensibilität zu öffnen; Jugend dürfte ihrerseits sich nicht unter dem Schutzschild des Gefühls, eine verfolgte Minderheit zu sein, verkriechen, sondern müßte den Mut zur gesellschaftlichen Integration aufbringen« [30]. Diese Aussage auf die Kirche angewandt bedeutet: Man sollte junge Menschen nicht allzu unbedacht auf ihre puerile Rolle fixieren, indem man sie sich selbst überläßt; man sollte sie im Gegenteil zu einer Integration in die Erwachsenengemeinde herausfordern. Eine solche Forderung mag als Härte am falschen Platz abgewertet werden. Aber wie kann am Ende noch eine christliche Gemeinde bestehen, wenn jeder Gläubige aus seiner Lebenssituation, aus seinen Lebensproblemen, aus seinen »Bedürfnissen« das Recht ableitet, einen eigenen kirchlichen »Club« aufzumachen. Gemeinde bedeutet Einheit in Vielfalt, wobei

---

same Synode der Bistümer der Bundesrepublik Deutschland. Freiburg 1976, 294–298.

[27] Vgl. das Arbeitspapier der Synode: Das katechetische Wirken der Kirche. Bonn 1975, 5.

[28] Vergleichbar ist der Text der Pastoralsynode der Jurisdiktionsbezirke in der DDR: Beschluß: Glaube heute.

[29] Text aus der Vatikanstadt 1976, 15.

[30] H. Glaser, Glasur aus dem Nichts. Der Mythos Jugend als Täuschung: Frankfurter Hefte 30 (1976), Heft 4, 41.

der Garant der Einheit nicht allein der gute Wille aller Beteiligten, sondern auch die jeweils gemeinsam gefeierte Eucharistie ist. Wäre von der gemeinsamen Feier der Eucharistie her nicht manches Problem des jungen Menschen wie der christlichen Gemeinde zu lösen? [31] Eucharistie steht immer im Blick der Gemeindekatechese, auch dort, wo u. U. erst ein längeres Katechumenat junge (getaufte!) Menschen zu diesem zentralen Vollzug christlicher Gemeinde hinführen müßte. Modelle für solche Hinführungen sind originell und anregend in jenen vielen Firmgruppen bereits vorhanden, wie sie in den Pfarrgemeinden veranstaltet werden [32].

Abschließend dies: Nur wenn ein integriertes kirchliches Angebot von Religionsunterricht und schulbezogener Arbeit der Kirchen [33], von kirchlicher Jugendarbeit [34] und von Gemeindekatechese versucht, den jungen Menschen in seiner ganz spezifischen Situation und mit gezielten Methoden abzuholen, wird er es in Zukunft nicht mehr nötig haben, in eine Subkultur oder in einen religiösen Untergrund auszuweichen, um er selbst, in Glück und Freude, zu werden.

---

[31] Vgl. Synodenbeschluß: Gottesdienst: a.a.O. 207–212 (Kinder- und Jugendgottesdienst); R. Bleistein, Jugend und Eucharistie. Hinführung junger Menschen zur Mitfeier des Gottesdienstes: KBl 100 (1975), 385–395.

[32] M. Thurner, In Tauf- und Firmgruppen Gemeinschaft erfahren: Diakonia 7 (1976), 338–342.

[33] J. H. Schneider, Schule–Kirche–Seelsorge. Schulbezogene Arbeit der Kirchen im Übergang. Düsseldorf 1976.

[34] R. Bleistein (Hrsg.), Kirchliche Jugendarbeit. Düsseldorf 1976.

Bernhard Grom

Bedürfnisse der Jugend – Chancen und Aufgaben der Jugendarbeit

Warum fahren jährlich mehrere Tausend Jugendliche nach Taizé? Was zieht Jugendliche seit einigen Jahren zu den Großveranstaltungen oder in die ständigen Gruppen der Fokolarini, in die Gebetskreise der Charismatiker oder zu Meditationszirkeln? Man mag die zahlenmäßige Wirkung dieser vorwiegend kirchennahen Bewegung im Verhältnis zur weniger auffälligen, aber beständigen Arbeit herkömmlicher kirchlicher Jugendorganisationen manchmal überschätzen. Ihr Efolg, ihre Ausstrahlung, ihr Signalwert sind dennoch unbestreitbar, und auch die alltägliche Jugendarbeit, die nicht mit dem Nimbus des Neuen, Enthusiastischen und Internationalen begabt ist, kann hier einiges darüber lernen, was Jugendliche heute suchen und wie sie anzusprechen sind. Wie läßt sich die menschlich-religiöse Ansprechbarkeit, wie lassen sich die vorreligiös-religiösen Bedürfnisse beschreiben, die diese (und andere) Bewegungen entdeckt haben und mit denen sich auch die kirchliche Jugendarbeit konstruktiv und kritisch auseinandersetzen muß?

Die Antwort auf diese Frage muß notgedrungen etwas global ausfallen. Denn wir können hier nicht die verschiedenen Bewegungen im einzelnen untersuchen, sondern müssen sie auf gemeinsame Trends hin befragen. Diese Trends sind aus der sozialen und geistigen Situation der Jugend zu verstehen. Wie stark oder wie schwach, wie zeitbedingt oder zeitunabhängig diese Bedürfnisse sind – darüber läßt sich bis jetzt wissenschaftlich wenig Exaktes ermitteln. Doch wichtiger als ein genaues Zahlenwerk (die quantitative Seite) ist für die Jugendarbeit ein Gespür (die qualitative Seite) für die Bedürfnisse junger Menschen und für die entsprechenden Anforderungen an das Angebot der Kirchen.

1 Das Bedürfnis nach emotionaler Erfahrung und schöpferischen Ausdrucksmöglichkeiten

Ein grundlegendes Bedürfnis, dem alle neueren Jugendbewegungen entgegenkommen, ist die Nachfrage nach starken Erlebnissen. Musik, die das Gefühl unmittelbar anspricht, poetische Texte, Tanz, Bewegungsspiele, Happenings, Gemeinschaftserlebnisse und Kreativitätstrainings werden von Jugendlichen und Erwachsenen wieder als lebensnotwendig empfunden [1].

[1] Was beispielsweise Meditationsmusik für das religiös fundierte Lebensgefühl eines jungen Menschen bedeuten kann, zeigt der Bericht von Albert Schmidt »Die andere Wirklichkeit. Erfahrungen der Kommune LORD'S FAMILY und die Probleme junger Menschen«, München 1974.

Natürlich hat die junge Generation zu allen Zeiten »etwas erleben« wollen. Doch bei der Jugend der 70er Jahre (und bereits früher in der Gegenkultur der Beat-, Pop- und Hippiebewegung) scheint es nicht mehr nur um einen entwicklungsbedingten Erlebnishunger, sondern um die *Erhaltung und Regeneration der Erlebnisfähigkeit überhaupt zu* gehen. Viele Unternehmungen und Äußerungen haben geradezu den Charakter einer Rettet-das-Gefühl-Kampagne und einen offen antiintellektuellen Zug. Warum?

Auch jene Jugendliche, die nicht ausflippen, sondern sich den Leistungserwartungen von Schule und Beruf anpassen, wehren sich heute heftig gegen die Gefahr einer Verkümmerung und einer Hemmung ihres Gefühlslebens. Sie suchen eine mehr oder weniger regelmäßige *Umstimmung,* um sich von einer Verengung zu befreien, zu der sie – ihrer Meinung nach – der moderne Lebensstil zwingt. Sie wollen sich von Zwängen lösen, die nicht nur ihre Handlungsfreiheit einschränken, sondern ihre Erlebnisfähigkeit beeinträchtigen:

- Vom Zwang zu einseitig funktionaler Kommunikation, wie sie am Arbeitsplatz, im Schulunterricht, am Postschalter usw. notwendig ist (»Fasse dich kurz oder hilf mir arbeiten!«), die aber den Ausdruck eigener Gefühle und den Aufbau gefühlsmäßiger Bindungen verhindert.
- Vom Zwang zu einem ausschließlich zweckgerichteten (und perfekt durchrationalisierten) Tun und zu ständiger Aktivität nach außen. Hier würde das gemütsmäßige Mitschwingen den Arbeitsprozeß eher stören. Also gehen von diesem Tun auch keine Impulse für emotional befriedigende Erlebnisse oder gar für die Verarbeitung innerer Antriebe, Erwartungen und Enttäuschungen aus. Man fühlt sich mit seinen Wünschen und Leiden allein gelassen – von einer Arbeits- und Lernmaschinerie, die einen zwar ständig anfordert, einem aber über den materiellen Gewinn und die gesellschaftliche Anerkennung (Berufs- und Bildungsstatus) hinaus nichts gibt.
- Vom Zwang zu einem vorprogrammierten Verhalten, das bei den meisten Arbeitsgängen, Lernschritten, im Straßenverkehr und anderswo unumgänglich ist, das aber die eigene Kreativität nicht mehr anfordert.
- Vom Zwang zur Konsumhaltung, den die Werbung und das öffentliche Bewußtsein ausübt. Eine Konsumhaltung, die einen von der Anstrengung des persönlichen Einsatzes entbindet und im Extremfall alles, vom Ferienglück bis zur Sexualität, als etwas Käufliches und Verbrauchbares hinstellt [2].

Dieser *Hunger nach Emotionalität, Kreativität und Expressivität* mag zwar auch großenteils erziehungs- und entwicklungsbedingt sein; er wird auf jeden Fall durch die angedeuteten Zwänge und Verengungen des

---

[2] Vgl. R. Affemann, Geschlechtlichkeit und Geschlechtserziehung in der modernen Welt, Gütersloh 1970, 96f.; B. Grom/J. Schmidt, Auf der Suche nach dem Sinn des Lebens, Freiburg 1975, 26f.

heutigen Lebensstils verschärft. Was ein »ewiges« Thema der Jugend ist, wird zu einem Zeitproblem (an dem auch die Erwachsenen leiden) gesteigert. Nicht umsonst drängen sich die Menschen wie emotional Verhungernde zu Gemeindefesten, Diskotheken, Yoga-Kursen, Kreativitätsabenden und Gruppentrainings – zu Veranstaltungen, die emotionsfreundlich, zweckfrei und ausdrucksfördernd sind, die der »Selbstfindung« (wie immer sie verstanden wird) dienen.

Die Chance der Verinnerlichung und die Gefahr des Emotionalismus

Mit dem gleichen Bedürfnis nach Umstimmung auf Emotionalität, Kreativität und Expressivität begegnen diese Jugendlichen auch dem Angebot der Kirchen. Die christliche Lebenshilfe und Daseinsdeutung, die die Jugendarbeit versucht, werden leicht als *emotionsfeindlich* empfunden, wenn sie nicht von vornherein das Gefühl, die »Erfahrung« (was heute weitgehend »Gefühl« bedeutet) ansprechen. Was nicht als begeisterndes oder tröstendes Erlebnis erschlossen wird, gilt als dogmatischer Formelkram und als intellektualistische Rechthaberei. Wortgottesdienste und Eucharistiefeiern wirken *vorprogrammiert und kreativitätstötend,* wenn sie einfach nach den vorgegebenen Texten, ohne eigene, spontane Beiträge der Teilnehmer, gehalten werden.
Dieser Hunger nach Emotionalität ist nun einerseits für die menschlich-religiöse Entwicklung von entscheidender Bedeutung. Das Bedürfnis, die Beziehung zu einer religiös orientierten Gruppe, zu Jesus Christus und zu Gott als eine Quelle von Verstanden- und Ermutigtwerden, von Halt und Begeisterung zu erfahren, ist ein *Weg zur Verinnerlichung des Religiösen.* Hier kann dem Jugendlichen aufgehen, daß religiöser Glaube

- mehr ist als jene Vorstellungen, die er sich als Kind einmal gemacht hatte und die er, meistens in fragwürdiger Form, auch in der Erwachsenenwelt vorfindet – Vorstellungen, die nur noch am Rande seiner persönlichen Überzeugungen und Ziele, die nur noch als »Marginalreligiosität« und Kindheitsrest, nicht als zentrale Motivation gegenwärtig sind;
- nicht in einer trocken-begrifflichen Lehre besteht, wie er sie u. U. in der religiösen Unterweisung und Verkündigung kennengelernt hat;
- sich nicht in Verhaltensweisen (Kirchgang, Sakramentenempfang, Gebet nach festen Formeln) erschöpft, die seine Erzieher oft rein äußerlich, als Forderung ohne innere Begründung, von ihm verlangt haben.

Vielmehr kann ihm gerade auf diesem Weg aufgehen, daß Glaube eine erfüllende und bindende Beziehung sein kann, die den Menschen im innersten Kernbereich der Persönlichkeit, in Gemüt und Gewissen, ergreift.
Einerseits muß also der Jugendliche die religiöse Wirklichkeit als etwas ebenso Starkes erleben wie Abenteuer, Erotik, Sport und dergleichen. Doch andererseits führt dieses Erleben nur dann zu einer tragfähigen,

bleibenden Verinnerlichung des Religiösen, wenn es mehr ist als rauschhafte Erregung und subjektive Stimmung. Das religiöse Erleben muß ein *mehrdimensionaler Zugang* zum Religiösen werden (man könnte auch sagen: ein mehrdimensionales Lernen): Zwar muß alles vom Erleben her erschlossen werden, weshalb auch stets eine erlebnisgünstige und vertrauensvolle Atmosphäre geschaffen werden muß, – aber das Erleben muß gleichzeitig gegenüber dem prüfenden Verstand als proportioniert und realitätsgerecht begründet sein, und es muß, wo geboten und sinnvoll, auf Konsequenzen im praktischen Verhalten hin bedacht werden. Es muß eine echte Ergriffenheit sein, aber eine überzeugte und tatbezogene Ergriffenheit. Alles andere wäre Schwärmerei.

Die kirchliche wie die außerkirchliche Jugendarbeit muß sich angesichts dieses religionspsychologischen Zusammenhanges fragen, wie sie die Erlebnisfähigkeit ansprechen und entwickeln kann, ohne den Gefahren des *Emotionalismus* und der alten Erlebnispädagogik zu erliegen. Solche Gefahren sind ohne Zweifel in manchen Gruppen, deren Leiter allzu kurzatmig und marktorientiert die emotionalen Bedürfnisse der Zeit befriedigen wollen, deutlich zu beobachten.

Die Gefahr des Emotionalismus droht, wenn bei Feiern, Einkehrtagen, Meditationskreisen oder Gruppentrainings die erlebnisgünstige Atmosphäre zum Selbstzweck und zum Hauptinhalt wird. Die besondere Hochstimmung solcher Veranstaltungen wird dann nicht durch einen realistischen Blick auf Aufgaben und Probleme für den Alltag fruchtbar gemacht, sondern durch das Ausklammern alles Problembeladenen zu einer realitätsfernen Euphorie gesteigert, die wie eine Droge genossen wird, aber niemandem hilft.

Die gleiche Gefahr wird überall dort heraufbeschworen, wo man nur mit suggestiven Mitteln wie Musik, Stille und Bekenntnis eine Stimmung herbeiführt und sie nicht auch durch eine sachliche Einführung oder ein auch für Einwände offenes Gespräch begründet. Ein erfahrener Seelsorger sagte einmal nach vielen Experimenten vom Gottesdienst: »Die Predigt muß nüchtern sein und durch ihren Realismus überzeugen; die folgende Eucharistiefeier hingegen muß das Erleben ansprechen.« Diese beiden Komponenten, Reflexion und Emotion, müssen in irgendeiner Form bei jeder Veranstaltung zu finden sein. Wo das prüfende Nachdenken als Hindernis für die Hingabe an das Erlebnis betrachtet und vernachlässigt wird, entsteht jene reflexionsfeindliche Atmosphäre, die nicht selten in charismatischen und neupietistischen (auch katholischen) Kreisen herrscht: Bibelstellen werden nur nach dem spontanen Wortverständnis, fundamentalistisch, ausgelegt, als ob exegetisch-bibeltheologische Überlegungen das unmittelbare Sichbetreffenlassen stören würden. Günstige Ereignisse werden mit einer völlig unkritischen Wundergläubigkeit als Gebetserhörungen und Fügungen Gottes gepriesen, als ob es keine naturwissenschaftlichen und psychologischen Gesetzmäßigkeiten und keine Verborgenheit Gottes gäbe [3]. Eine solche Religiosität kann eigentlich nur aufrechterhalten werden, wenn sich der Jugendliche weiterhin auf seinen Erlebnishunger fixiert und die Fragen seines Verstandes (und seiner kritischen Umgebung) verdrängt. Es ist gefährlich, Emotionsfeindlichkeit durch Reflexionsfeindlichkeit heilen zu wollen.

Jugendarbeit muß Emotion und Reflexion miteinander verbinden

Die Jugendarbeit findet wohl dann den richtigen Weg, wenn sie – wie es großenteils schon praktiziert wird – methodisch folgende beiden Forderungen erfüllt: *1. Gespräche mit emotionalem Einstieg und echtem Erfahrungsbezug und 2. Feiern und Gottesdienst mit spontanem Ausdruck und reflektiertem Erleben.*

Welches Thema eine Gruppe auch immer besprechen will, es sollte in einer Atmosphäre und in Gesprächs- und Arbeitsformen angegangen werden, die zunächst die emotionale Beziehung der Teilnehmer zum Thema bewußt machen, erleben lassen. Nicht das mitgebrachte Wissen, sondern die mitgebrachten Einstellungen sollten zuerst ins Gespräch gebracht werden, – und zwar von ihrer emotionalen Seite her. Beispielsweise Gott oder die Kirche als Quelle von Ermutigung oder Angst, von Inspiration oder Enge.

Um die emotionale Seite der persönlichen Einstellung und Erfahrung bewußt zu machen und auszudrücken, hat es sich bewährt, nicht im üblichen Diskussionsstil zu beginnen, sondern zuerst das Bild- und Symbolbewußtsein zu aktivieren und mit Assoziationen zu arbeiten. Genau dies geschieht, wenn man beispielsweise zu einem Thema Pantomimen, Fingerfarbenbilder oder Collagen erarbeiten läßt, Photos betrachtet, einen Kurzfilm oder Kunstdias zu einem Thema zeigt, angefangene Sätze vollendet oder eine Metapherübung machen läßt (vgl. B. Grom, Methoden für Religionsunterricht, Jugendarbeit und Erwachsenenbildung, Düsseldorf 1976, 125–185; 237–251). Bei all diesen Verfahren geht es um weitaus mehr als nur um methodische Tricks: es soll eine Klärung erreicht werden, die von einer ehrlichen Bewußtmachung und Bestandsaufnahme ausgeht und nicht nur »Man-könnte-sagen«-Floskeln austauscht. In einer solchen Klärung muß natürlich auch das Schweigen, die Sammlung und das Sichbetreffenlassen einen Ort haben.

Das Meditieren und Feiern beim Gruppenabend, beim gemeinsamen Wochenende oder beim Gottesdienst sollte keine reflexionsfeindliche Suggestion sein, sondern eine Gelegenheit, um in der Stille der Meditation oder in einer kreativen Ausdrucksgestaltung (Malen, Plakate, Collagen, musikalische Improvisation, Pantomime, Spielszene, Bildbetrachtungen texten

[3] Siehe B. Grom, Die Jesus-Bewegung, in: Stimmen der Zeit 190 (1972) 181 bis 194; ders., Die katholische charismatische Bewegung, ebd. 191 (1973) 651–671; ders., Fragen an die Meditationsbewegung, ebd. 192 (1974) 93–107.

usw.) eine bereits geklärte Einsicht intensiver erleben zu können. Dank der entspannten und erlebnisbereiten Atmosphäre der Meditation oder dank dem Gestaltungsanreiz verschiedener Medien (Geste, Musik, Bild, expressive Sprache) können Jugendliche erleben und ausdrücken, was ihnen beispielsweise Freiheit (Erlösung), Hoffnung, Solidarität (Brüderlichkeit), Versöhnung, Gebet bedeuten. Ihre Ausdrucksmöglichkeiten bleiben nicht – wie im herkömmlichen Gesprächsstil und während der kritischen Welle – auf die Begriffssprache beschränkt. So kann die eingangs erwähnte Gemütsverdrängung aufgehoben werden, – und zwar ohne daß man in das andere Extrem des Emotionalismus verfällt.

2 Das Bedürfnis nach Kontakt und Gemeinschaft

Ein zweites Grundbedürfnis der Gegenwartsjugend ist ohne Zweifel die Überwindung drohenden Kontaktverlusts, die Sehnsucht nach *Kontakt und Gemeinschaft*. War Vereinzelung und Einsamkeit immer schon aufgrund der notwendigen Ablösung von der kindlichen Bindung an die Eltern ein Problem des Jugendlichen, so wird es durch die gegenwärtigen Verhältnisse wohl noch verschärft[4]. Eine Ursache für das Gefühl des Kontaktverlusts könnte die Tatsache sein, daß die meisten Jugendlichen heute in Kleinfamilien heranwachsen, die nicht alle Rollen- und Kontaktbedürfnisse befriedigen (als zu eng empfunden werden) und nicht selten durch Scheidung und Trennung der Eltern zu Restfamilien geschrumpft sind. Einen weiteren Grund kann man darin sehen, daß sowohl die Arbeits- wie die Schulsituation zu vorwiegend äußerlichen, funktionalen und ständig wechselnden Beziehungen zwingt und selten eine tiefere Verwurzelung in einer Gruppe begünstigt.

Die 10 Millionen Deutschen (das sind mehr als die Gewerkschaften Mitglieder zählen), die in Sportvereinen und -verbänden organisiert sind, suchen darin vor allem Kontakt und Geselligkeit. Die Begierde, mit der die junge Generation im Gespräch zum Du übergeht, könnte ein weiterer Ausdruck dieses Kontaktbedürfnisses sein. Die Hochschätzung gruppenpsychologischer Kurse oder gruppenpsychologischer Elemente in verschiedenen Veranstaltungen ist vermutlich ähnlich motiviert.

Bei den Fokolarini, den Charismatikern und der Taizé-Bewegung spielt das Gemeinschaftserlebnis und die Kleingruppe (»Zelle«) eine wesentliche Rolle. Aber auch die außerkirchlichen Bewegungen – am fragwürdigsten die »Vereinigungskirche« – wollen ihren Mitgliedern die Geborgenheit einer »Familie« schenken.

Wann werden diese Bemühungen fragwürdig, und wie muß eine verantwortliche Jugendarbeit auf das heutige Kontakt- und Gemeinschaftsbe-

---

[4] Siehe H. P. Dreitzel, Die Einsamkeit als soziologisches Problem, Zürich 1970.

dürfnis eingehen? Fragwürdig und u. U. gefährlich werden die heute üblichen Bemühungen um mehr Kontakt und Gemeinschaft dann,

- wenn nur oberflächliche, krampfhafte Kontakte zustande kommen, wenn nur eine Scheingemeinschaft entsteht, die den erhofften Halt und die nötige Bestätigung nicht bietet, da kein Vertrauen und keine gemeinsame Wertüberzeugung aufgebaut, sondern Illusionen gepflegt werden;
- wenn die Erwartung gefördert wird, man könne in der Gruppe eine konfliktfreie, frühkindlich-vorpersonale Geborgenheit finden, wo Auseinandersetzungen überflüssig sind und wo man – mehr oder weniger narzißtisch – seine Gefühle ausbreiten und ihre Beachtung durch andere genießen kann. Eine solche Gruppenatmosphäre würde die Arbeit an den eigenen Kontakthemmungen (Angst, maßlose Erwartungen, mangelndes Durchsetzungsvermögen, Konfliktbereinigung) nicht unterstützen, sondern durch eine Gruppennest-Utopie ersetzen;
- wenn die (ohne Zweifel notwendige) Empfänglichkeit für die emotionalen und geistigen Impulse der Gruppe zu einer suggestiblen, unkritischen Abhängigkeit von einem Leiter oder einer dominanten Teilgruppe wird. Wenn der Erwartungsdruck eine freie Meinungs- und Konsensbildung unmöglich macht.

Jugendarbeit muß ein Konzept der Sozialerziehung enthalten

Die kirchliche Jugendarbeit muß dem Bedürfnis nach Kontakt und Gemeinschaft auf eine anspruchsvollere Weise gerecht werden. Nun war für sie Gemeinschaftsbildung, Sozialerziehung immer schon ein Anliegen. Was bisher vielleicht mehr beiläufig und unbewußt-intuitiv versucht wurde, sollte zu einem Programm *der Erziehung zur Kommunikations- und Kooperationsfähigkeit* oder kurz: zu einem Konzept der Sozialerziehung weiterentwickelt werden. Es müßte ein Programm sein, das einerseits die unschätzbaren Erfahrungen der bisherigen Jugendarbeit auswertet und andererseits aber auch die Kenntnisse und die Methoden neuerer Gruppenpsychologie und Gruppenpädagogik fruchtbar macht.

Es ist zwar nicht möglich, die Entwicklung einer Gruppe zu einer Kontakt- und Arbeitsgruppe als gesetzmäßige Abfolge bestimmter Phasen zu beschreiben und zu planen [5]. Aber man kann Gruppenleiter so schulen, daß sie ein Gespür für die Haupthindernisse und Hauptaufgaben auf dem Weg zu einer besseren Kommunikations- und Kooperationsfähigkeit entwickeln und gezielt Impulse für diese Entwicklung geben können.

Diese Impulse können nach den Erfahrungen der letzten Jahre ruhig jene Übungen und Spiele einsetzen, die (manchmal etwas künstlich und labora-

---

[5] Etwa in der Folge: Formierungs-, Konflikt-, Normierungs- und Arbeitsphase oder nach anderen Schemata. Vgl. hierzu P. Sbandi, Gruppenpsychologie, München 1973, 130–152.

toriumshaft) in den Gruppentrainings der verschiedenen Richtungen entwickelt wurden und sich auch in der Jugendarbeit wachsender Beliebtheit erfreuen: vom NASA-Spiel bis zum Sich-blind-führen-Lassen, von der gemeinsamen Manöverkritik bis zur Selbst- und Fremdeinschätzung. Entscheidend ist allerdings, daß diese Übungen nicht zu bloßen Unterhaltungsspielen oder zu amateurpsychologischen Abenteuern (wilde Interpretationen, unerträgliche Verunsicherung) mißbraucht, sondern so ausgewertet werden, daß die alltägliche Gesprächs- und Arbeitsatmosphäre verbessert wird. Ein Konzept der Sozialerziehung haben bedeutet, daß man schrittweise und gezielt eine Gruppe anstrebt, wo die anfängliche innere Fremdheit, die Unsicherheit voreinander und das in Schule und Betrieb gezüchtete Konkurrenzdenken allmählich von einem tieferen Sichkennenlernen und Vertrauen und schließlich von der Freude am gemeinsamen Planen und Tun (Gruppenmotivation) abgelöst wird. Was eine solche Entwicklung im einzelnen voraussetzt, kann hier nur angedeutet werden:

- Aufmerksamkeit und Einfühlungsvermögen füreinander wecken,
- über seine Gefühle und Einstellungen, über seine Positiverfahrungen und Schwierigkeiten miteinander sprechen können (was nicht nur ein Klima des Vertrauens, sondern auch entsprechende Themen- und Fragestellungen voraussetzt),
- Vorurteile und unangemessene Reaktionsweisen bewußt machen und und in Frage stellen,
- Konflikte partnerschaftlich, ohne einseitige Unterwerfung oder Verdrängung lösen lernen,
- gemeinsame Entscheidungen durch Konsensbildung, nicht durch Mehrheitsbeschluß oder durch Druck treffen,
- Wertschätzung äußern und Freude an gemeinsamen Aktionen und Zielsetzungen erfahren. Gemeinsame Wertüberzeugungen und Ideale als verbindende Kraft erleben.

Bei all diesen Teilzielen und Schritten kann auch erfahren (bzw. deutlich gemacht) werden, wie Kommunikations- und Kooperationsbereitschaft über alle Gesprächs- und Arbeitstechnik hinaus letztlich eine religiöse Motivation anfordert: eine Gesprächs- und Arbeitsgruppe, die solidarisch sein soll, muß immer auch aus jener Brüderlichkeit leben, die Christus mit uns verwirklichen will.

3 Das Bedürfnis nach Wertorientierung und Sinn

Ein drittes Grundbedürfnis, das nicht mehr zu übersehen ist, wurde bereits angedeutet: Menschen verschiedenen Alters und mit unterschiedlicher Einstellung zur Kirche fragen – sogar in Leserbriefen und in politischen Versammlungen – mit einem neuen Ernst nach *wertbezogenen Zielen* und nach einem umgreifenden *Lebenssinn.*

Die Wiederaufbauphase nach dem Zweiten Weltkrieg, wo die Bevölkerung vom Kampf um Nahrung und Wohnung absorbiert und vom wirtschaftlichen Aufstieg fasziniert war, ist endgültig zu Ende. Man fragt sich nüchterner und kritischer, ob die profitorientierte Wirtschaft und ihre durchrationalisierte Produktionsmaschinerie wirklich auf die richtigen Ziele ausgerichtet sind oder die stets wachsende Produktion und den Konsum von Waren nicht zum Selbstzweck erheben, dem der arbeitende Mensch alle Zeit und Kraft zu opfern hat. Diese Frage nach den Grundwerten der Gesellschaft war schon ein zentrales Anliegen der Protestbewegung Ende der 60er Jahre. Sie kann gerade von Jugendlichen, die eine Motivation für die Anstrengung in Schule und Beruf brauchen, ganz existentiell gestellt werden. So schrieb ein 15jähriger Schüler an den Herausgeber der Jugendzeitschrift »interbrief«:
»Oft bekomme ich panische Angst vor meiner Zukunft, ich habe einfach Angst vor dem Älterwerden. Oft, wenn ich darüber nachdenke, finde ich, daß das Leben nutzlos ist. Wozu soll man eigentlich leben? Sich einen Besitz schaffen? Man stirbt ja doch. Es mag vielleicht lächerlich klingen, wenn ich Ihnen schreibe, daß ich Angst habe vor dem Sterben.«
Die Theorie und Praxis unseres Staates und unserer Wirtschaft kann Fragen dieser Art offensichtlich nicht vollständig und befriedigend beantworten. Können es die Kirchen, kann es die kirchliche Jugendarbeit?
Gewiß gibt es Denkschriften und Enzykliken, die Ansätze einer wertenden Zeitanalyse bieten und die von der Jugendarbeit noch zu entdecken wären: »Pacem in terris«, »Populorum progressio« u. a. Es gibt vor allem auch Symbole, Verkörperungen christlicher Werthaltung und Praxis in der heutigen Welt: Martin Luther King, Dom Helder Camara. Aber oft genug wirken die von den Kirchen verkündeten Grundsätze (etwa der Geburtenkontrolle oder der Unterordnung der Frau unter den Mann) wie Gebote und (vor allem) Verbote aus einer vergangenen, vorindustriellen Zeit. Dieses Hinter-der-Zeit-Herhinken ist ohne Zweifel eine weitere Ursache für das entstandene Wert-Vakuum, in das der Neomarxismus gerade bei idealistisch eingestellten Jugendlichen eindringen konnte.
Der Jugendliche zwischen 16 und 20 hat immer schon nach einer Wertorientierung gefragt, und sei diese noch so einfach oder primitiv. Er brauchte immer schon eine Wertorientierung, die seinem Lebensstil eine Richtung und eine Werthierarchie geben kann.

Ein Lebensprogramm für heute und morgen entwerfen

Darum muß es ein Hauptanliegen kirchlicher Jugendarbeit sein, aus der Inspiration des überlieferten Glaubens heraus, *Schwerpunkte eines Lebensprogramms für heute und morgen* zu formulieren. Sie muß offensiv die Zeichen der Zeit aufspüren und zeitgerechte und konstruktive Ziele und Werte zu Bewußtsein bringen.

Das klingt programmatisch, idealistisch, visionär. Aber ganz ohne Vision findet auch der Nüchternste und Analytischste nicht den Weg, der unsere wirtschaftlichen, technischen, kommunikativen und politischen tausend Möglichkeiten in eine sinnvolle Zukunft, zu einem lohnenden Ziel führt. Gerade der Jugendliche, der sich anschickt, unsere hochtechnisierte Zivilisation mitzutragen, muß eine Antwort erhalten auf die Frage: »Wozu das alles?« Das Taizé-Dokument »Kampf und Kontemplation« enthält eine Antwort und Vision in diesem Sinn. Auch die zu Schlüsselbegriffen der Verkündigung aufrückenden Stichworte »Sinn« und »Hoffnung« können, wenn man sie nicht im Unbestimmten verschwimmen läßt, etwas von der angedeuteten christlichen Inspiration für heute vermitteln.
Wichtig sind vor allem *Schwerpunkte,* in denen diese Inspiration und Vision konkret wird: Daß beispielsweise Frieden und Entwicklung als Aufgaben der Gegenwart begriffen werden. Daß die Arbeit nicht nur als Ort der Karriere, sondern auch als Chance zur Gestaltung einer humanen Welt gesehen wird. Daß die Freizeit nicht nur zum Konsum, sondern auch zur schöpferischen Erforschung und Gestaltung der Umgebung und zum Aufbau von Kontakten verwendet werden soll. Daß die Sorge um die Randgruppen ein bleibendes Anliegen eines neuen staatsbürgerlichen Bewußtseins wird. Daß Kinder nicht nur als Konsumbremse und Karrierehindernis, sondern als bereichernde Partner der Erwachsenen gewertet werden. Daß entgegen dem modischen Kult der Jugend auch zu den alten Menschen ein realistisches und humanes Verhältnis gesucht wird. Daß entgegen dem Trend zum Konsum- und Statusdenken bei Anschaffungen (Kleidung, Wohnungseinrichtung, Reisen, Auto) ein Lebensstil kultivierter Einfachheit und menschlicher Werte (Humor, soziales Empfinden, musische Interessen, Geselligkeit) entwickelt wird. Daß im Sportbetrieb nicht nur die Sensation und der Leistungskult herrschen, sondern auch das Spielerische gewahrt bleibt.
Schwerpunkte dieser Art sind weitgehend in einer Durchleuchtung und Wertung der Zeitsituation und des eigenen Lebensstils zu erarbeiten, also an das Gespräch gebunden. Sie sind aber nicht nur Sache des gemeinsamen Gesprächs; sie müssen auch – wie es mit Erfolg schon praktiziert wird – durch andere Lernvorgänge angeeignet werden: durch *Aktionen,* die durch den praktischen Einsatz auf die Lage von Behinderten, Alten, Ausländern oder Kindern aufmerksam machen und die lebendig erfahren lassen, warum sich die Zuwendung zu anderen lohnt (vgl. B. Grom, Methoden, 228–236). Außerdem durch *Begegnungen* mit Persönlichkeiten, die auf überzeugende Weise mitten in unserem heutigen Leben Christentum zu verwirklichen suchen und darüber befragt werden können: ein Ehepaar aus einem Kreis junger Familien (zum Thema »Liebe und Ehe«), ein Entwicklungshelfer (über »Dritte Welt und wir«), eine Krankenschwester oder ein Sozialarbeiter (zu »karitative und soziale Aufgaben«), ein pensionierter Herr, eine pensionierte Dame (zum Thema »Altern«).

Annegret Wetter

Vom »Generationenkonflikt« zur Kooperation kirchlicher Jugend- und Elternarbeit

Kirchliche Jugendarbeit hat sich schon immer die Frage nach Erwachsenen gestellt, jedoch vorrangig im Hinblick auf die Bedeutung des erwachsenen Mitarbeiters als Berater einerseits sowie im Hinblick auf solche Erwachsene, die andererseits an wesentlichen Schaltstellen Jugendarbeit ideell oder finanziell fördern oder behindern. Weitgehend unberücksichtigt blieb dabei immer eine Gruppe von Erwachsenen: die Eltern der Kinder und Jugendlichen, die an Jugendarbeit teilnehmen.

Wenn kirchliche Jugendarbeit – sei es verbandliche Jugendarbeit oder offene Jugendarbeit z. B. in Form von Gemeindekatechese – Angebote an junge Menschen macht, rückt zunehmend ihr Eingebundensein in Familie und ihre Beziehung zu Eltern in den Blick; nicht zuletzt deswegen, weil sich vielfältige Fragen und Schwierigkeiten junger Menschen erst aus der familiären Situation und dem dort erfahrenen Erziehungsstil ergeben.

An dieser Stelle sei unmißverständlich festgestellt, daß Eltern mit ihrer Art, Erziehung zu gestalten, positive Absichten haben. Daß jedoch der Einfluß auf Erziehung immer eigenen Möglichkeiten und Grenzen unterworfen ist, sei gleichzeitig festgestellt. Erziehung verläuft nicht in jedem Fall zur Zufriedenheit von Eltern. Das wird sehr häufig bedauert, bis hin zu einer existentiellen Betroffenheit, die zur Verzweiflung führen kann. Eltern verstehen nur schwer, daß die investierte Zeit und Kraft zu einem anderen Ergebnis im Sinne eines »Erziehungsproduktes« geführt hat, als es eigentlich gewollt war. Gründe für ein solches Mißlingen werden nicht selten in sogenannten schlechten Umwelteinflüssen oder bei zu stark prägenden Erbanlagen gesucht.

Nach diesen einführenden Gedanken könnte der Eindruck entstanden sein, die eigentlich Leidtragenden seien ausschließlich junge Menschen, die nur eingeschränkte Möglichkeiten vorfinden, sich zu entfalten. M. E. sind Eltern in gleichem Maß Leidtragende, weil sie mit ihren vielfältigen Problemen, die sich sicherlich in den letzten Jahren verlagert haben, im Gegensatz zur Generation vorher, allein gelassen wurden. Sie waren und sind ebenso verunsichert wie junge Menschen, denen es an Orientierungspunkten fehlt. Sie wurden allein gelassen von denen, die mit ihren Kindern gearbeitet haben. Darüber können auch unzählige Elternabende – sei es im Bereich der Vorschulerziehung, im schulischen oder außerschulischen Bereich – nicht hinwegtäuschen. Die tatsächliche Erziehungssituation in der Familie sowie die Erziehungsnot der Eltern wurde nur hinter vorgehaltener Hand diskutiert; nicht zuletzt auch deswegen, weil man sich die eigene Unsicherheit nicht eingestehen wollte.

Eigentlich ist es ein bedauerlicher Tatbestand, daß in den letzten Jahren die Forderung nach kind- und jugendgerechter Erziehung zugenommen hat, weil junge Menschen immer häufiger signalisieren – bewußt oder unbewußt –, daß in der Erziehung etwas nicht stimmt. Diese Signale werden nicht zuletzt deutlich am Interesse für die Neuen Religionen oder an der zunehmenden Selbstmordquote. Deutlicher als je zuvor müßten diese Signale für alle an der Erziehung beteiligten Eltern, Mitarbeiter im außerschulischen und schulischen Bereich Herausforderung sein, ihre bisherige Arbeit kritisch zu überdenken, damit insbesondere die heranwachsende Generation nicht weiterhin infolge der Versäumnisse vergangener Jahre benachteiligt wird.
Die nachfolgenden Überlegungen sollen zum Nachdenken anregen über die Belastungen und Chancen von Eltern einerseits und über eine mögliche Kommunikation und Kooperation zwischen Kindern und ihren Eltern andererseits, wie sie im und durch den Bereich der Jugend- und Erwachsenenarbeit erleichtert werden kann.

Eltern im Spannungsfeld von Belastungen und Chancen

Erziehungsaufgaben und Erziehungslandschaft haben sich im Verlauf der vergangenen Jahre sehr schnell verändert. Die sehr rege geführte Diskussion über repressionsfreie Erziehung, Veränderung im Umgang mit Normen und Werten, zunehmende Berufstätigkeit beider Elternteile, Auflösung der Großfamilie hin zur Kleinfamilie und andere Faktoren mehr haben diese Veränderung beeinflußt. Es ist dabei nicht zu übersehen, daß sie zu Lasten der heranwachsenden Kinder und Jugendlichen ging: Repressionsfreiheit umgesetzt in den Erziehungsprozeß bewirkte häufig, daß sich Kinder in voller Verantwortung als »kleine Erwachsene« selbst überlassen blieben; Gelassenheit in der Erziehung wurde durch Lässigkeit ersetzt, bis hin zu einer vermeintlichen Interesselosigkeit. Eigentlich mag es sehr widersprüchlich klingen, wenn Kinder das Desinteresse ihrer Eltern an ihrem Leben bedauern und diese gleichen Eltern sich möglichst bemühen, nicht in das sogenannte Privatleben ihrer Kinder einzugreifen, um ihnen einen möglichst großen Freiraum der eigenen Entfaltung zu geben. Meines Erachtens liegt hier ein entscheidendes Mißverständnis: Überall dort, wo sich Eltern und andere an der Erziehung Beteiligte zurückgezogen haben, wo sie aus falsch verstandener Rücksichtnahme keine oder nur geringe Orientierungshilfen angeboten haben, dort wo sie nur wenig Anteil am Leben von Kindern genommen haben, werden jungen Menschen Chancen der Gestaltung ihres Lebens genommen.
Durch die veränderte Situation in Familie und Gesellschaft, durch die Veränderung der Intentionen in der Erziehung ist auch die religiöse Erziehung belastet worden, da sie ja nicht als etwas Hinzukommendes zur allgemeinen Erziehung verstanden werden kann, sondern als Einheit, die

auf das Ganze des Menschen zielt, auf seine Individualität und sein Eingebundensein in die menschliche Gesellschaft.

Wenn heute junge Menschen mit den Neuen Religionen sympathisieren, in ihnen engagiert mitarbeiten oder sich an diese Organisationen und Gruppen verkaufen, so läßt sich daraus eine sehr deutliche Anfrage an die selbsterfahrene religiöse Erziehung ableiten. Meines Erachtens sollte sich die Kirche sehr selbstkritisch fragen, inwieweit die derzeit geleistete religiöse Erziehung bzw. die Formen religiösen Lebens in der Gemeinde junge Menschen nicht eher abstoßen, als daß sie Hilfe bekommen zur Lebensbewältigung und Zukunftsgestaltung. Die nicht selten gehörte Klage, daß Kinder im pubertären Stadium den Raum der Gemeinde verlassen, sollte daher zum Nachdenken anregen, zum Nachdenken über Inhalte und Formen religiösen Lebens und der Angebote an Kinder. Die bis dahin gemachten Erfahrungen bleiben nicht selten Episoden, an die sich ein junger Mensch oder auch ein Erwachsener, wenn er zurückdenkt, nur sehr ungern erinnert. Sie sind bedeutungslos für sein Leben geblieben.

Eine Chance für Eltern liegt sicherlich in dem Bemühen, ihren Kindern Partner zu sein. Das ist leichter gesagt als getan. Da Kinder immer noch zu den Menschen gehören, die nicht allein entscheiden dürfen oder die mit ihren Entscheidungen und der damit verbundenen Verantwortung allein gelassen werden, ist es immer notwendiger, daß Eltern und Erwachsene bereit und fähig werden, ihre Kinder durch Versuch und Irrtum Erfahrungen machen zu lassen, damit sie ihren eigenen Standort finden können. Entscheidend wird sich eine solche Partnerschaft beweisen können, wenn trotz investierten Vertrauens Mißlingen deutlich wird, wenn Reaktionen anders erfolgen, als eigentlich zu erwarten war.

Partnerschaft wird häufig dadurch behindert, daß Eltern ihre unerfüllten Wünsche und Sehnsüchte auf ihre Kinder projizieren, was dann für beide Seiten zur Belastung wird. Denn immer dort, wo unreflektierte Erziehungsziele, ihre Umsetzung und das Erziehungsprodukt auseinanderklaffen, kommt es offen oder verdeckt zum Bruch. Und immer dort, wo sich engagierte Mitarbeiter für die Lösung der Fragen und Probleme und für die Interessenvertretung junger Menschen einsetzen, werden sie zu Feinden von Eltern.

Es wird daher verstärkt zu überlegen sein, welche Möglichkeiten sich anbieten, um Eltern in ihrer Situation Hilfen zu geben, damit der Erziehungsprozeß kind- und jugendgerecht verlaufen kann und Verunsicherungen von Eltern zugunsten einer größeren Sicherheit und Freude umgewandelt werden.

Jugendarbeit nicht ohne Eltern

Jugendarbeit versteht sich als Angebot an junge Menschen für einen Lebensraum neben Elternhaus, Schule und Berufsausbildung. Dadurch soll ihnen eine weitere Möglichkeit zur personalen Entfaltung, zur Erweiterung ihrer sozialen Kompetenz und zu politischem Engagement gegeben werden. Wenn sich Jugendarbeit bewußt neben Elternhaus, Schule und Berufsausbildung stellt, dann darf dabei nicht übersehen werden, inwieweit sich Notwendigkeiten und Möglichkeiten der Kommunikation und Kooperation mit Erwachsenen im allgemeinen und mit Eltern im besonderen ergeben.

»Die hetzen ja nur unsere eigenen Kinder gegen uns auf« oder »Was die da machen, ist doch alles Mist« oder »Hauptsache, unser Kind geht irgendwohin« – so oder in ähnlicher Form geäußerte Meinungen von Eltern sind nicht selten. Alle diese Aussagen haben eines gemeinsam: sie signalisieren Unwissenheit von Eltern, angefangen von totaler Ablehnung bis hin zu pauschaler Annahme dessen, was dort angeblich getan wird. Und wer kann Eltern das Spektrum solcher Meinungen verdenken? Meines Erachtens ist hier ein Ansatzpunkt notwendiger Information von betroffenen Eltern und anderen Erwachsenen.

Mitarbeiter in der Jugendarbeit kennen sehr gut den Wunsch von Jugendlichen: »wenn doch meine Eltern das hören könnten« oder »was wir hier überlegen, finde ich gut und auch sehr richtig, aber alles sieht ganz anders aus, wenn ich wieder zu Hause bin«. Durch solche Äußerungen signalisieren junge Menschen den Wunsch nach Auseinandersetzung mit ihren Eltern über eigene Fragen und Probleme, obwohl ihnen dieser Wunsch immer wieder abgesprochen wird. Daraus ergeben sich meines Erachtens folgende Fragen an die Jugendarbeit:

- Wie können Erwachsene – insbesondere Eltern – informiert werden über das, was in der Jugendarbeit geschieht?
- Wo ergeben sich Ansatzpunkte, um jungen Menschen Gespräche mit ihren Eltern zu ermöglichen?
- Welche Hilfen können Eltern gegeben werden bei der Bewältigung ihrer eigenen Fragen und Probleme?
- Wo können Mitarbeiter in der Jugendarbeit »Anwalt« junger Menschen werden?
- Wie könnten Kooperationsmöglichkeiten zwischen Jugendarbeit und Erwachsenenbildung, zwischen Jugendverbänden und Erwachsenenverbänden aussehen?

In den nachfolgenden Überlegungen sollen einige bereits praktizierte und auch gelungene Möglichkeiten geschildert werden. Darüber hinaus möchte ich versuchen, nicht realisierte Wünsche und Ideen engagierter Mitarbeiter wiederzugeben und damit auch zur Diskussion und zur Auseinandersetzung anzuregen.

Information und Ansatz für gemeinsame Gespräche

Jugendarbeit kann nur insoweit bejaht und anerkannt werden, wie sie selbst in der Lage ist, sich darzustellen. Wenn ich in diesem Zusammenhang den Begriff »Elternabend« nenne, dann sicherlich nicht, um eine üb-

liche Form wieder zu beleben. Der allgemein bekannte Elternabend hat sich im wesentlichen darauf konzentriert, Aktivitäten der Kinder oder der Jugendgruppe oder der Jugendarbeit der Pfarrei vorzustellen, ohne jedoch Gelegenheit zu geben, über den Hintergrund und über den Sinn solcher Aktivitäten nachzudenken. Es scheint mir sinnvoll zu sein, daß Elternabende über den Informationswert hinaus die Chance nutzen, Kinder mit ihren Eltern ins Gespräch zu bringen. Gruppen, die einen solchen Versuch wagten, haben festgestellt, daß ein Elternabend nicht eine in sich abgeschlossene Veranstaltung wurde, sondern Auslöser für gemeinsame Gespräche über einen längeren Zeitraum. Dabei standen zumeist am Anfang vordergründige Fragen im Mittelpunkt, Fragen, die mehr Informationscharakter hatten. Gerade Eltern entdeckten zunehmend, wie wichtig es ist, über den eigenen Standort nachzudenken, ihn zu überprüfen und wenn es erforderlich war, ihn auch zu korrigieren. Nicht selten mündeten solche Gespräche in die Frage nach dem eigenen Ich, die sich Eltern und ihre Kinder gemeinsam stellten. Sie machten dabei gemeinsam mit Mitarbeitern in der Jugendarbeit die Erfahrung, daß der sogenannte Generationskonflikt nicht notwendigerweise als solcher besteht, sondern daß der Konflikt in einer verpaßten und nicht genutzten Kommunikations- und Kooperationsmöglichkeit lag.
Ein weiteres Ergebnis solcher Gespräche zwischen Kindern, ihren Eltern und Mitarbeitern in der Jugendarbeit ist mancherorts die Gründung eines »Elternrates« mit der Funktion der gegenseitigen Information und Beratung. Es sei jedoch darauf aufmerksam gemacht, daß ein solcher Elternrat sehr leicht dann zum Scheitern verurteilt ist, wenn die gemeinsame Gesprächsgrundlage fehlt und dieses Gremium als Lösung für Konflikte zwischen Alt und Jung unreflektiert und zusammenhanglos eingeführt wird.
In den letzten Jahren hat die Zahl von Veranstaltungen zugenommen, zu denen Erwachsene mit ihren Kindern eingeladen werden. In der Regel werden bei diesen Veranstaltungen Sachfragen thematisiert, z. B. aus dem Bereich des Glaubens; die Kinder werden durch ein Rahmenprogramm beschäftigt, insbesondere dann, wenn es sich um kleinere Kinder handelt. Meines Erachtens liegt eine große Chance darin, bei ähnlichen Veranstaltungen Fragen und Probleme anzusprechen, die Eltern und ihre Kinder miteinander haben. Voraussetzung dafür muß jedoch sein, daß eine ausreichende Zahl von Mitarbeitern zur Verfügung steht, die Fachkompetenz haben im Hinblick auf Konfliktlösung und auch von Eltern und Jugendlichen akzeptiert werden. Darüber hinaus muß ausreichend Zeit zur Verfügung stehen, z. B. bei einem verlängerten Wochenende.

Mitarbeiter als »Anwalt« junger Menschen

Wer mit jungen Menschen arbeitet, weiß aus Erfahrung, daß intensive Gruppengespräche sehr häufig Einzelgespräche nach sich ziehen, in de-

nen existentielle Nöte und Sorgen dieser Jugendlichen deutlich werden. Abgesehen von der eigenen Verarbeitung solcher Probleme fragen sich Mitarbeiter, wie eine Beteiligung betroffener Eltern oder Lehrer oder Priester an der Lösung dieser Probleme möglich werden kann, wie sie die Anliegen junger Menschen vertreten können. Folgendes Beispiel soll deutlich machen, wie schwierig, aber auch sinnvoll die Einbeziehung Erwachsener in die Problemlösung ist: Am Heiligen Abend kommt aufgeregt der dreizehnjährige P. zu einem Mitarbeiter, weil er Weihnachten mit seinen Eltern nicht feiern kann. Das Problem war, daß er am Tag zuvor in einem Kaufhaus im Wert von DM 3,40 gestohlen hat und dabei erwischt wurde. Die Polizei informierte die Eltern, die ihrerseits P. das Vertrauen entzogen. Dem Mitarbeiter war schon lange aufgefallen, daß P. unter der Stärke seines um drei Jahre älteren Bruders und der Redseligkeit seiner Mutter litt. P. sah keinerlei Möglichkeiten, sich so zu entfalten, wie er wollte. Daher machte er permanent durch längeres Herumtreiben nach der Schule und zum Schluß durch den Diebstahl auf sich aufmerksam. Dem Mitarbeiter war sehr deutlich, daß dieses Problem nur mit den Eltern und dem älteren Bruder gelöst werden konnte. Nach einem längeren Gespräch äußerte P. den Wunsch nach einer sogenannten »Familienkonferenz« noch am Heiligen Abend. Die Familie stimmte, weil es wohl Weihnachten war, nach kurzer Diskussion zu. Der Mitarbeiter besaß das Vertrauen der Eltern, was sicherlich den Gesprächsbeginn erleichtert hat. Bei der dreistündigen Familienkonferenz, die bis in den späten Heiligen Abend hineinging, erlebte der Mitarbeiter immer wieder, daß er durch seine Fragen und Äußerungen zeitweise sowohl auf der Seite von P. war als auch auf der Seite der Eltern. Ergebnisse des Gespräches waren: der Beginn einer Klärung der Beziehungen untereinander; P. konnte seine Anliegen deutlich machen; Weihnachten bekam für diese Familie eine neue Bedeutung; P. hat die von ihm gewünschte Anerkennung im Verlauf von sieben weiteren Gesprächen erreicht; die Familie ist zu einer gegenseitigen Offenheit, zu einer gemeinsam akzeptierten Anerkennung und damit zu einer größeren Konfliktfähigkeit gelangt; Konflikte werden nicht mehr verdrängt, sondern gemeinsam bearbeitet; die Eltern wurden Initiatoren für einen Elternrat.
Dieser Einsatz des Mitarbeiters hat sich »gelohnt«, weil er dort mit der Bearbeitung des Konfliktes begonnen hat, wo er auch entstanden ist. Meines Erachtens lassen sich weder mit Kindern allein noch mit Eltern allein Konflikte zufriedenstellend bearbeiten, wenn die Ursache in einer gestörten Beziehung liegt. Es kann sich bei Einzelgesprächen lediglich um vorbereitende Aktivitäten handeln, die erst ein gemeinsames Gespräch möglich machen, indem der Mitarbeiter Vermittler und Anwalt des jungen Menschen sein kann.

Angebote an Eltern zur Bearbeitung eigener Fragen und Probleme

Wenn zunehmend festzustellen ist, daß Eltern verunsichert sind, dann ist es um so mehr zu bedenken, welche Möglichkeiten Erwachsene, insbesondere Eltern, bekommen, um ihre Fragen im Gespräch mit anderen Eltern zu klären und ihre Probleme z. B. im Hinblick auf Kindererziehung deutlich zu machen. Erwachsene, die in der Regel weniger als junge Menschen erfahren haben, daß Lösungsmöglichkeiten im gemeinsamen Gespräch liegen können, tun sich schwerer, den Sinn und die Notwendigkeit dieser Gespräche zu entdecken. Immer dort, wo ein Anstoß dazu gegeben wurde, über sich, die eigene Meinung und Einstellung nachzudenken, sind Erwachsene dankbar und bedauern gleichzeitig, daß solche Erfahrungen nicht schon früher möglich waren.
Ansatzpunkte für solche Angebote können bei der Gemeindekatechese, bei Erwachsenenverbänden oder Familiengruppen liegen. In dem Maß, wie Verantwortliche für die Arbeit mit Erwachsenen sich darauf besinnen, daß der Mensch mit seinen konkreten Fragen, Problemen und Wünschen im Mittelpunkt steht, wird auch die Arbeit von Erfolg sein; Erfolg verstanden als Hilfe zur Bewältigung aktueller und langfristiger Fragen sowie als Hilfe zur Gestaltung einer menschenwürdigen Zukunft.

Kooperationsmöglichkeiten zwischen Jugend- und Erwachsenenarbeit

Eine ebenfalls zu wenig genutzte Chance liegt in der Kooperation und Kommunikation zwischen Jugend- und Erwachsenenverbänden, zwischen Jugend- und Erwachsenenbildung. Mitarbeiter aus beiden Bereichen kennen sehr wohl die Fragen und Probleme von jungen Menschen und Eltern, weil sie durch ihre Veranstaltungen davon erfahren. Meines Erachtens müßte es gerade in diesem Punkt zumindest einen Erfahrungsaustausch Verantwortlicher beider Bereiche geben, vorausgesetzt, daß beiden daran gelegen ist, ihren Mitgliedern Hilfen zur Lebensbewältigung anzubieten. Dann kann sich eine Arbeit mit Erwachsenen nicht mehr in dem Maße wie bisher auf Wissensvermittlung beschränken.
Wenn kirchliche Jugendarbeit sich mehr und mehr um Kommunikation und Kooperation mit Eltern bemüht, könnte eine Reihe von Konflikten, die z. B. auf einer mißverstandenen Intention basieren, entschärft werden. Andererseits kann dadurch Eltern ein Teil der Unterstützung ermöglicht werden, die erforderlich ist, um Erziehung für junge Menschen positiver verlaufen zu lassen, damit nicht Flucht in Alkohol, Drogen, Neue Religionen, Selbstmord und vieles andere mehr einzige Lösungsmöglichkeit bleibt oder verstärkt wird. Es ist nicht zu übersehen, daß dadurch neue, schwierigere Konflikte geschaffen werden – für den einzelnen jungen Menschen und seine Eltern sowie für unsere Gesellschaft.

II. Teil: Neureligionen für die Jugend?

Was verbirgt sich eigentlich hinter jenen Gruppen, die unter dem Titel »neue Jugendreligionen« in den Massenmedien, bei Vertretern kirchlicher Jugendarbeit, Religionswissenschaftlern, staatlichen Ordnungshütern bis hin zur Justiz nervöse bis panikartige Reaktionen ausgelöst haben? Mit welchem Selbstverständnis treten sie auf? Woher stammt ihr Sendungsbewußtsein, und welche Ziele verfolgen sie wirklich?

Angesichts der raschen Ausbreitung dieser Gruppen erscheinen religionswissenschaftliche Analysen besonders dringlich. Denn erst auf der Grundlage solcher Untersuchungen ist eine sachgerechte Auseinandersetzung möglich. Die gerade von den Kirchen vorgetragenen Warnungen vor falschen Propheten, Geschäftemachern in Sachen Religion und politischem Mißbrauch der Jugendlichen lassen sich nur legitimieren, wenn mit religionswissenschaftlich exakten Methoden geklärt ist, ob und inwieweit es sich um *Religionsgemeinschaften* handelt, die gleichermaßen menschenfreundlich sind und wirklich-wirksame Gottesbeziehungen eröffnen. Dabei kommt man nicht umhin, die eigene christlich-gläubige Position ins Spiel zu bringen und Unterschiede hervorzuheben: Ohne in eine kurzschlüssige Apologetik zu verfallen, ist deshalb die Darstellung der Jugendsekten von theologischer Kritik durchzogen, die Abweichungen im Umgang mit biblischen Texten ebenso hervorhebt wie etwa typische Rückgriffe auf außerbiblische religiöse Traditionen.

Doch primär geht es in diesem Teil um grundlegende Informationen über Selbstverständnis, religionssoziologische Struktur und kulturgeschichtliche Bedeutung der einzelnen Gruppen. Je nach ihrer Herkunft und der Begründung ihrer Ziele werden die Bewegungen auf dem Hintergrund ihrer eigenen Lehren und Ansprüche analysiert und in Beziehung zum Hauptgebot der Liebe, zu Verheißungen und Forderungen der Bergpredigt, der Gleichnisse und Wunderberichte dargestellt. Dabei müssen dem Leser z. T. weitausgreifende religionswissenschaftliche Analysen zugemutet werden, die jedoch insofern hohen Informationswert beanspruchen können, als sie nicht nur Phänomene beschreiben, sondern auch deren Hintergründe beleuchten. Erst wenn die religiösen Zusammenhänge geklärt sind, ist eine sinnvolle Auseinandersetzung mit den missionarischen und pädagogischen Praktiken dieser Gruppen möglich. Denn die religionsgeschichtlichen Fakten erklären weitgehend die autoritären Strukturen innerhalb dieser Gemeinschaften und machen beispielsweise den missionarischen Eifer und »Fanatismus« ihrer Anhänger verständlich.

Barbara Zinke
Christentum = Revolution = ewige Jugend

Die »Children of God«

Es lohnt sich besonders, die Entstehung, Verkündigung und Lebensweise der ›Children of God‹ zu untersuchen, da sich diese Gruppe selbst als reine Jugendreligion begreift. Ihre Leiter machen sich bewußt die Schwierigkeiten zunutze, die der Jugendliche zwischen 14 und 20 Jahren mit der vorgefundenen Familie, Gesellschaft, deren Organisationen und Traditionen hat. Die Auseinandersetzung des Heranwachsenden mit der Gesellschaft wird nicht als ein altersbedingter Übergang zu möglichen eigenen Denk- und Lebensformen gesehen: der Jugendliche kann in unserer heutigen Gesellschaft nur scheitern und ›ausflippen‹ (Drogen, Kriminalität etc.) oder sich vom ›System‹ vereinnahmen lassen. Die Lehre der ›Children of God‹ bestätigt das Recht, ja die Pflicht zum ›Aussteigen‹ aus der Gesellschaft, aber in Richtung auf den Geist, Gott, Jesus zu. Sie legt damit ihre Anhänger auf den ursprünglich altersbedingten Protest fest und hält sie in einer permanent revolutionären Stimmung. Allein diese Haltung des ständigen Protests wird als ›christlich‹ anerkannt. Eine Naherwartung, die sich von politischen Ereignissen nährt, fördert diese Haltung ›ewiger geistiger Jugend‹: die Erwachsenen sind immer auch die Systemkonformen; sie werden im baldigen ›Endkampf‹ vernichtet werden, während ›Gottes Babies‹ die gereinigte Erde bewohnen werden.

Der Gründer

David Berg wurde am 18. 2. 1919 in Oakland (Kalifornien) geboren. Seine Familie war von den verschiedensten Richtungen christlicher Religion geprägt. Erweckungen und Bekehrungen waren an der Tagesordnung. Die Vorfahren der Mutter, konvertierte Juden, kamen 1745 als Mennoniten nach Pennsylvania. Der Großvater arbeitete nach einer plötzlichen Bekehrung als Methodistenprediger und später als Prediger der »Christian Church« (calvinistisch-reformierte Kirchengemeinden, die Staatskirchentum, episkopale und presbyterianische Kirchenverfassung ablehnen [1]). Bergs Mutter, Virginia Lee Brandt, war zunächst in der Sozialarbeit mit Jugendlichen tätig und atheistisch orientiert. Sein Vater, Schwede und zunächst Wandersänger, bekehrte sich nach seiner Heirat ebenfalls zur Christian Church und wurde Prediger. Die Bekehrung seiner Mutter wurde durch einen schweren Unfall ausgelöst: von den Ärzten aufgegeben, glaubte sie ihre plötzliche Heilung nach 5 Jahren Krankheit einem Wun-

[1] *Algermissen,* K., Kongregationalisten, in: Lexikon für Theologie und Kirche [2], Bd. 6, Sp. 441/442.

der zu verdanken. Die Lehre von Wunderheilung und unfehlbarer Gebetserhörung gehört seitdem zum theologischen Grundbestand in der Predigt aller Familienmitglieder. Sie brachte den Vater in Konflikt mit der Christian Church und zum Austritt. Vater und Mutter arbeiteten von da an im freien Evangelisationsdienst, bei dem durch Predigt und Gesang Erweckungen angestrebt werden, doch müssen sich die Bekehrten dann einer schon bestehenden christlichen Kirche anschließen. Die Mutter scheint großen Einfluß auf David Berg gehabt zu haben Sie empfing Visionen und Prophezeiungen, die baldige Endzeit betreffend, die er selbst alle in seine Verkündigung übernahm. Zu seinen Anhängern, denen gegenüber er sich als ›Vater‹ betrachtet, spricht er von ihr nur als ›Großmutter‹ und sorgt auch für Verbreitung ihrer Bücher.
Später traten Bergs Eltern der ›Christian and Missionary Alliance‹ bei, bei der er selbst auch als Prediger angestellt war. Er bekam Schwierigkeiten mit der Kirchenleitung und wurde entlassen. Er selbst gibt zu, von diesem Zeitpunkt an jegliche kirchliche Organisation als korrupt und heuchlerisch gehaßt zu haben. Einige Zeit beschäftigte er sich mit dem Kommunismus, doch kam er zu der Ansicht, daß gerechtes Teilen im Sinne eines christlichen Kommunismus nur durch Gottes gewaltsames Eingreifen beim zweiten Kommen Christi, durch Vernichtung der Bösen im Endkampf verwirklicht werden könne. Er beruft sich auf die Apokalypse des Johannes und auf Daniel und glaubt, der Endkampf stünde nahe bevor. Über Bergs Selbstbewußtsein und seine Naherwartung soll weiter unten ausführlich gesprochen werden. Jedenfalls fühlte er sich als Führer derer, die nach dem ›Großen Krieg‹ zum Reich Gottes berufen sein werden.

Beginn der »Jesus Revolution«

Doch fand er erst 1968 die vom ›Herrn Erwählten‹ in den kalifornischen Hippies. Sie entsprachen ganz seiner Vorstellung von Erwählung: sie waren aus dem korrupten ›System‹ von Gesellschaft, Politik, Wirtschaft, Kirche, Bildung etc. ausgeschert, von der Gesellschaft gehaßt und ausgestoßen – wie die Armen, die Jesus angesprochen hatte. Die Erwählung der Verachteten, von der Jesus im Evangelium berichtet, wiederholt sich für Berg in der Endzeit, in der wir jetzt leben sollen. »Sie waren wie Schafe ohne Hirten«, und David Berg glaubte sich zu ihrem Hirten berufen. Die kirchlichen Organisationen, die sich ihrer angenommen hatten, wie ›Teen Challenge‹, hatten wenig Erfolg, da sie nur Anregung in Versammlungen boten, aber dann Selbstverantwortung von den Jugendlichen forderten. Berg faßte alle von ihm Bekehrten in einer großen herumziehenden Lebensgemeinschaft zusammen, in der jeder in seiner Abwendung von der Gesellschaft bestätigt wurde und in einer ›dauernden‹ Revolution leben konnte. –

Die Gruppe war natürlich auf Unterstützungen angewiesen: man zog in die Gottesdienste verschiedener Kirchen und versuchte dort, mit Gesang und Predigtakklamationen Evangelisationsstimmung zu schaffen. Schwierigkeiten mit den Kirchen in Kalifornien brachten die noch kleine Gruppe zum Wandern in ganz Nordamerika; durch gezielte Ansprache gescheiterter Jugendlicher (Gründung von Teestuben, Tanz-Clubs, Zeugnisgeben als Aufruf zum Anschluß an die wahre Revolution etc.) vergrößerte sich die Bewegung rasch. Schon 1969 wurde eine erste Organisation nötig: Berg ordinierte Bischöfe, Älteste, Diakone etc. Stellungnahmen zur Politik machten sie einer breiten Öffentlichkeit bekannt. Das stete Anwachsen der Gruppe führte zu der Idee der ›kleinen Kolonien‹, die in alle Welt ausschwärmen und Jugendliche für die Endzeit zusammenführen sollten.

David Berg begann 1970 sich äußerlich von der Bewegung zurückzuziehen. Angeblich ist sein Leben vom ›System‹ bedroht. Er wohnt an unbekanntem Ort und steht nur noch durch seine ›Briefe‹ mit den Kolonien in Verbindung. Seit 1971 gibt es auch in Deutschland Kolonien der ›Children‹.

›Jesus Revolution‹

Der Name »Children of God«, unter dem die Gruppe bekannt geworden ist, soll ursprünglich keine Eigenbezeichnung gewesen, sondern von einem Reporter zuerst angewendet worden sein. Er wurde jedoch seit 1969 von Berg und seinen Anhängern angenommen. ›Kind sein‹ faßt die Hauptaspekte von Bergs Verkündigung zusammen (eines der meistgesungenen Lieder der ›Children‹ lautet: »Du mußt ein Baby sein, um in den Himmel zu kommen.«) Diese Aussage wird neben Naherwartung und Protest gegen Bestehendes aus dem Evangelium herausgelöst, und AT und NT werden von diesem Punkt aus interpretiert. Das Kind ist besonders unselbständig und abhängig von Gott und seinen Mittlern: Jesus und – David Berg. Denn David Berg bietet sich als der einzig wahre, heute lebende Mittler zum Reich Gottes an. Seine Anhänger sind ›seine‹ Kinder, er ist ihnen Vater und Geliebter, Mutter und Geliebte. Den Frauen gegenüber drückt er die geistigen Kräfte, die er überträgt, mit stark sexuellen Bezeichnungen aus (s. ›Die Tänzerin‹, Nr. 323 u. a.), die Männer spricht er ebenso an, wenn er sagt: »Du mußt die Milch des Geistes von Davids Brüsten trinken« und auf diesem Bild ausführlich insistiert. (s. ›Ein Psalm Davids‹, Nr. 152).

Für den Jugendlichen wird hier offensichtlich eine ›Übertragungssituation‹ geschaffen, und er soll auf dieser Stufe festgehalten werden.

Kinder sind fähig, einander zu lieben und in systemfreier Gemeinschaft miteinander zu leben. So leben sie das nahe Reich Gottes.

Die ursprüngliche Eigenbezeichnung war wohl ›Jesus Revolution‹ und

dieser Begriff ist ebenso wie ›Kind‹ ein Angelpunkt von Bergs Lehre. Revolution ist ihm christliche Grundhaltung. Er nimmt für sich in Anspruch, die völlige Abwendung von Gesellschaft, Kirche und Welt, die totale ›metanoia‹, als erster der heutigen Jugend gepredigt zu haben. Alle anderen ähnlichen Bewegungen der 60er und 70er Jahre (Jesus People etc.) seien ihm darin nur (halbherzig) gefolgt.
Im Sommer 1968 hatte Berg einen Traum, den er als Eingebung Gottes auffaßt: die offizielle Kirche als ›drugstore‹, in dem die ›Käufer‹ mit Drogen benebelt und dumm gehalten werden, darunter die ›wahre Kirche‹ im ›underground‹ »voll von jungen Leuten – fast alles Hippies mit Bärten und alle splitternackt!« »Das ist ein Zeichen, daß ihnen all die Heuchelei und alle Scham und die Bedeckungen und die Arten der Welt ausgezogen sind« (›The Drugstore‹, Nr. 266). ›Systemiten‹ und Ausgestiegene, die ›drop-outs‹ machen die Jesus Revolution, unter diesem Verständnis steht die gesamte Bibelinterpretation Bergs und der Children. Die Aufforderung »steig aus!« wird dem »metanoeite« Johannes des Täufers gleichgesetzt. Nach Noah über Abraham und Elia bis zu Jesus und seinen Nachfolgern werden alle »Aussteiger« der Bibel zitiert. »Jesus war der drop-out aller drop-outs. Er mußte aus dem Himmel aussteigen, um aus Maria auszusteigen, um aus dem System auszusteigen, um aus diesem Leben auszusteigen, um uns alle aus der Hölle aussteigen zu lassen!« (›Revolution für Jesus‹, 1973; ›Hat Gott einen Fehler gemacht?‹ Nr. 35). Die Bibel wird in flottem Stil nacherzählt, mit Comic-Bildern illustriert; das Leben des Paulus als das eines ›Kriminellen für Jesus‹ gegen die Gesellschaft in der Art eines Zeitungsberichts aufgemacht: der Stil ist nicht unähnlich manchen Versuchen kirchlicher Gruppen, das Evangelium sozialrevolutionär zu vermitteln (z. B.: ›Gesucht – Jesus von Nazareth . . .!‹).
Nur seine eigene Bewegung will Berg als ›revolutionär‹ aufgefaßt wissen. Er wendet sich nicht nur gegen sozialistische Revolutionen, da sie die Verhältnisse angeblich nur umkehren, nicht aber den Menschen ändern (ein rein bürgerliches Argument, das auch hier zum Eskapismus führt, der dann als die ›wahre‹ Revolution ausgegeben wird). Besonders ärgern ihn andere Formen religiöser Zusammenschlüsse von Jugendlichen: die Jesus People sind nicht revolutionär, da sie noch für das ›System‹ arbeiten und Kompromisse schließen; die orientalischen Religionen werden die Jugend genauso verderben, wie sie alle asiatischen Länder ruiniert haben etc. (›Jesus people or revolution?‹, Nr. 148). Der reißerisch aufgemachte Brief (»Komm her Ma! Verbrenn Deinen BH!«, Nr. 286) zeigt besonders gut das Revolutionsverständnis, dem es in keiner Weise auf die Veränderung gesellschaftlicher Verhältnisse ankommt. Hier werden gesellschaftskritische und emanzipatorische Ansätze verschiedener Jugend- und Frauenbewegungen aufgenommen und radikal in eine antiweltliche (d. i. immer auch eskapistische) Haltung verkehrt. Das Verbrennen eines BHs,

auf dem Titelbild noch ein breites Publikum ansprechend, das sich gegen Konsumzwang und festgelegte Frauenrollen wehrt, erweist sich im Brief als Bild für das Abwerfen kirchlicher Beengung. Die Zwanglosen, ›Reinen‹, werden sich von der Welt abwenden und zum Geist aufsteigen.
Die Revolution der ›Children of God‹ ist Aufbruch in ›das Leben der Zukunft‹. Die Endzeit aber wird die wiederhergestellte Urzeit (vor dem Fall) sein. Die Sehnsucht nach der Urzeit, die ›geschichtslos‹ vorgestellt wird, drängt schon jetzt zur Darstellung dieses vollkommenen Zustandes.[2]
»Errettung macht uns frei von der Schande der Kleidung und der Schande der Nacktheit! Wir sind so frei wie Adam und Eva im Garten, bevor sie jemals sündigten! Wenn du es nicht bist, bist du nicht völlig gerettet!« (›Komm her Ma, . . .‹, Nr. 286). Die Revolution ist antizivilisatorisch. Die Städte sind ›Systemklumpen‹. Das AT wird interpretiert als die Geschichte vom Gegensatz der organisierten Städte (= Gesellschaft) und der kleinen, gottgewollten Kolonien (= Gemeinschaft). Revolution ist ›Exodus‹ aus dem System (›Kindergeschichte über Klumpen‹, Nr. 322). Die Gemeinschaften der Urzeit waren autark und trieben nur Tauschhandel (›Reicher Mann, Armer Mann‹ . . ., Nr. 321) – das alles wird wiederkehren und ist in den Kolonien schon realisiert: »Aber sogar Gottes Regierung wird auf dem Plan der kleinen Dörfer basieren, jedes von ihnen kreisförmig mit strahlenförmigen Straßen, wie die Speichen eines Rades, die ihren Mittelpunkt an der Radnabe von Gottes örtlicher Verwaltung durch mich und dich haben, wenn wir in Liebe über die Dorfbewohner dieser Welt herrschen, die das umliegende Land bebauen, ihr eigenes Getreide anbauen, ihre eigene Nahrung ernten, die paar Notwendigkeiten, die sie brauchen, herstellen. Kleidung, Wohnung, Arbeitsgeräte, Werkzeuge usw. . . .« Und weiter: »Wir haben schon Himmel auf Erden mit Himmel in unseren Herzen in unseren himmlichen, familiengroßen Kolonien!« (›Himmlische Heime‹, Nr. 316; s. a. ›Ask any Communist, Nr. 256).

Die Organisation

»Utopistische Sekten sind immer Koloniegründer und für gewöhnlich, wenngleich nicht ausschließlich, kommunistisch,« schreibt Wilson in seinem Kapitel über die Oneida-Gemeinschaft der Perfektionisten des Staates New York.[3] Die Übereinstimmungen in Organisation und Lehre zwischen den ›Children of God‹ und der Oneida-Gemeinschaft sind so groß, daß sie nicht mehr durch Zufall und ›allgemeine Ähnlichkeit‹ utopistischer Sekten erklärt werden können. Die von 1847–1880 bestehende Oneida-Gemeinschaft wurde von John Humphrey Noyes gegründet, der wie D. Berg Prediger der ›Christian Church‹ gewesen war und methodistische

[2] *Hieronimus,* E., Der Traum von den Urkulturen, München 1975.
[3] *Wilson,* B., Religiöse Sekten, München 1970 (Kindlers Universitätsbibliothek) 181.

Erweckungsgedanken aufgriff. D. Berg könnte sich in Abwendung von der offiziellen ›Christian Church‹ als Noyes ›Nachfolger und Fortsetzer der ›wahren‹ Christian Church fühlen.[4] Er kann jedenfalls nicht als ›religiöser Einzelgänger‹ gesehen werden, wie es noch Fr. W. Haack [5] tut, sondern muß im Zusammenhang mit den amerikanischen religiösen Kommunebildungen vor allem des 19. Jahrhunderts verstanden werden.

Die Kolonien der ›Children of God‹ bestehen aus durchschnittlich 12 Mitgliedern und deren Kindern. Sie unterstehen Leitern, die wiederum regional geführt werden.[5a] – Ehen werden jung und innerhalb der Gruppe geschlossen (... »nur für Stabsmitglieder nach monatelangem Dienst, die soweit sind, mit Einwilligung des Teams eigene Schritte zu unternehmen.« ›Revolution für Jesus‹, dt. 1973, S. 29). Es scheint, als bestimmten die Leiter die Ehepartner. Die Leiter vollziehen auch die Trauung, die mit einer ›bürgerlichen‹ Eheschließung nichts zu tun hat (»He stands in the gap«, Nr. 73 u. a.). Scheidung wird empfohlen, wenn die Ehe nicht der Gemeinschaft untergeordnet ist. Die Kinder werden in der Kolonie in eigenen Kindergärten und Schulen aufgezogen. Die Eltern sollen zu den eigenen Kindern keine stärkere Beziehung haben als zu denen anderer, daher übernimmt die Gruppe die Erziehung. Vorliebe für die eigene Kleinfamilie ist die Grundlage des Kapitalismus, der Privatwirtschaft und des Krieges. Um Bindungen zu vermeiden, wechseln die Mitglieder häufig die Kolonie.

Der Tagesablauf in einer Kolonie wird gegliedert von 2 Mahlzeiten, Lesen von Mo-Briefen, Singen, Beten, Gesprächen und natürlich ›Zeugnisgeben‹, also Verkauf von Schriften, Platten etc., Gesprächen mit zu Bekehrenden.

Über die Effizienz der Missionsarbeit wird genau Buch geführt und Bericht an die Leiter erstattet. Man ist nie allein, auch nicht beim Zeugnisgeben. Auswendiglernen von Bibelversen nach Sachgruppen spielt eine große Rolle und wird genau überprüft. Eine Tätigkeit außerhalb der Gruppe wird nicht ausgeübt.[6]

---

[4] Eine nähere Ausführung der wahrscheinlichen Beziehungen (bezüglich Organisation, Gebetsheilung, Sexualität, Gemeinschaftsleben und gegenwärtiges ›Reich Gottes‹ in der Kommune) kann im Rahmen dieses Beitrags nicht gegeben werden, s. Lit. im Anhang. Auch Bergs Beschäftigung mit dem Kommunismus und utopischen Sozialismus in Amerika mußte ihn zu Noyes führen.

[5] *Haack,* Fr.-W., Die neuen Jugendreligionen, München ⁴1976, 70.

[5a] *Hauth,* R., Die Kinder Gottes, München 1976, 14–19.

[6] Ein gutes Bild von Leben und Umgangsformen einer Kommune gibt: Religion im Untergrund. Die religiösen Randgruppen Jugendlicher in der Schweiz, Zürich/Einsiedeln/Köln 1975, 58–73.

Riten

Sakramente im kirchlichen Verständnis gibt es bei den ›Children‹ nicht. Ursprünglich war wohl noch die Wassertaufe üblich (›Überleben‹, dt. 1973), heute spricht man nur noch von der ›Geisttaufe‹. Ob diese in bestimmten Riten gefeiert werden kann oder nur spontan erlebt wird, ist mir nicht bekannt.

Das Abendmahl wird in schlichter Form gehalten. D. Berg hat einen ausgezeichneten Text dazu geschrieben, der wahrscheinlich als Vorbereitung zur Mahlfeier benützt wird. Im Stil spürt man den erfahrenen Prediger und Evangelisten, der Glaubensgeheimnisse und -wahrheiten in schlichter, menschlicher Sprache ausdrücken kann (›Kommunion‹, Nr. 337-B).

Die Ehe wird vom Leiter im Rahmen einer kleinen Feier geschlossen.

Die Beziehung zur ›Gesellschaft‹ ist trotz totaler Ablehnung ambivalent: die Gruppen akzeptieren ›Freunde‹ im System, die sie finanziell unterstützen dürfen. Sie selbst bezeichnen sich im Gegensatz dazu als ›Soldaten‹ (›Allem absagen! Bist du ein Soldat oder ein Freund?‹ Nr. 314). Im übrigen ist ›Obrigkeit von Gott‹ im Sinne Luthers – sie schützt die ›Children‹ vor Andersdenkenden (›Jesus people Or Revolution,‹ Nr. 148).

Die Missionsarbeit

Die von D. Berg verfaßten Mo-Briefe waren zunächst nur für seine Anhänger gedacht, wurden aber seit 1972 zunehmend in der Missionsarbeit eingesetzt. Nach wie vor gibt es allerdings Briefe, die nur für den festen Jüngerkreis bestimmt sind. Die ›offiziellen‹ Briefe werden jetzt auch schon nach Themenkreisen geordnet für ›Lernende‹ inner- und außerhalb der Kolonien herausgegeben. Chronologisch ist keine Veränderung ihrer Aussagen festzustellen.

Die Briefe sind mit Comic-Zeichnungen versehen, die einen ansprechenden Humor beweisen und auf den Betrachter schon ›einfangend‹ wirken können. Die Zeichnungen betonen oft das sexuelle Moment in der Liebe – der Briefinhalt widerspricht dem jedoch durch Betonung des Geistigen. So sind die Zeichnungen kleine ›Fallen‹ für Jugendliche. In der Sprache erinnern die Briefe an die Art der Evangelisationspredigten amerikanischer Provenienz, teils deren einfach gläubige Sprache anwendend, teils die etwas zupackendere, ausdrucksstärkere Sprache der Jugendlichen übernehmend. Die Briefe sind, evangeliumsähnlich, in kurze Abschnitte unterteilt, die Unterteilung erscheint aber, vom Inhalt her gesehen, willkürlich. Beibehalten wird auch der Akklamationsstil der Evangelisationsteams mit Fragen und Zurufen: Amen? Halleluja! LDH (= Lobe den Herren) u. ä. Diese jedes Thema begleitenden Ausrufe sind auch in den Kolonien üblich. Ansprache wird auch im Gespräch versucht, ebenso mit Musik, Gesang, Tanz etc. (wie ja in der gesamten Jesus-Bewegung). Ver-

kauft werden außer den Mo-Briefen Zeitschriften mit Kolonieberichten, Briefauszügen und Bekehrungserfolgen, ebenso Schallplatten. Man lädt in die Kolonie ein.
Vielzitiert ist der Schluß eines Mo-Briefes, in dem der Angesprochene aufgefordert wird, sich in der Kolonie ›Liebe‹ zu holen. Die Missionsarbeit unter Einsatz von Erotik und Sexualität wird zwar von D. Berg gefordert, wie weit das in der Praxis jedoch geht, ist schwer auszumachen. Der Brief ›The flirty little fishy‹ (Nr. 293) behandelt diese Methode unter Berufung auf das Wort »Ich will Euch zu Menschenfischern machen«: die Frau als Köder am Angelhaken Gottes (als dessen Stellvertreter Berg steht). Ihr Fleisch ist gekreuzigt, um als Köder zu dienen, der wieder fortgezogen und neu eingesetzt wird, sobald eine ›Seele‹ gefangen ist. Selbst wenn man in Betracht zieht, daß dieser Brief die Mitschrift einer von Bergs Visionen in den frühen Morgenstunden ist, so bleiben noch die Zeichnungen, die den Text in sexueller Hinsicht noch unterstreichen: Mädchen mit stark betonten Geschlechtsmerkmalen am Angelhaken als Menschenfischer für Jesus! Nun ist das Schlimme daran wohl nicht einmal die Betonung der Sexualität, sondern ihre Isolierung und ihr Einsatz für bestimmte ›Zwecke‹. Dieser Brief ist übrigens der einzige, in dem eine Art ›Kreuzestheologie‹ angesprochen wird: allerdings in der Art, daß der Leib überwunden (gekreuzigt) werden muß, um den Weg zum Geist frei zu machen. Wert hat er nur als ›Mittel zum Zweck‹. Die Briefe ›Blick der Liebe‹ (Nr. 304) und ›Die Tänzerin‹ (Nr. 323) beschreiben übrigens die ›Durchführung‹ einer solchen Mission recht deutlich. Da die Mo-Briefe in den Kolonien intensiv und wiederholt gelesen werden, kann man zumindest eine solche Praxis nicht ausschließen.
Natürlich wirkt die ›sexy‹ Aufmachung vieler Briefe auf Jugendliche (s. dazu bes. ›Revolutionary Love-making‹, Nr. 259, aber auch ›Revolutionäre Frauen‹, Nr. 250 u. a.), doch eben das muß als ›Köder‹ und ›Reklame‹ durchschaut werden, hinter der eine massive Verachtung des ganzen Menschen zugunsten des ›Geistes‹ steht.

Inhalte der Verkündigung

Die ›revolutionäre‹ Haltung der ›Kinder‹ füllt Berg mit Lehrinhalten, die teils seiner eigentümlichen Bibelinterpretation, teils ›Privatoffenbarungen‹ entspringen.
Über seinen evangelisationstypischen Sprachstil wurde schon gesprochen. Auch inhaltlich entfernt sich Berg nicht weit von der Lehre der evangelischen Erweckungsbewegungen. Die Erlösung ist durch Jesus vollzogen, der Gläubige kann in eine direkte Liebesbeziehung zu Gott (bzw. Jesus – meistens synonym für ›Gott‹ gebraucht) treten, ein sündenfreies Leben führen und mit allen anderen Menschen in vollkommener Liebe verbunden sein. Die Jesus- bzw. Gottesliebe wird oft in stark erotischen Bildern

beschrieben – ein Zug, der u. a. aus dem Pietismus bekannt ist. »Er ist wie ein Liebhaber ... Alles, was Du weißt, ist, ein Blick, und er erregt Dich! Eine Berührung, und du schmilzt! Ein Kuß, und Du bist weg! Eine Umarmung, und Du liegst! Ein Stoß, und Du bist fertig! Du hast diesen liebenden Mann hereingelassen, und er gibt es Dir wirklich, und alles, was Du tun möchtest, ist, weiter, weiter, weiter, bis du explodierst!« usw. (unter dem Titel ›Sex klappt!‹ Nr. 306).

Die Bibel wird unhistorisch und wörtlich gelesen, zum Teil interpretiert durch die Brille von Bergs (und seiner Mutter) Prophezeiungen. Die Evolution der Arten wird abgelehnt, dagegen waren Leviathan und Behemoth die Dinosaurier der Vorgeschichte.

Motive, die schon die Hippiekultur aus Astrologie und esoterisch gefärbten Gruppen übernommen hatte, finden sich wieder: der Anbruch des Wassermann-Zeitalters als der Zeit der alles verbindenden Liebe, der Glaube an Ufos als göttliche Raumschiffe (u. a. eine Interpretation der Merkaba, Ez. 1, ›Der Ruf Davids‹, Nr. 83; s. dazu: »Madame M‹, Nr. 268, ›Ein Psalm Davids‹, Nr. 152 für das Wassermannzeitalter, ›Sex klappt‹, Nr. 306 für Ufos).

Gebet und Gebetserhörung

Eine wichtige Rolle in Bergs Lehre spielen, wie schon bei seiner Mutter, Gebete, geradezu garantierte Gebetserhörung und der Glaube an Wunderheilungen. In ›Überleben‹ (o. Nr. dt. 1973) berichtet er von seiner eigenen wunderbaren Geburt, die von den Ärzten für unmöglich gehalten worden war, und von Heilungen bei eigenen Herzattacken. In ›Füße des Glaubens‹ (Nr. 87) wird von der Gabe der Heilung durch Händeauflegen und Gebet gesprochen, die unter den ›Children‹ sich noch weiter verbreiten soll. »Betet verzweifelt mit schriftgemäßem Händeauflegen der Ältesten und sogar dem Salben mit Öl, wenn Ihr Euch so geleitet fühlt, gemäß Jak. 5,14/15. Und erwartet ein Wunder! Du tust Deinen Teil, und der Rest bleibt Gott überlassen.« Es folgen wieder Berichte über erlebte Wunderheilungen nach Händeauflegen.

Aber nicht nur Genesung wird erbeten, Gott hilft bei den kleinsten Kleinigkeiten des Alltags, und wenn es nur um einen Groschen für Milch geht, den Gott direkt vom Himmel fallen läßt.

Die Möglichkeit einer Nichterhörung zieht Berg nicht in Betracht. Das Fehlen einer ernsthaften Kreuzestheologie macht sich vor allem im Bereich des Wunderglaubens bemerkbar.

Sendungsbewußtsein des Gründers

David Berg ist der Prophet der Endzeit, der Lehrer des wahren Glaubens und der rechten Haltung. Unter seiner Führung wird der Exodus gelin-

gen: Exodus aus dem ›verdammten‹ Nordamerika, aus der Gesellschaft, in das Reich Gottes, das in den ›Kindern‹ schon angebrochen ist. Er ist ›Moses‹ (angeblich keine Eigenbezeichnung, sondern einigen Anhängern in Prophezeiungen mitgeteilt), Jeremia, Ezechiel, Daniel (als Führer und Prophet) und sogar David als König der Auserwählten, ja er ist ›der Wasserträger, vor dem alle anderen nur Abbilder waren‹. »Ich bin der Wassermann – dies ist mein Zeitalter! Ich bin der Wasserträger. Jesus sagte mir das, weil ich das Wasser des Lebens dieser Generation bringe.« (›Ein Psalm Davids‹, Nr. 152; zu allem Überfluß ist er auch im Wassermannzeichen geboren!). Er ist der Löwe (des neuen Juda?), ›Papa Lion‹, so wird er auch häufig in Zeichnungen wiedergegeben. Mit ›Mo‹ für Moses zeichnet er die Briefe oder mit ›Mose David‹. Der Brief ›Ein Psalm Davids‹ spricht in seinen eigenen visionären Bildern von seiner Berufung für die Endzeit. Von ›Mutterleib an‹ war er ›mit heiligem Geist erfüllt, wie Johannes der Täufer‹, ›viele Propheten prophezeiten‹ über ihn, ›daß er große Dinge tun werde‹ (›Überleben‹, dt. 1973, S. 10), dort auch viele Bibelstellen, die er direkt als Prophezeiungen auf sich bezieht und die zum Teil schon erfüllt sein sollen). Schon als Kind fühlte er, daß ›Gott etwas Großes mit ihm vorhatte‹. Vergleiche mit Jesus sind nicht selten: von einem Medium auf einem Ufo-Kongreß angesprochen, schreibt er: »Aber genauso, wie diese Geister Jesus kannten, daß er der Sohn Gottes war, kannten diese Geister mich!« (›Blick der Liebe‹, Nr. 304). Eine Handleserin sah in seinen Handflächen das Zeichen ›R‹: »Immediately in the Spirit I got the Latin word »Rex« meaning a »King« – which I am!« (›Madame M‹, Nr. 268). Als derjenige, der das Unkraut vom Weizen trennt, erscheint er in ›Alice und der Zaubergarten‹ (Nr. 290): »Es schien, als ob ich nicht wirklich ein Teil in der Vision war, sondern nur ein Engel oder ein Geist, ein Beobachter. Ich weiß wirklich nicht, ob der Vater ich oder Gott oder vielleicht ein bißchen von beiden sein sollte. Vielleicht stellte ich den Herrn dar, und irgendwie ist jeder Pastor oder Hirte ein Teil des großen wahren Hirten, des Herrn.« Die zu Studienzwecken nach Themenkreisen zusammengestellten Mo-Briefe werden als ›The Lord's Letters‹ angekündigt: »Only 2 letters a day keep the demons away!« (›The Mo Letter Reading and Study Course‹, o. Nr., 1975). Auf Zeichnungen trägt er oft einen Heiligenschein (›Don Quixote...‹, Nr. 198, ›He stands in the Gap‹, Nr. 73A), als Löwe eine Krone (›Himmlische Heime‹, Nr. 316).
Wie Jesus seine Jünger im Tod verließ, damit sein Geist unter ihnen sein könne, so mußte auch Mo die Children verlassen, um nur noch durch Briefe mit ihnen zu ›kommunizieren‹. »Denn ob ich wohl leiblich ferne bin, so bin ich doch im Geist bei Euch und freue mich, wenn ich sehe Eure Ordnung und Euren festen Glauben an Christus. Jetzt lebe ich *in* Euch, und die Welt erkennet mich nicht; aber sie wird mich erkennen. Denn siehe, ich bin bei Euch im Geist, bis an der Welt Ende!« (›Ich muß abhauen‹, 2. T., Nr. 29). Seine Briefe werden mit denen des Paulus ver-

glichen, die ›stark waren und schwer wogen‹, während der anwesende Paulus ›schwach war, und seine Rede ohne Gewicht‹.
Als ›Narr in Christo‹ sieht er sich gern und zieht Parallelen zu Don Quixote u. a.: »Aber sonderbare Männer, die versuchten, Gutes zu tun, wie Don Quixote, der Rattenfänger von Hameln, Rasputin, Mose, Dummer Hans, Rußlands ›Idiot‹, Jesus, Paulus und wir, sind so aufrichtig und liebend, daß wir verrückt sind!« (›Don Quixote – oder der verrückte Kreuzfahrer‹, Nr. 198). Damit fängt er Anschuldigungen aus der Öffentlichkeit (Irrsinn, Verführer) auf und verkehrt sie unter dem Vorzeichen des Christentums in ihr – positives – Gegenteil.

Visionen

Mo's Selbstbewußtsein und seine Sicherheit in der Lehre werden durch immer neue Visionen gestärkt. Nicht nur er, alle seine Anhänger sollten soweit kommen, Visionen zu haben und Prophezeiungen zu hören. »... und die direkte Verbindung, die wir mit dem Himmel haben, ist immer noch etwas beschränkt wie durch eine Röhre. Dank Gott für diese kurzen Einblicke, wo er diese kleinen Visionen und Atemzüge von übernatürlicher Luft herunterschießt, die uns ausflippen lassen können, so ungefähr wie Hasch rauchen oder so etwas Ähnliches. Gott bläst ein bißchen von dieser Himmlischen Luft durch diese Röhre, und wir sehen Visionen und träumen Träume und reden in Zungen und prophezeien – so etwa wie das alte Lachgas! Oder er kann uns durch die Röhre nach oben saugen für einen kleinen Himmlischen Besuch und uns dann gleich wieder zurück nach unten schießen!« (›Tempelzeit‹, Nr. 191).
Die Anlässe für D. Bergs eigene Visionen sind unterschiedlich: Sie können ausgelöst sein von Gesprächen, von Filmen und Fernsehsendungen (deren Bilder sie dann fortsetzen), von Büchern (meist von sprachlich stark bildhaften wie ›Don Quixote‹, ›Alice im Wunderland‹, ›Aladin und die Wunderlampe‹), durch intensives Anschauen eines Gegenstandes oder als Reaktion auf Fragen aus einer Kolonie. Bergs Visionen und Träume werden von seiner Sekretärin aufgezeichnet und als Brief gedruckt. Anlaß und Situation sowie sein ganzes Verhalten während einer ›Entrükkung‹ (Zungenreden, Beten, Weinen, Küsse in die Luft, Stimmwechsel etc.) werden sorgfältig mitangegeben. Dabei fällt auf, daß Berg seine Ausnahmezustände vor allem in den frühen Morgenstunden, im Halbschlaf, hat und sie durch Gebet sowie Alkoholgenuß zu verlängern sucht. Es können aber auch plötzliche Tagträume sein, die sich assoziativ an gerade Erlebtes anschließen. Berg sieht in diesen Zuständen auch Himmel und Hölle, deren Aussehen verschieden je nach vorangegangenen, subjektiven Eindrücken beschrieben werden. (›Die Kristallpyramide‹ Nr. 214, ›Die Raumstadt‹ Nr. 75A: Himmel als Spiel von Formen und Farben, eine Fernsehsendung über Kristalle regte seine Vision an etc., ... ›Die

grüne Tür‹, Nr. 262: Hölle als Zwang zur Weiterführung der nutzlosen, weltlichen Taten). Seine Prophezeiungen bezüglich der nahen Endzeit bezieht er meistens aus diesen Zuständen.

Besonders interessant ist der Wechsel der Persönlichkeit während der ›Entrückung‹. – Im April 1970 trugen sich Berg und seine Anhänger schon mit dem Gedanken, Nordamerika zu verlassen (wegen seiner Korruption und der Feindschaft gegen die ›Children‹ würde es als erstes Land in der Endzeit zerstört werden). Er, der ›Hirte‹, würde ins Exil gehen und seine Kinder würden sich über die ganze Welt verbreiten. Aus dieser Situation heraus begann er (nach langen, gemeinschaftlichen Gebeten, die um dieses Thema kreisten) eines Nachts mit veränderter Stimme, in fremder Sprache und in kindhaftem Englisch als ›Abrahim, der Zigeunerkönig‹ zu sprechen. Seine Sekretärin (und später auch er selbst) bezeichnen dieses aus ihm sprechende ›andere Wesen‹ als ›spirit guide‹ oder ›spirit helper‹. Dieser ›von Gott gesandte Helfer‹ soll sich ihm im Februar 1970 beim Besuch einer Zigeunergruppe angeschlossen haben, da die ›Children‹ die wahren ›Gypsies for Jesus‹ seien. Er soll um das 12. Jahrhundert in Bulgarien gelebt haben und als Christ von den Türken samt seiner Sippe ermordet worden sein. Durch Mo's Mund schildert er nun das Leben der Zigeuner, ihre Organisation, Missionsarbeit für Jesus, den Märtyrertod etc. Alles wird verblüffend ähnlich den Zuständen bei den ›Children‹ geschildert.

Aus der Situation Bergs und seiner Bewegung heraus wird gerade diese Form des Persönlichkeitswandels auf Zeit erklärbar: die glücklichen, Jesus-liebenden Zigeuner, von der Gesellschaft verfolgt und vertrieben, der Name Abrahim als Veränderung von Abraham, der das Land seiner Väter auf Gottes Anruf hin verließ. Mit Abrahims Stimme kann Berg auch in Situationen sprechen, die mit dem Zigeunerthema gar nichts zu tun haben (s. dazu: ›Sock it to me‹, Nr. 32, ›Alice im Zaubergarten‹, Nr. 290, ›Madame M‹, Nr. 268, ›Abrahim the Gypsy King‹, Nr. 296, ›Abrahim the Gypsies story‹, Nr. 298, Mystery solved: ›Gypsies are Arabs‹, Nr. 301).

Auch Lebende sprechen durch Berg und informieren die ›Children‹ so über die Zukunft. Ivan Ivanovitch, ›our man in Kiev‹, ist eine andere Variante im Persönlichkeitswandel Bergs: dieser spricht dann schlechtes Englisch, mit Brocken anderer Sprachen, die seine Umgebung für Russisch hält; er soll in Kiew leben und Bomben für die Endschlacht herstellen, von der er weiß, wann und wo sie stattfinden wird. Er kennt David Berg als Endzeitpropheten und ist berufen, durch ihn zu sprechen. Im übrigen lebt er mit seiner Freundin ›Kerenina‹ genauso wie Berg mit seiner Sekretärin, und man muß sich schon wundern, daß diese erotischen Zwischenszenen unter ›Einfluß des hl. Geistes‹ wortgetreu mit abgedruckt werden (s. dazu: ›Ivan Ivanovitch! Our man in Kiev tells all about coming missile war‹, Nr. 299).

Stark bindende Wirkung auf die Gruppe hat der Gedanke der Naherwartung. Sie spielt in Prophetie und Lehre D. Bergs eine entscheidende Rolle, ist allerdings, wie nicht anders zu erwarten, den größten Schwankungen und Veränderungen ausgesetzt. Für dieses Thema empfiehlt es sich, die Briefe chronologisch durchzusehen.

Ende der 40er Jahre begann David Berg Off 3,7–13 auf sich und seine Berufung als Prophet der Endzeit gegen Gesellschaft und Kirche zu beziehen (›Überleben‹, dt. 1973, S. 16, ›Der Schlüssel Davids‹, Nr. 78), 1952 bezog er Ez 2/3 endgültig auf sich, zog aber erst 1962 die Konsequenzen und gab jede Arbeit im ›System‹ auf (wohl auch gezwungenermaßen, s. o.). Ebenso deutete er Jeremia und Ez 34/37 auf sein Wirken als ›der wahre David, König der Endzeit‹ (›Der Ruf Davids‹, Nr. 79). Die ersten klaren Endzeit-Prophezeiungen hatte aber seine Mutter 1965, die den ›Antichrist‹ aus Ägypten aufsteigen sah; das wurde später auf Ghadhafi bezogen. 1968 fühlte sich Berg durch Ps 68 zum Führer der Endzeitchristen benannt und kurze Zeit später glaubte er, sie in den Hippies gefunden zu haben. (›Überleben‹, dt. 1973, S. 16, ›Ps 68‹, Nr. 83) Zu dieser Zeit herrschte also noch die Vorstellung vom Antichrist vor, dessen Herrschaft, ›ein Abklatsch von Utopia‹, kurz vor dem Weltuntergang kommen würde. Ebenso wie Berg der ›wahre David‹ ist, den die Propheten in den obengenannten Aussagen gemeint haben, sind auch seine Anhänger »das endgültige Volk Gottes ... Es gibt keine Zeit für irgendwelche anderen! Wir sind die endgültige Erfüllung vieler dieser Prophezeiungen! Das große Finale!« (›Psalm 68‹, Nr. 83).

Mit seinem Anschluß an die Hippiebewegung nahm er das astrologische Motiv vom ›Wassermann-Zeitalter‹ auf: »Jedes Zeichen ist ein anderes Zeitalter, und dies ist das letzte. Die Flut des Wassers von Gottes Wahrheit steigt und wird die Erde bedecken ... Ich trage das Wasser von Gottes Wort, und Jesus sandte mich für dieses Zeitalter. Die Babies saugen an meinen Brüsten ... die Milch Gottes ... Das ist es, was die Schrift meint ...: »Säugende Väter!« ... Daß dies der Wasserträger aller Zeiten ist, den Ich [Gott] verordnet habe, um die Wasser des Lebens den Kindern dieser letzten Generation hervorzubringen ...« (›Ein Psalm Davids‹, Nr. 152).

Die Darstellung der Endzeit schwankte von Anfang an zwischen ›Herrschaftszeit des Antichristen‹ und ›Millenium unter der Herrschaft der Kinder Gottes‹. Die schwarzen Völker werden die letzten Beherrscher der Erde sein, wie sie die ersten waren, doch spricht Berg sie gleichzeitig an, ihre Herrschaft mit der Jesus-Revolution zu verbinden. (›Wer sind die Rassisten?‹, Nr. 105, 1971). Amerika, das große ›Babylon‹, wird vom Weltkommunismus besiegt werden, dieser jedoch wird das ›antichristliche Schein-Millenium‹ aufrichten (›Amerika, die Hure!‹, Nr. 216, 1973,

›Der amerikanische Weg‹, Nr. 214A, 1973). Ghadhafi, zur ›schwarzen Rasse‹ gehörig, wird Herr dieser Zeit sein (›Aladins Lampe‹, Nr. 226, 1973).
Gleichzeitig suggerierte er seinen Lesern, daß sie sich schon im ›Millenium‹ befänden: ›You are living . . . as they are going to live in the millenium.« (›Jesus people or revolution?‹, Nr. 148, 1973), die Endschlacht werde um 1993 stattfinden (entsprechend der Prophezeiung seiner Mutter, die ihm bestätigt wurde).
Ende 1973 begann eine Wende in der Beurteilung Ghadhafis: Die vagen Prophezeiungen wurden der inzwischen fortgeschrittenen Politik angepaßt. Die USA und Israel (als ›Kolonie‹ Nordamerikas) verhindern durch ihr kapitalistisches System den Frieden und das Millenium. Doch die Endschlacht ist nicht mehr fern, sie wird in Harmagedon stattfinden, und Israel und die USA werden dabei vollständig vernichtet. Nur die Landarbeiter (und die in ›autarken Kolonien‹ wohnenden ›Children‹) werden verschont und in Frieden in einer schöpfungsgemäßen Ordnung leben können. In diesem Entwurf fungieren die USA bereits als ›Antichrist‹. – Eine ewige Hölle existiert nach Berg nicht: Das höllische Feuer ist ein Purgatorium, und selbst Satan wird eines Tages in Gottes vollkommenem Reich leben (s. dazu: ›The real war goes on‹, Nr. 277, ›Israel überfallen, Nr. 281, ›Die Uhr‹, Nr. 186A, ›Himmlische Heime‹, Nr. 316 u. v. a.).
Ende 1973 hatten Berg und die ›Children‹ Kontakt mit Ghadhafi, Briefe gingen hin und her, und Gruppen besuchten ihn. Der Ton gegen Israel und die Juden ist schärfer geworden: ursprünglich Gottes erwähltes Volk, sind sie durch Städtegründung und Gesellschaftsorganisation zu ›Systemiten‹ geworden, die Araber dagegen sind durch ihre ›nomadisierende Lebensweise‹ in Gottes Gunst gestiegen. Schließlich stammen auch die Zigeuner, Bergs Vorbild, von den Arabern ab, so daß die Einheit: Children + Araber = Erwähltes Volk der Endzeit komplett ist.
Befragt, warum er seine Kirche so fest gebaut habe, und ob sie ewig halten solle, antwortet Berg: ». . . nur für das Millenium, nur tausend Jahre!«

Sexualität

Zum Schluß soll noch etwas gesagt werden über den vielgeschmähten ›sexuellen Libertinismus‹ der ›Children of God‹. Zeichnungen und Titel der Briefe können zu einer solchen Meinung verführen.
Allerdings erkennt Berg jede Form der Sexualität an (außer Homosexualität zwischen Männern, da biblisch ausdrücklich verboten). Die Ehe ist erwünscht, möglichst als ›Frühehe‹; sie steht allerdings unter dem Finalitätsprinzip und sollte Kinder hervorbringen, solange es der Frau möglich ist. Da der Mann dann immer noch sexuell aktiv sein kann, wird ihm sogar eine Zweitehe empfohlen, um weitere Kinder zu zeugen. Das schließt

die Möglichkeit der Scheidung ein, die in den Kolonien auch leicht vollzogen werden kann. Askese wird nicht empfohlen, nur bei besonderer Berufung ›geduldet‹. Erlaubt sind auch Masturbation und lesbische Liebe, wenn eine heterosexuelle Beziehung noch nicht oder gerade nicht möglich ist.

Immer wieder freut sich Berg, wie schön und dem Bedürfnis des Menschen entsprechend die Schöpfung sei. Aber das ist in den diesbezüglichen Briefen immer nur der Anfang: sehr bald betont er den Vorrang der ›geistigen Liebe‹, die unter allen Menschen (vor allem der ›Children‹), gleichmäßig herrschen, niemanden vorziehen und niemanden ablehnen soll. Von diesem Aspekt aus werden auch alle Formen menschlicher Sexualität relativiert und völlig austauschbar. Sexualität ist notwendig wie Essen und Trinken und auch so angenehm; ist der Mensch abreagiert, kann er sich der wahren geistigen Liebe hingeben. Deshalb werden auch persönliche Partnerbeziehungen abgelehnt: der Partner darf nicht mehr geliebt werden als andere Menschen, sonst wäre eine Scheidung besser. Eine Partnerbeziehung ist sogar schlecht, wenn sie persönlich ist anstatt nur sexuell und eben geistig. »Laßt Euch sagen, Bruder und Schwester, Sex ist sehr im Fleisch! Aber bis ihr es in euren dicken Kopf bekommt, daß es auch im Geist genossen werden soll und daß es auch sehr geistig ist und eine buchstäbliche körperliche Illustration und ein Beispiel im Fleisch der Orgasmen des Geistes und geistiger Exstasen ...« (›Revolutionärer Sex‹, Nr. 258). So wird die eigentliche Verachtung des sexuellen Bereichs klar: er hat keinen Eigenwert für den Menschen, sondern ist ›Abbild des Geistigen‹ oder bloße Abreaktion. Ja, wie Mo sich von seinen ›Children‹ entfernen mußte, damit sie seinen Geist empfingen, so sollen sich auch Partner trennen, um im Geiste desto wahrer verbunden zu sein.

Die weitgehende Erniedrigung des körperlichen Seins des Menschen zum ›Mittel zum Zweck‹ wurde schon bei den ›Missionsmethoden‹ klar.

Dasselbe gilt für die Beziehung der Eltern zu ihren Kindern: Kinder werden von der Gruppe großgezogen, und Eltern sollen keine besonderen Beziehungen zu ihren eigenen Kindern haben.

Die wahre Ehe geht man ein mit Gott und seiner Arbeit, und jede Ehe, die nicht Gott dient, muß zerbrochen werden. Die ›geistige‹ Gruppenehe muß die Privatehe ersetzen, diesen letzten Rest von Kapitalismus und Privateigentum. Das Gleichnis von den 10 Jungfrauen wird herangezogen, um zu zeigen, daß alle Frauen Bräute Christi sind und erst in der Gruppenehe zu wahrer Gemeinschaft mit ihm gelangen. »Die Ganzheit der Braut und ihrer Ehe zum Bräutigam ist die Familie! ... So daß Gott, selbst wenn er diese kleinen privaten Zweisamkeiten zerbrechen muß, um uns die größere Einheit der Familie bewußt zu machen, es tun wird! ... Gott hat die Ehe von fast unserer gesamten Spitzenleiterschaft irgendwann einmal abgebrochen, mit ein oder zwei Ausnahmen, die sowieso die meiste Zeit von ihrem Partner getrennt sind ... Gott ist Spezialist im

Zerbrechen von Familien – kleinen, privaten Familien! Wenn du nicht irgendwann einmal deinem Mann oder deiner Frau für den Herrn abgesagt hast, hast du nicht allem abgesagt!« »Wir sagen jeder der Reihe nach einer nach dem anderen: ›Mit Gottes Gnade werde ich Ihn und Seine Familie an die erste Stelle setzen!‹« (›Eine Frau‹, Nr. 249).

Diese Haltung ist nicht neu. Mit Zwang zu Sexualbeziehungen mit allen Gruppenmitgliedern verbunden war sie auch die Grundlage der oben erwähnten Oneida-Community. Berg hat dieses Vorbild gekannt: »Die Geschichte von Kommunen zeigt, daß die erfolgreichsten Kommunen alle privaten Beziehungen entweder völlig abschafften oder völligen Zölibat verlangten oder die private Eheeinheit zugunsten der Gruppenehe aufgaben!« (›Eine Frau‹, Nr. 249). Auch das Beispiel der gemeinsamen Bräute Christi findet sich schon bei John Humphrey Noyes.

Es wurde schon erwähnt, daß Ehen erst nach längerer Mitgliedschaft in der Gruppe geschlossen werden können. Nach einigen Bemerkungen von Mo darf man annehmen, daß die Leiter dabei entscheidend mitbestimmen. »I King, I decide who marry who« (›Abrahim, the Gypsies story‹, Nr. 298). »We pretend to have one wife, but we have many wives« (›Gypsies are Arabs‹, Nr. 301).

Der erste Eindruck, bei den ›Children‹ würde die ›freie‹ Liebe gefördert, trügt: ihr Libertinismus erweist sich nur als eine Spielart der Askese, der Verachtung des menschlichen Körpers.

Trotzdem sprechen die erotische Sprache, die ›sexy‹ Zeichnungen, die Möglichkeit, eine feste Bindung zu vermeiden, sicher viele Jugendliche an.

Doch nicht nur die von der gesellschaftlichen Norm abweichende Einschätzung der Geschlechterbeziehungen hat eine starke Anziehung auf Jugendliche. Beim näheren Durchsehen der Lehrinhalte und Glaubensaussagen David Bergs wird klar, warum die ›Children of God‹ vor allem junge Menschen auf einer bestimmten Entwicklungsstufe besonders ansprechen. Diese Gruppe bietet die Möglichkeit, den eigenen Protest nicht nur stundenweise austoben zu können, sondern eine ganze Lebenshaltung daraus zu machen. Der Angesprochene sieht sich nicht mehr verpflichtet, eine Auseinandersetzung mit der bestehenden Gesellschaft in ihren verschiedenen Ausprägungen zu suchen; er kann einfach allem, was ihm Schwierigkeiten machte, den Rücken kehren. Dadurch wird die eigene Position nicht nur bestätigt, sondern sie wird sogar in absolute Wahrheit überhöht. Selbst pathologische Zustände können in der neuen Gruppe eine positive Bewertung erfahren (s. die Umstände von Bergs Visionen).

So wichtig diese Haltungen und Umstände für die Auseinandersetzung mit sich selbst und der Umwelt für den Jugendlichen sind, so gefährlich ist es, ihn darauf für immer festzulegen. Ein wirkliches ›Erwachsenwerden‹ wird durch die religiöse Festlegung auf einen ›Kindheits- und Jugendzustand‹ wesentlich erschwert, wenn nicht verhindert.

Literaturverzeichnis

Haack, Friedr.-Wilh., Die neuen Jugendreligionen, München [4]1976 (= Münchner Reihe des Ev. Presseverbandes in Bayern).
Hauth, Rüdiger, Die Kinder Gottes, München 1976 (= Münchner Reihe des Ev. Presseverbandes in Bayern).
Hieronimus, Ekkehard, Der Traum von den Urkulturen, München 1975 (als Ms gedruckt).
Hine, Robert, California's Utopian Communities, New Haven 1953.
Nordhoff, Chas., The Communistic Societies of the United States, New York 1961.
Noyes, John Humphrey, History of American Socialism, Philadelphia 1870.
Parker, R. A., Yankee Saint: John Humphrey Noyes and the Oneida Community, New York 1935.
Religion im Untergrund. Die religiösen Randgruppen Jugendlicher in der Schweiz, Zürich/Einsiedeln/Köln 1975.
Wilson, Bryan, Religiöse Sekten, München 1970 (= Kindlers Universitätsbibl.).

Ludger Zinke

Heil aus der neuen Messiasfamilie

Die Vereinigungskirche des S. M. Mun *

0 Einleitende Überlegungen

Rev. San Myung Mun, ein moderner Religionsstifter und Kirchengründer, angetreten zur ›Vereinigung des Weltchristentums‹; wer ist dieser Mann? Selbsternannter Messias, illusionärer Weltverbesserer, neuinkarnierter Christus, geschäftstüchtiger Manager in Sachen Religion, Heilbringer für die vom Kommunismus bedrohte Welt, Vater einer vereinigten, christlichen Menschheitsfamilie oder schlicht einer jener Propheten, die Selbstverständlichkeiten als ewige Wahrheiten ausgeben? Soviel schon von ihm selbst, seinen Anhängern und Kritikern verschiedenster Herkunft gesagt, geschrieben oder nachgeredet wurde: Fast ausnahmslos sind Verkürzungen, Verfälschungen oder Halbrichtigkeiten das Ergebnis. Das gilt gleichermaßen von seinen eigenen Schriften, den Verlautbarungen seiner Anhänger und den Feldzügen der Gegner seiner »Religionsfirma«.
Bei genauerem Zusehen ergibt sich:

- Muns Vereinigungskirche steht in einer Reihe jüdisch-christlicher, von östlichen Ideen durchtränkter Traditionen, die mehr oder weniger bewußt fortgeführt werden;
- engagierte bis fanatisierte Mitläufer und »Missionare« fühlen sich als die neuen Auserwählten, als Wegbereiter der Vollendung des Menschen im Himmelreich;
- es handelt sich um eine *religiöse* Bewegung, die zunächst als solche ernst genommen werden muß, bevor man die politischen, wirtschaftlichen und pädagogischen Praktiken darstellt;
- das strenge Autoritätsprinzip in der gesamten Organisation, Lebensgestaltung und Moral der Vereinigungskirche ergibt sich selbstverständlich aus ihrem Menschenbild;
- die erstaunlich rasche Ausbreitung erklärt sich nicht allein aus der Überzeugungskraft des Gründers, der Lehre und dem Einsatz der Missionare, sondern auch aus religionsgeschichtlich bekannten Phänomenen.

Um diese inzwischen weltweit missionierende ›neue‹ Religion angemessen vorstellen und sachgerecht beurteilen zu können, sind religionswissenschaftliche Analysen notwendig, die hier nur im Ergebnis skizziert werden können. Erst dann kann eine vorsichtige theologisch-religionspädagogische Stellungnahme erfolgen.

---

* Weitere inhaltliche Aussagen über Lehre und Praktiken der Mun-Sekte finden sich in den Beiträgen von M. Esser (S. 128 ff.) und M. Rösel (S. 138 ff.).

1 S. M. Mun – der neue und endgültige Messias?

Obwohl der Gründer und ›Vater‹ der Vereinigung ganz offensichtlich in religiöser, psychologischer und politisch-ökonomischer Hinsicht nach wie vor Dreh- und Angelpunkt der gesamten Bewegung ist, gibt sein persönlicher Lebenslauf erstaunlich wenig für die Erklärung des Phänomens »Vereinigung des Weltchristentums« her. Der Grund dafür liegt einmal in dem Umstand, daß wir von einigen äußeren Daten abgesehen über ihn nur wenig Sicheres wissen. Er hat zwar auf mehreren Weltreisen bei Massenkundgebungen große Reden gehalten, deren Text auch nachgedruckt wurde. Doch das grundlegende Lehrbuch seiner Botschaft »Die Göttlichen Prinzipien« ist mit an Sicherheit grenzender Wahrscheinlichkeit nicht von ihm selbst formuliert, sondern anhand seiner »Eingebungen« von einem Mitarbeiter verfaßt. Erst recht die verschiedenen »Studienführer« oder Kurzfassungen der Prinzipien stammen nicht aus seiner Feder. Und nach Ausweis einer sekteninternen Kurzbiographie hat er nicht einmal den engsten Vertrauten »alles über sein Leben« mitgeteilt.
Statt dessen liest man ebendort: »Nur wenige Menschen waren sich der allumfassenden Bedeutung der stillen Szene in Bethlehem bewußt, die sich vor 2000 Jahren zutrug, als Jesus Christus, der Sohn Gottes, geboren wurde. Das Sprichwort ›Geschichte wird nachts gemacht‹ hat sich im Jahre 1920 wieder einmal als wahr erwiesen. Am 6. Januar dieses Jahres spielte sich eine Szene von ähnlicher Bedeutung wie in Bethlehem in der Stadt Chongju in Nordkorea ab. An diesem Tage wurde einem Menschen das Leben geschenkt, dem der göttliche Auftrag für die schwierigste Aufgabe der Geschichte bestimmt war, nämlich die Welt zu erneuern.« (Kurzbiographie S. 7)
Da braucht niemand lange zu rätseln: Hier kündigt Mun sich als wiederkehrenden Messias an. Mit zahlreichen kaum verschlüsselten Anspielungen legen die »Göttlichen Prinzipien« ebenso wie seine eigenen Vorträge den Schluß nahe: Dieser ist's, jetzt lebt der wiedergekommene Herr unter uns! Gestützt werden solche Assoziationen durch sehr geschickt eingestreute Mitteilungen über Fakten aus seinem Leben: Er war wiederholt inhaftiert, zu Zwangsarbeit verurteilt und mußte unter elendigsten Bedingungen auf der Flucht schier übermenschliche Kräfte aufbringen, um zu überleben.
Wer erinnert sich dabei nicht der Schilderungen des Paulus über seine Leiden, Verfolgungen, Schiffbrüche und Krankheiten? Ja, man könnte auch an die Ablehnung Jesu durch die offiziellen Repräsentanten des Gottesglaubens seines Volkes denken; diesbezüglich hat Mun allerdings vorgesorgt und Jesu Scheitern zu seinen Gunsten interpretiert –, davon wird noch zu sprechen sein; hier genügt der Hinweis, daß seitens der Mun-Jünger historische Ereignisse manipuliert werden. Während der Zugang zum Messias Jesus nur über den Osterglauben möglich ist, soll bei

Mun schon zu Lebzeiten seine Messianität bewiesen werden. Die Verlagerung des Akzents von authentischen Selbstaussagen auf das Zeugnis von Anhängern kann jedoch nicht darüber hinwegtäuschen, daß Muns Biographie seine Verheißungen und Forderungen in keiner Weise abdeckt.

Nun sagt das allerdings noch nicht viel über die Echtheit des religiösen Anspruchs Muns. Festgestellt ist nur, daß er sich mit einem Nimbus des Unnahbaren zu umgeben versucht, der typisch ist für religiöse Führergestalten. Bemerkenswert erscheint darüber hinaus nur eine Selbstsicherheit, die den Eindruck des Erhabenen stärkt, indem religionsgeschichtlich bekannte Phänomene wie schweigendes Ertragen von Leid oder nicht hinterfragbare Offenbarungen bezeugt werden. Der ›leidende Gottesknecht‹ und die mißdeutete Gottesbeziehung machen allemal mehr Eindruck als sozial wirksame Neuerungen. Offen – oder vielleicht sollte man besser sagen: im Geheimen – bleibt dabei, wer dieser Mensch ist, was er wirklich will und wofür er nicht nur notfalls zu sterben bereit wäre.

Die Persönlichkeit des Gründers und Leiters einer religiösen Bewegung tritt auf diese Weise in den Hintergrund, und so ergibt sich die Möglichkeit, sich in *Prinzipien* zu flüchten, die um so leichter als absolut gültig hingestellt werden können, als sie ja keinerlei Einzelinteressen repräsentieren, sondern allein um des Heiles aller willen vertreten werden. Zusammengenommen führen diese Überlegungen zu der Einsicht, daß S. M. Mun es verstanden hat, breiteste Erfahrungen aus der gesamten Religionsgeschichte auf seine Person zu übertragen, um sein persönliches Lebensschicksal als Verwirklichung des einen göttlichen Heilswillens zu deuten und sich als den ›neuen‹ und endgültigen Messias herauszustellen.

Diese Überlegungen reichen allerdings noch nicht hin, Mister Mun als falschen Propheten abzutun; sie besagen nur, daß er unter religionsgeschichtlichen Gesichtspunkten keine Ausnahme-Erscheinung ist: Seine Biographie allein läßt noch kein endgültiges Urteil darüber zu, ob und inwieweit seine ›Prinzipien‹ wirklich heilbringend sind. Hier ist lediglich festzustellen, daß er den Anspruch erhebt, in Visionen und persönlichen Offenbarungen seine Mission von Gott selbst empfangen zu haben.

Auffällig ist dabei die Art, in der er die Offenbarung der »Prinzipien« erhalten haben soll. Im Jahr 1936 erschien danach dem damals 16jährigen Schüler am Ostersonntag Jesus Christus persönlich und teilte ihm mit, daß er jene Mission zu Ende führen solle, die ihm selbst vor 2000 Jahren wegen des Kreuzestodes mißlungen war. Doch erst einige Jahre später, als Student der Elektrotechnik in Tokio erkannte er in neuen Visionen »die Wahrheiten Gottes« genauer; und zwar wurden ihm nur einige der göttlichen Prinzipien direkt geoffenbart, während er sich die meisten in langen Auseinandersetzungen mit Satan und sämtlichen Dämonen selbst erkämpfen mußte; ebenso listenreich wie mühsam hatte er mit Luzifer zu ringen, um ihm Vorgang und ›Wahrheit‹ des Sündenfalls abzutrotzen.

Doch auch der endlich errungene Sieg über die bösen Geister genügte noch nicht. Erst auf einer dritten Stufe der Visionen gelingt es ihm, nach dreimaligem Ansturm auf die »geistigen Größen Buddha, Konfuzius und Jesus« sowie auf Gott selbst, die Bestätigung der ›Wahrheit‹ seiner göttlichen Prinzipien zu erhalten. Jetzt erst heißt es: »San Myung Mun hatte sich zu einem reinen und vollkommenen Sohn Gottes emporgekämpft. San Myung Mun wurde als Sieger des Universums und als Herr der Schöpfung anerkannt« (Kurzbiographie S. 10).

Religionsgeschichtlich interessant ist dabei weder die doppelte Dreizahl noch das Motiv des Kampfes mit Dämonen und geistigen Mächten, sondern der Umstand, daß die selbsterrungenen Wahrheiten von Gott bestätigt werden. Hier beruft sich Mun offensichtlich auf eine neuartige Form von Offenbarung, für die keine unmittelbaren Parallelen aus der Religionsgeschichte bekannt sind. Grundsätzlich ist jedenfalls denkbar, daß Offenbarungen, Beauftragung von Propheten und Bekehrungen nicht nur von Gott gegen menschlichen Willen sich durchsetzen müssen, sondern Menschen die Echtheit ihres Glaubens auch Gott gegenüber zu behaupten haben. Im Falle des S. M. Mun geht es darum, welche Prinzipien er unmittelbar aus Visionen entnimmt und für welche er die göttliche Bestätigung erkämpfen mußte. Da die vorliegenden Quellen darüber direkt keine Auskunft geben, lassen sich nur aus dem System der Lehre Rückschlüsse ziehen.

Hinzuweisen wäre in diesem Zusammenhang etwa auf ein ungewöhnlich großes Interesse am Problemfeld Sündenfall – Erbsünde – Überwindung des Bösen. Schon die Reihenfolge der genannten Stichworte legt die Vermutung nahe: Sünde bedarf als solche keines Beweises, Wege zu ihrer Tilgung aber findet man nicht im Schlaf; folglich kann angenommen werden, daß eine direkte Offenbarung zum Faktum des Sündenfalls sofort akzeptiert wurde, die Schuldfrage und das Problem der Wiederherstellung ursprünglicher Harmonie zwischen Gott und Mensch aber intensiver Auseinandersetzung bedurften. Bestätigt wird diese Hypothese in den Quellen durch häufiges, kritikloses Zitieren der Genesis und anderer Schriftstellen zum Sündenfall einerseits und seitenlanges Räsonieren über das Scheitern der Mission Abrahams, Moses und Jesu andererseits. Gesucht ist demnach nicht primär ein Weg zur Überwindung der Sünde, sondern die Bestätigung der Person Muns als Vermittler und Wegweiser zum Heil. Wenn er sich in dieser Funktion von Gott selber bestätigen läßt, dann äußert sich darin weniger die Gewißheit der Wirkmacht seiner Lehre als ein fundamentaler Zweifel an sich selber und seiner Mission.

Nun ist S. M. Mun aber mit dem ausdrücklichen Anspruch angetreten, den endgültigen Weg der Menschheit zum Heil zu weisen und auf den entsprechenden Pfaden voranzugehen. Eben dieses Vorangehen aber ist nicht konkret aus seiner Biographie belegbar. Da bleibt es bei Ideen und formalen Beteuerungen oder gar nur Behauptungen. Der Umstand etwa, daß

erst seine vierte Frau zur reinen Mutter und mit ihm zum ersten vollkommenen Elternpaar wurde, deutet nicht gerade auf vorbildliche Klarheit jener »Vorsehung«, von der in den »Prinzipien« soviel die Rede ist. In den Lebensbeschreibungen seiner Anhänger spielen derartige Probleme oder Widersprüche keine Rolle; was nicht zum Anspruch paßt, wird mit Schweigen übergangen; so in der erwähnten Kurzbiographie die ersten drei Eheschließungen, um dann die vierte als »Hochzeit des Lammes« des »neuen Adam und der neuen Eva« groß herauszustellen.
Wie man die Dinge auch dreht und wendet: Mun erscheint weder als Charismatiker noch als »Narr in Christo« (Gerhard Hauptmann), nicht als »Heiliger« oder religiöser Spinner, sondern kann nur als Manager in Sachen Religion bezeichnet werden, der seine Menschlichkeit hinter einem Wall von Täuschungen und »göttlichen Prinzipien« verbirgt, die seitens einer kritischen Religionswissenschaft keine Beachtung verdienten, wären sie nicht so erfolgreich. Andererseits bietet sich seine Persönlichkeit nach allen vorliegenden Quellen als so faszinierend dar, daß sein subjektives Sendungsbewußtsein unangreifbar zu sein scheint. Hat er den Christen, den modernen Menschen, den verunsicherten oder auf überkommene Vorstellungen Eingeschworenen etwas zu sagen? Auf diese Frage wird man vorläufig nur antworten können: Es gibt Menschen, denen er Vorbild und so etwas wie Heilsgarant ist; doch unter religionswissenschaftlichen und theologischen Perspektiven kann er bestenfalls als selbsternannter Prophet gelten, der einem modischen Trend folgend Frustrationen auszunutzen versteht.

2 Die Lehre der »Göttlichen Prinzipien«

2.1 Eine Deutung von Schöpfung und Geschichte der Welt

Nach religionsgeschichtlichen Erfahrungen und neueren Forschungen kann das in sich durchaus konsequente Lehrsystem der »Göttlichen Prinzipien« nur als simplifizierender Aufguß bekannter religiöser Weltdeutungen beschrieben werden. Es ist eindeutig synkretistisch, d. h. es sucht sich zur Begründung seiner Ziele und Ideale ohne Rücksicht auf strukturale und historische Zusammenhänge einzelne Erscheinungsformen menschlicher Religiosität zusammen, die einer kritisch-rationalen Prüfung ebensowenig standhalten wie der Probe auf emotionale Nachvollziehbarkeit. Das Lehrgebäude der »Vereinigungskirche« gewinnt auch nicht an Überzeugungskraft, wenn es chiliastische Datierungen vermeidet und sich mit einer allgemeinen Ausrufung der Endzeit begnügt, die bereits angebrochen ist. Abgesehen davon, daß die Gleichsetzung der Jetztmit der Endzeit so neu nicht ist, fehlt es vor allem an glaubwürdigen Interpretationen der gegenwärtigen Menschheitssituation als unwiderruflich letzter Phase eines gottgewollten Evolutionsprozesses, der noch dazu al-

lerletzte Vorstufe zu endgültigem Heil sein müßte. Was uns da angeboten – oder besser zugemutet – wird, bewegt sich eher auf der Stufe einer zufälligen und nachträglichen Apologie des Ist-Zustandes menschlicher Selbstbestätigung, die zum göttlichen Wunschbild hinaufstilisiert, den Eindruck eines Schöpfungsideals erwecken soll.
Trotz solch fundamentaler Einwände soll die Weltdeutung der Mun'schen Prinzipien hier analysiert werden. Denn so selbstverständlich, wie mancher christlich Fromme annehmen mag, ist eine theologische Deutung der gesamten Menschheitsgeschichte nun auch wieder nicht. Das Ziel der Geschichte kann jedenfalls noch von niemandem in konkret vorstellbarer Gestalt angegeben werden.

2.2 Das Prinzip der Schöpfung nach der Lehre S. M. Muns

Hier wäre zunächst ausführlich zu erörtern, was Mun mit dem Begriff Prinzip meint. Mun interpretiert den Zustand der Welt und des Menschen mit Hilfe biblischer Texte und anderer religiöser Dokumente in seinem Sinne, d. h. er findet allüberall seine Theorien bestätigt; Prinzipien sind seine Vorstellungen, die Leitlinien seiner Schöpfungsdeutung, eben jene Ideen und ›Offenbarungen‹, mit denen er sich selbst in die Messiasrolle zu bringen verstanden hat.
Berücksichtigt man diesen Umstand, so reduziert sich die Schöpfungslehre Muns auf die simple Aussage: Gott hat Welt und Menschen geschaffen, um selbst ein notwendiges Gegenüber zu haben, eine Mischung aus bloßem Objekt, Spielgefährten und Gegenpol. Diese Schöpfung ist also zunächst einfach um Gottes selbst willen da und hat außerdem den »Zweck«, sie durch die Vermittlung auserwählter Menschen in einem langwierigen Prozeß in seine Geistessphäre zu holen. Das klingt nicht sonderlich fremd und könnte gar als christlich legitime Interpretation gelten, gäbe es nicht einige schwerwiegende Widersprüche.
Wie kommt Mun zu dieser Lehre? In den Genesiserzählungen des Alten Testaments und in der altchinesischen Yang-Yin-Lehre hat er ein dualistisches Polaritätsprinzip gefunden, das die neuere Elektro- und Atomphysik bestätigt: Alle Bewegungsvorgänge zwischen Materie und Energie, die Spannungen zwischen männlicher und weiblicher Kreatur wie der Wechsel zwischen Licht und Finsternis kennzeichnen die polare Eigenart jeglichen Lebens. Diese auf die Schöpfung bezogene Aussage wird dann auf Gott selbst übertragen; auch er unterliegt den Gesetzen der Polarität: Gott als Schöpfer wird also mit einem aus seiner Schöpfung erhobenen Prinzip erklärt. Diese in der knappen Formulierung etwas vereinfachende, schematische Darstellung wird in den ›Prinzipien‹ dadurch verschleiert, daß das entsprechende Kapitel mit der Behauptung beginnt: »Wir können Gott wahrnehmen und verstehen, indem wir seine Schöpfung betrachten« (GP 36). Erst später erscheint unter dem Stich-

wort »der Zweck der Schöpfung« das Motiv der Freude, die Gott beim Anblick seines Werkes genießen wolle (GP 59 ff.), die jedoch dem Polaritätsprinzip zufolge für ihn absolut lebensnotwendig sein müßte. Da hilft es nichts, wenn zwischenhinein alle für Leben notwendige Energie als in Gott selbst immer schon vorhanden bezeichnet wird (GP 44) und Gott, »ewig selbstexistierend«, Subjekt und Objekt in sich vereinend ungeschaffen sein soll; solange das Polaritätsprinzip derart fundamental jedwedes Leben prägt oder gar hervorbringt, tritt es zumindest in Konkurrenz zu Gott.

Den Gang dieser Argumentationskette bestätigt der offizielle Studienführer zu den ›Prinzipien‹ von Young Whi Kim Schritt für Schritt mit folgenden Aussagen zum Abschnitt »Zweck der Schöpfung« über die Motivation Gottes, sein Schöpfungswerk zu beginnen: »Wir können Gottes Motivation verstehen, indem wir das Verlangen des Menschen nach Leben und seine Motivation für schöpferische Tätigkeiten untersuchen. Der Mensch möchte nicht isoliert sein. Er möchte ständig ein Objekt haben, mit dem er den Vorgang des Gebens und Nehmens vornehmen kann, um Freude hervorzurufen. Es ist also des Menschen Verlangen, Freude und Glück zu fühlen. Woher kommt dieses Verlangen? Es kommt von Gott.

Wir können nun verstehen, daß auch Gott Freude erleben möchte. Gottes Motivation für sein Schöpfungswerk war daher, Freude hervorzubringen. Jedesmal, wenn Gott einen Teil seiner Schöpfung vollendet hatte, sah er, daß es gut war (Gen 1,4–31). Gott freut sich also, wenn er seine Schöpfung sieht. Aber er kann nur dann vollkommene Freude fühlen, wenn der Mensch in vollkommener Freude lebt, indem er das Himmelreich auf Erden und in der geistigen Welt errichtet« (Studienführer I, S. 56).

Ganz ähnlich könnte man auch von anderen Ansatzpunkten her argumentieren: Der im Rahmen des Polaritätsprinzips mehrfach herangezogene Vorgang des »Gebens und Nehmens« etwa ist ebenfalls als grundlegende Erscheinungsform von Leben in der Schöpfung gut beobachtet und einleuchtend beschrieben. Als Interpretation von Welt und Geschichte des Menschen können solche Lehren nicht nur auf den ersten Blick imponieren, sondern sie fassen zentrale Elemente einer langen religionsgeschichtlichen Tradition in einer Weise zusammen, die heutige Menschen zur Auseinandersetzung, zum Fragen und bewußteren Vollzug des eigenen Geschöpfseins bewegen können. Theologisch fragwürdig sind oder werden die ›Göttlichen Prinzipien‹ (von ihrer synkretistischen Machart abgesehen) erst durch die Übertragung ihrer Einsichten auf die Gotteslehre. Wo aus »Prinzipien der Schöpfung« unversehens oder gar gezielt »Göttliche Prinzipien« werden, muß man zumindest näher hinschauen.

2.3 Der Sündenfall – ein umprogrammierter Mythos?

Eine religiöse Welt- oder Sinndeutung menschlichen Lebens ohne Mythen, Parabeln oder philosophische Theorien zur Erklärung des Bösen in der Welt gibt es nicht. So kann es nicht verwundern, daß S. M. Muns göttliche Prinzipienlehre sich dieses Problems besonders ausführlich annimmt und seine Sündenfalltheorien als Kern des gesamten Lehrgebäudes anzusehen sind. Dabei ist wiederum nicht so wichtig, was er im einzelnen lehrt, sondern Interesse wecken hier vor allem die Methoden, mit denen aus der Fülle des bekannten religionsgeschichtlichen Materials ausgewählt und daraus prinzipientreu ein gleichermaßen ursprunghaftes wie eschatologisches Mythenkonglomerat zusammengemischt wird. Wie Sünde und Schuld, Lüge, Bosheit, Moral, Gottlosigkeit und die Idee einer Hölle in die Welt gekommen sind, läßt sich nicht einfachhin mit strukturalen, historischen oder empirischen Methoden erheben; da bedarf es eines Standpunktes, von dem aus Welt und Gott angeschaut, ihre wechselseitige Beziehung beurteilt und auch noch über so etwas wie die Schuldfrage entschieden werden könnte.
Muns ›Göttliche Prinzipien‹ kennen diesen ›archimedischen Punkt‹: Die eigene, aus göttlicher Offenbarung oder Bestätigung hervorgehende Messianität garantiert die Richtigkeit seiner Lehre auch in logisch-kausalursächlicher Hinsicht, weil vorgeblich selbst die modernen Naturwissenschaften zum selben Ergebnis geführt haben. Unter religiöser Perspektive ist einer solchen Argumentation wenig entgegenzusetzen. Andererseits weist ein genauerer Blick auf Muns Deutung der biblisch-urgeschichtlichen Sündenfall-Erzählungen auf äußerst ambivalente Methoden im Umgang mit biblischen Texten und anderen religionsgeschichtlichen Dokumenten. Da werden nämlich ein und dieselben Texte je nach dem Argumentationsziel unterschiedlich bis kontrovers gedeutet: Insgesamt sind die Sündenfallgeschichten der Genesis ›symbolisch‹ zu verstehen, doch wo es um Belege für Muns Anspruch auf endgültige Heilsvermittlung geht, werden Texte wie die über den Verweis des Menschen aus dem Paradies plötzlich buchstäblich genommen.
Mit solchen Methoden gelingt es, die Ursünde als Ehebruch zu deuten, indem »die menschlichen Vorfahren sich mit Satan vereinigten.« Und so sind nun »alle Menschen satanischer Abstammung« (GP 97), die in jedem Zeugungsakt weitergegeben wird, bis der endgültige Messias »fähig sein wird, dieses Problem fundamental zu lösen« (GP 99). Obwohl in langen, umständlichen Erläuterungen mit Hilfe des Polaritätsprinzips zwischen einem »Baum des Lebens« und einem »Baum der Erkenntnis« sowie zwischen »geistigem« und »physischem Fall« unterschieden wird, bleibt der Ehebruch die Sünde schlechthin. Soweit hält sich die Lehre noch im Rahmen gängiger Mythologien, doch die innere Zielstrebigkeit der Argumente deutet auf ein ganz anderes Interesse: Der Sündenfall muß als sexuelles

Vergehen verstanden werden, damit die Erlösung durch eine eheliche Vereinigung des Messias mit einer von ihm ausgewählten Frau glaubhaft wird. Nicht um eine hermeneutisch richtige und methodisch saubere Auslegung der Genesis-Erzählungen also ist es dem Autor der »Göttlichen Prinzipien« zu tun, sondern er will auch hier nur S. M. Muns Anspruch stützen.

2.4 Menschheitsgeschichte als dreistufige Heilsleiter

Die Schöpfungslehre der »Göttlichen Prinzipien« enthält bereits eine ausgearbeitete Geschichtstheologie. Danach sollten die Menschen ursprünglich drei Entwicklungsstufen durchlaufen: »Die Gestaltungs-, die Wachstums- und die Vollendungsstufe« (R. Hauth, Tong-Il Kyo S. 17). Danach hätte man sich eine Art unendlicher Geschichte vorzustellen, aus der zur Freude Gottes immer neue vollkommene Menschen hervorgehen sollten. Der Sündenfall ließ diesen Plan scheitern. So mußten die drei Stufen auf drei geschichtliche Zeitalter angewendet werden, in denen die »Vorsehung der Wiederherstellung« doch noch zum Ziel führt. Am Anfang steht die Zeit des Alten Testaments, in der Gott vor allem durch Mose 2000 Jahre nach der Erschaffung die Menschen wieder mit sich vereinigen wollte. Dieser wie auch weitere Versuche scheiterten am Versagen der berufenen Patriarchen und Propheten.
Dann begann mit Jesus immerhin die zweite Stufe, doch auch er scheiterte, weil er es versäumte zu heiraten. Hier haben wir es mit der wohl interessantesten Argumentation der »Göttlichen Prinzipien« zu tun. Im ersten Schritt wird der »Zweck« der Erlösung gleichgesetzt mit dem der Geschichte: Es geht um Wiederherstellung des ursprünglichen, vollkommenen Zustandes. Diese Wiederherstellung war die Mission Jesu. Dann geht die Argumentation weiter: »Ein vollständig erlöster Mensch ist identisch mit dem Menschen, der Vollkommenheit erreichte, ohne gefallen zu sein«, er bräuchte keinen Erlöser mehr, hätte nicht zu leiden, müßte nicht beten und könnte (wie natürlich auch seine Kinder) »automatisch« in das Himmelreich eingehen (Studienführer I, S. 195 f.). Und im dritten Schritt ergibt sich dann ganz logisch: Diese Erlösung konnte durch das Kreuz Jesu nicht gelingen, weil sie keine automatische Befreiung von der Ursünde und damit Vollkommenheit brachte. So irren die an ihre Erlösung durch das Kreuz glaubenden Christen; und tatsächlich: »Sie warten auf ihre vollkommene Erlösung«, wofür Röm 8,23 als Beleg zitiert wird (Studienführer I, S. 196).
Was ist da geschehen? Muns Prinzipienlehre bleibt sich selber treu: Die mann-weibliche Polarität der Schöpfungsdeutung, das Ideal der vollkommenen Familie und der Herrschaft über die Welt in göttlicher Liebe hat Jesus verfehlt. Das wird ihm zwar nicht als persönliche Schuld angelastet, sondern hat seine Ursache im Unverständnis seiner Zeitgenossen. Doch

richtet sich die Kritik insgesamt eigentlich eher gegen den Glauben der christlichen Kirchen: Sie haben versagt und hängen immer noch an der Wahnvorstellung, der wiederkommende Christus werde die Vollendung bringen. Sie haben angeblich übersehen, daß Jesu Weg durch das Kreuz abgebrochen ist und Gott in der Geschichte noch nie einen einmal gescheiterten wiederkommen ließ, sondern stets neue Menschen berief. Außerdem ist Christus selbst nach seiner Auferstehung nur zum Lebensgeist geworden und ins Paradies eingegangen, der vorletzten Stufe der Erlösung; diese wird von der Wolke symbolisiert, dem verdunsteten Wasser der Menschheit, gebildet aus den Heiligen, die schon geistig erlöst sind. Und so kann die »Wiederkehr Christi auf den Wolken des Himmels« noch nicht das endgültige Heil bringen, weil die physische Erlösung nur durch einen »Menschensohn im Fleische« zu schaffen sein soll. Ein weiterer Hinweis also auf einen neuen Messias, den »Herrn der Wiederkunft«, welcher nun im dritten Anlauf gleich auf der Vollendungsstufe beginnt. Soviel an bedauernder bis haarspalterischer Argumentation bemüht wird, um Jesu Werk als gleichzeitig groß, gottgewollt und unvollendet – vergeblich zu interpretieren, so eindeutig geht es auch hier um die Legitimation Muns. Sämtliche Aussagen über die Verstocktheit der Juden z. B., sprechen vom Verkennen des Willens Gottes, das sich bei der endgültigen Ankunft des Messias wiederholen werde. Da steht etwa: »Wenn sie (die Juden) gewußt hätten, daß Jesus der Messias war, auf den sie sich so lange vorbereitet hatten, hätten sie ihn nicht gekreuzigt, sondern ihn empfangen. – Wir können also verstehen, daß die Kreuzigung Jesu nicht dem Willen Gottes entsprach, sondern das Resultat eines Verbrechens war, das seinen Ursprung in der Unwissenheit und dem Unglauben des Volkes Israel hatte. – Jesus kam somit nicht, um gekreuzigt zu werden« (Studienführer I, S. 199). Dann folgen eingehende Erläuterungen zum Versagen Johannes des Täufers, der aufgrund eines falschen Messiasbildes die Mission Jesu verkennen mußte und folglich zu dessen Scheitern beitrug.

Vollends klar wird die Intention dieser Ausführungen im nächsten Kapitel der »Göttlichen Prinzipien« zum Thema Auferstehung. Da nämlich wiederholt sich eigentlich nur die Gleichsetzung des erlösten, vollkommenen Menschen mit dem von Gott erschaffenen (= Adam und Eva). Es geht um ein irdisches Himmelreich. Die Vollendungsstufe der Geschichtszeitalter beginnt auf der Erde mit der Geburt des »Herrn der Wiederkunft«, findet ihren Höhepunkt in der »Hochzeit des Lammes« und führt schließlich in das endgültige Himmelreich, die reine Herrschaft Gottes über die Schöpfung. Nachdem Mun selbst die »Hochzeit des Lammes« gehalten und den Anbruch des Gottesreiches auf Erden ausgerufen hat, gibt es keinen Zweifel mehr: »Der Erlöser ist *ein Mensch,* der von den Christen als der Herr der Wiederkunft, von den Buddhisten als Maitreya Buddha, von den Konfuzianisten als der Wahre Mensch oder der neue

Konfuzius, vom Islam als der Imam oder Amadhi usw. bezeichnet wird. Er ist also die Hauptperson all dieser Religionen« (Studienführer I, S. 260).

2.5 Muns Endzeitlehre: Sieg über den Kommunismus

Wie schon die Deutung der Weltgeschichte, die Interpretation der Bibel und anderer religiöser Traditionen ist die Sicht der heutigen Welt, der politischen Verhältnisse auf dem Globus und speziell der religiösen Situation der Menschen ganz vom Sendungsbewußtsein S. M. Muns geprägt. Die Menschheit ist vielfach gespalten, Völker und Rassen kämpfen an verschiedenen Fronten gegeneinander, und selbst im Christentum herrscht alles andere als Einigkeit. Was liegt näher, als in die Rolle des großen Vereinigers zu schlüpfen und zum Endkampf gegen Satan und das Böse aufzurufen?

In der religiösen Ebene besteht dieses Einigungswerk zunächst darin, daß den Heiligen des christlichen Zeitalters nach der Lehre der GP die Möglichkeit offensteht, aus dem geistigen Wolkenbereich zurückzukehren und sich mit der Seele eines jetzt lebenden Menschen zur endgültigen Vollendung dessen und der eigenen Erlösung zu verbinden. Religionswissenschaftlich handelt es sich um so etwas wie ›Seelenschwängerung‹, keine Reinkarnation also, sondern eine Art befruchtender Mitwirkung, durch die der Weg ins Himmelreich beiden Beteiligten erleichtert wird, weil die Erfahrungen aus der geistigen Welt sich so im Irdischen auswirken, und dieses der Herrschaft Satans entreißen helfen können. Gleichzeitig ermöglicht das den bislang nur geistig Erlösten die Teilhabe am Wirken des »Herrn der Wiederkunft« und somit den Zugang zum wiederkommenden Reich Gottes auf Erden.

Der nächste Schritt führt unmittelbar zu der Aufgabe der Vereinigung des Christentums und aller Religionen sowie schließlich auch der nichtreligiösen Menschen, denn »der Zweck, den Gott durch den gesamten Verlauf der Erlösungsgeschichte verfolgte, ist die Wiederherstellung der vereinigten idealen Welt des Friedens, der Freiheit, der Liebe und des Glückes« (Studienführer I, S. 258). Bei allen Vorbehalten hinsichtlich der Chance, das als einzelner Mensch zu schaffen, weiß Mun doch das richtige Rezept: Weil es um eine Neu-Schöpfung geht, muß Gott mit *einem* Menschen das Werk vollbingen, das er mit dem ersten Adam begann; wer es ist, weiß man inzwischen, bekommt aber trotzdem immer wieder neue Hinweise auf den »Herrn der Wiederkehr« serviert. Inhaltlich geht das große Vereinigungswerk nicht ohne Kämpfe ab. Als genaues Spiegelbild des ursprünglichen Ringens um die Herrschaft über die Schöpfung zwischen Gott-Mensch-Satan spielt sich auch der eschatologische Kampf auf Erden ab; die Frontlinie verläuft mitten durch die Menschheit, den einzelnen in seinem Schwanken zwischen Gut und Böse ebenso betreffend wie Nationen, Staaten, Ideologien und Kirchen. Dabei haben die beiden Weltkriege an den Tag gebracht, wer auf satanischer Seite steht bzw. wo die Chance für die göttliche Wiederherstellung am größten ist. Vor allem »war Hitler, der den 2. Weltkrieg verursachte, die Adam-Typ-Person auf der satanischen Seite«, half aber im Endeffekt nur mit, »die Bedingung der Wiedergutmachung zu schaffen« (GP 526 f.), die im Sieg der »demokratischen« Staaten gesehen wird. In schematischer Anwendung seines eindeutig evolutionistischen Geschichtsbildes vermag Mun die Frontlinie so zwischen ›Kommunismus‹ und ›Demokratie‹ zu fixieren; unterschiedliche Auffassungen und entsprechend differenzierte Praktiken stören ihn dabei überhaupt nicht, denn es geht ja um seinen Kampf auf göttlicher Seite, für den »der Kommunismus« als gefährlicher, aber überwindbarer Gegner erscheint.

Auf diesem Hintergrund nimmt es nicht wunder, daß als zugleich reale und symbolische Hauptfront der 38. Breitengrad in Korea hingestellt wird: Sein Heimatland, in dem er kommunistische Verfolgung erduldet hat und das er eben damit als Ausgangspunkt des neuen Messias zu orten wußte, offenbart besonders deutlich, was Gott will; die Vernichtung Satans (= des Kommunismus) in einem 3. Weltkrieg, die Mun als zentrales eschatologisches Geschehen prophezeit, scheint kaum irgendwo so herbeigewünscht, so anschaulich als notwendig deklarierbar oder propagandistisch ausschlachtbar zu sein ...; da konnte man doch mit Augen sehen und mit Händen greifen, wohin ›Kommunismus‹ die Menschen bringt *und* zu welcher Größe der Kampf dagegen verhilft! Der sichere Endsieg läßt sich stets dort am besten verkünden, wo die Fronten klar abgesteckt sind.

Damit hat Mun sich entschieden: Das göttliche Himmelreich auf Erden kann nur realisiert werden, wenn der Kommunismus ausgerottet ist. Für dieses Ziel sagt er nicht nur einen weiteren Weltkrieg voraus, sondern dafür rüstet er auf und mobilisiert fundamentalste Emotionen; nach dem Motto »wer nicht für mich ist, ist gegen mich«, wirft er seine ganze, nach dieser Methode begründete Autorität in die Waagschale zugunsten des Sieges einer vorgeblich gottgewollten Demokratie, die natürlich nur durch totale, ›gläubige‹ Unterwerfung unter den Willen Gottes zu verwirklichen ist.

Endzeit und Weg zur »vollkommenen Auferstehung« sind damit vorgezeichnet: Blinder Antikommunismus in der Gefolgschaft Vater Muns allein garantiert die Aussicht, bei der Endabrechnung auf der ›rechten‹ Seite zu stehen. Gott selber, seine Verheißungen und Forderungen scheinen dabei kaum von Interesse: Er braucht sich in den Endkampf gar nicht einzumischen, das regelt ja Mister Mun nach den »Göttlichen Prinzipien«.

Selbst ohne jeden ironisch-polemischen Unterton kann man hier nur feststellen, daß die Endzeitlehre der GP eher als ehrgeizig-politisches Programm eines religiösen Außenseiters verstehbar ist denn als christlich-

religiöses Bekenntnis für die Einheit im Glauben. Bei aller Bereitschaft zum Ernstnehmen religiös motivierter Weltdeutungen bleibt hier nur die Möglichkeit, von einem kaum kaschierten evolutionistisch-synkretistischen Entwurf zu sprechen, der letztlich Gott und Satan gleichermaßen für seine Eigeninteressen in Dienst nimmt. Die tatsächlichen Verhältnisse in unserer Welt und die wirkliche Situation der Menschen sind da gar nicht erst gefragt; ohne jeden Versuch zur empirischen Verifikation oder sonstiger erfahrungswissenschaftlicher Bestätigung beschränken sich die Darstellungen auf schematische Prinzipientreue.
Von der Lehre und deren religionswissenschaftlicher Wertung her gesehen ist Muns Vereinigungskirche in der Reihe der sogenannten Jugendreligionen deshalb wohl als zweit- und drittklassig einzustufen. Wenn sich auch nicht leugnen läßt, daß es sich um eine Religion handelt, so steht diese doch auf schwachen Beinen: Weder besonders originell noch die Grundidee in überzeugender Manier durchhaltend, suchen sich Mun und die GP eher das Vordergründig-Eingängige aus verschiedensten religiösen Traditionen zusammen, um es nochmals vereinfacht ›aufs Prinzip zu bringen‹. Zu durchsichtig ist der kaum verschleierte Versuch, mit jeder theologischen Argumentation zugleich den Gründer als Messias auszuweisen, als daß man hier von echt religiösen Anliegen sprechen könnte. Wo die Rückbindung an Gott der Gehorsamsverpflichtung auf seine irdischen Repräsentanten den Vortritt lassen muß, steht nicht nur die Glaubwürdigkeit einzelner Zeugen, sondern die Grundlage des gesamten Systems auf dem Spiel.

3 Lebensordnung und Missionspraktiken der Vereinigungskirche

3.1 Neue Familien und missionarische Elternschaft

Getreu der Lehre, daß die endgültige Auferstehung nur durch eine sündelose Geburt auf Erden erreicht werden kann, ist die Vereinigungskirche nach einem ›Familienprinzip‹ organisiert: Die wahren Eltern – Mun mit seiner vierten Frau – nehmen alle Neu-Bekehrten in die eine große Familie der Menschen auf der Vollendungsstufe auf. Konkret bedeutet das, in eine kommuneartige Gemeinschaft aufgenommen zu werden, die nach streng hierarchischen Regeln einem Vater untersteht, der gar nicht anwesend sein muß, aber durch Stellvertreter unterschiedlichster Rangstufen überall in den Wohnzentren wirkt. So ist kein Mitglied dort jemals völlig allein – altbewährte Missionare ausgenommen. Solange die Oberen nicht von totaler Linientreue und einem bestimmten Erfolg bei der Straßenmission überzeugt sind, gibt es für neue Mitglieder keinerlei Eigenverantwortung, und das ›Familienleben‹ bleibt auf gemeinsames Beten und die Arbeitsanweisung durch ›ältere Geschwister‹ beschränkt. Wenn irgendwo Probleme auftauchen, steht ein Lehrer bereit, der alles nach jenen GP

zu klären vermag, die sich so gut in Bildchen und Skizzen umsetzen lassen, daß sich immer etwas findet, worin man sich und seine Fragen beantwortet findet.
Aufgrund vorliegender Erfahrungsberichte und eigener Gespräche mit Anhängern läßt sich relativ leicht erklären, warum dieses eher simple denn raffinierte System einer ›missionarischen Erziehung‹ so oft funktioniert. Wo immer im Wort, Dogma oder Prinzip groß und anspruchsvoll auftretende Wahrheiten sich leicht faßlich abbilden lassen, wenn Erbsündenlehre oder gar Gottes gesamter Heilsplan mit wenigen Strichen skizzierbar sind, kann das »Einfache« und »Elementare« eine buchstäblich überwältigende Faszination haben; da werden rationale Argumente und emotionaler Widerwille gleichermaßen außer Kraft gesetzt bzw. gleichsam zu einer Kehrtwendung gebracht, die Verstand und Gefühl auf das schematische Bild als scheinbar einzigen Fixpunkt bezieht. Ist es gelungen, einen Zweifler in diese Position zu bringen, d. h. sein Empfinden auf das bildlich Dargestellte festzulegen, fällt es meist nicht mehr schwer, ihm von dort her die Antwort auf seine inzwischen umgebogenen Fragen nahezulegen: Das Prinzip des Gebens und Nehmens etwa stellt sich als Anspruch an beide Seiten dar; je nach der vorher fixierten Position aber läßt es sich stets in eine Forderung an den Betroffenen ummünzen.
So haben Organisation und Ausbildung in den Mun-Zentren gewiß Methode: Der Neuankömmling wird systematisch in die Rolle des Empfangenden versetzt. Seien es vorgebliche oder gar echte Antworten auf seine Fragen, stets kann er in den Bann des Angenommen- und Geborgenseins geraten, weil allem Anschein nach nichts als er selbst und sein Schicksal verhandelt werden. Unter diesem gelegentlich wohl gar nicht sonderlich suggestiven oder gar autoritären Einfluß merken zahlreiche Jugendliche nicht, wie sie hier von sich selbst entfremdet werden. Da wirken einfach die für fast alle Religionen grundlegenden Mechanismen von Verheißung und Forderung in einer Weise zusammen, die es nicht erlaubt, individuelle Bedürfnisse oder Heilserwartungen als solche zu artikulieren, sondern derzufolge allein der wie immer begründete Verkündigungsanspruch absolute Gültigkeit beansprucht.
In der Praxis der Vereinigungskirche zeigt sich dieser Anspruch vor allem in der als väterlich-familiär deklarierten Organisationsstruktur. Danach gewähren die Oberen aufgrund missionarischer Erfolge den Mitgliedern die Heirat mit gleichgesinnten Partnern(innen), um Kinder auf der Vollendungsstufe zu zeugen. In diesem Zusammenhang sind die von der Mun-Gemeinschaft veranstalteten Massenhochzeiten zu erwähnen. Darin dokumentiert sich eine über jede Art von Arkandisziplin hinausgehende formale Darstellung des Verständnisses von Ehe und Familie. Nicht personale Partnerschaft und/oder liebende Elternschaft, sondern allein das zweckorientierte Bündnis von missionarisch orientierten Männern und

Frauen erhält die Bestätigung als Ehe. Ob und inwieweit Ehe damit als Personenstands- oder zielbestimmte Zweckangelegenheit gesehen wird, läßt sich nicht einwandfrei feststellen. Klar ist nur, daß sexuelle und sonstige geschlechtsspezifische Beziehungen nur aufgrund gruppeninterner Normen gestattet werden. Auffällig ist auch hier wieder eine so gut wie totale Funktionalisierung zwischenmenschlicher Kontakte. Schematisch zugespitzt formuliert: Liebe kann nur sein, was dem Missionsziel dient. Da wird eben alles »aufs Prinzip« gebracht, selbst die Liebe. »Wie ist da noch eine wirkliche lebendige Elternschaft möglich?«, wird man fragen; »wie sollen die Kinder personale Beziehungen zu ihren Eltern aufbauen können, wenn in deren Leben und Verhalten alles dermaßen ›ver-zweckt‹, dem Missionsideal untergeordnet ist?« Diese Feststellungen führen zu den fundamentalen Problemen einer religiös motivierten Ganzhingabe bzw. der totalen Verpflichtung auf ein religiöses Ideal und deren Konsequenzen; welches Gottes- und Menschenbild steckt hinter der »Familien-Struktur« der Vereinigungskirche und deren missionarischem Anspruch?

3.2 Inhalte und Funktion des Gebets der Mun-Anhänger

Weil direkte Aussagen zu dem angesprochenen Fragenkomplex sich weder in den Schriften der Sekte finden noch gesprächsweise zu bekommen sind, ist eine Analyse von Gebetstexten, Ansprachen bei Massenhochzeiten u. ä. nötig. Schon der erste flüchtige Blick bestätigt: Stets geht es primär um den Missionserfolg, darum vor allem wird gebetet. Das von allen Mitgliedern verlangte feierliche Gelöbnis endet mit den Sätzen: »Ich werde unter Einsatz meines Lebens kämpfen. Ich werde verantwortlich sein, meine Pflicht und meine Mission zu erfüllen. Das gelobe ich und schwöre ich« (Hauth, S. 29). Außer der inhaltlichen Zentrierung auf das Missionieren zeigt sich hier eine typische Gehorsamsethik, in der keinerlei Raum für so etwas wie Selbstbestimmung oder Eigenverantwortung bleibt. Wer der einzelne ist und wie er dieses, sein eigenes Menschsein verwirklichen kann, steht von vorneherein fest; das hat Vater Mun vorgelebt: »Als ein wahrer Sohn (Tochter) will ich dem Vorbild unseres Vaters folgen und mutig das Lager der Feinde angreifen, bis ich sie völlig gerichtet habe mit den Waffen, mit denen Er für mich den Verlauf der Geschichte hindurch den Feind, Satan, besiegt hat durch das Säen von Schweiß für die Erde, Tränen für die Menschen und Blut für den Himmel – als ein Diener, aber mit dem Herzen eines Vaters, um seine Kinder und das Universum, verloren an Satan, wiederherzustellen« (Hauth, S. 28).
Abgesehen von dem recht plumpen Versuch, über das Bild des Vaters Mun mit Gott selbst zu identifizieren, verdeutlicht dieses dritte der fünf Gelöbnisse, daß Menschsein vor allem als Erfüllen bestimmter Funktionen verstanden wird. Da gilt es, »den Willen unseres Vaters, den Zweck der Schöpfung, (zu) erfüllen sowie die Verantwortlichkeit, die Er mir

zum Erreichen der eigenen Vollkommenheit übertrug« (1. Gelöbnis, Hauth S. 28). Was immer inhaltlich der väterliche Wille und der Zweck der Schöpfung sein mögen, Mensch ist auf diesem Hintergrund nur, wer sich einem Zweck hingibt. Und sosehr Gott in den Gebetsanreden »lieber Vater« geheißen wird, so eindeutig erscheint er in allen Texten nur als das alles überragende Urprinzip, aus dem sich Ziele und Zwecke herleiten lassen, ohne daß es personaler Beziehungen bedürfte. Mit anderen Worten: Nicht ein persönlicher Gott wird hier von unverwechselbar einmaligen menschlichen Persönlichkeiten angerufen, sondern es müssen Rollen nach unveränderlichen Regeln absolviert werden. Die Gebetsinhalte reduzieren sich entsprechend auf die Bitte um das Gelingen des eigenen Parts im Ablauf des Welttheaters ›Schöpfungszweck‹.
Angesichts einer so weitgehenden Ausschaltung jeglicher personalen Beziehung nimmt es nicht wunder, daß die Gebetspraxis in den Gemeinschaften offensichtlich nur über strenge Tagesordnungen und die strikte Einhaltung der gemeinsamen Gebetszeiten aufrechterhalten werden kann. Äußerlich enthalten die Gebetstexte alle bekannten Elemente des Dankes, Bittens und des Lobpreises. Aber so oder so geht es inhaltlich ausschließlich um »Segen« für die Missionare, das rechte Wort bei Straßengesprächen oder den »Sieg über Satan«. Die ganz schlichte Anbetung Gottes um seiner selbst willen oder den Dank für das eigene Leben habe ich in keinem Text gefunden.
So bestätigt sich auch hier, daß Religion oder gar so etwas wie christlicher Glaube in der Vereinigungskirche nur als funktionale Erfüllung prinzipieller Gesetzmäßigkeiten gesehen werden. Diese Feststellung legt den Verdacht nahe, daß andere als religiös-christliche Interessen im Mittelpunkt stehen. Wo radikale Selbstlosigkeit um eines Prinzips willen gefordert wird, stellt sich die Frage nach einer Verkürzung menschlicher Religion ebenso wie dort, wo es primär um die Erfüllung privater Bedürfnisse geht: Das Streben nach Klärung und Sicherung des Lebenssinnes läßt sich in verschiedenen Richtungen interpretieren. Dabei ist Mißbrauch nicht auszuschließen. Aber es gibt Kriterien für Echtheit oder Verfälschung religiös-christlicher Ansprüche, und die sind an dem geschichtlich-konkreten Verhalten des jeweiligen Gründers einer Religionsgemeinschaft und deren Programm zu erheben.

3.3 Missionarisch-politische Aktivitäten der Vereinigungskirche

Besonders deutlich kommt der Geist einer religiösen Bewegung in der Art und Weise ihres öffentlich-politischen Auftretens zur Geltung. Da gibt es bei Mun und seinen Anhängern ein zentrales Stichwort: Feldzug, ja Krieg gegen den Kommunismus. Wie schon bei der Analyse der Endzeitvorstellungen anklang, ist Mun gar nicht zurückhaltend, wenn es gilt, Satan in der heutigen Welt zu identifizieren. Mit den GP gelingt es fast mühelos, aufgrund reiner Phänomenbeschreibungen den Kommunismus insgesamt und seine philosophischen wie sozialgeschichtlichen Grundlagen als das Werk Satans schlechthin zu entlarven. Die Auflösung des Marxismus-Leninismus in ebensolche Bildchen, wie sie zur Erläuterung der Prinzipien verwendet werden, ermöglicht eine fast beispiellose Verkürzung der Lehren und weltanschaulichen Positionen jeglicher Form des Kommunismus, die im einzelnen darzustellen sich nicht lohnt. Es geht hier vielmehr um die Methoden und Ziele eines politischen Aktionismus, der sich religiös zu legitimieren versucht.

Wie also agiert die Vereinigungskirche in der politischen Öffentlichkeit, und was will sie damit erreichen? Zunächst fällt auf, daß praktisch jede politische Äußerung eine ganz konkrete Parteinahme beinhaltet. Da wurden in der Bundesrepublik Wahlaufrufe zugunsten einer Partei herausgegeben; da setzte man sich mitten in der Watergate-Affäre direkt für Präsident Nixon ein; und in unmittelbarer Zusammenarbeit mit dem südkoreanischen Staatschef wird dessen Regime seit Jahren auf alle nur mögliche Weise unterstützt. Solches in die Tages- und Parteipolitik eingreifendes Engagement kann zwar nicht grundsätzlich und für jeden Fall als falsch hingestellt werden, bei der Vereinigungskirche offenbart es jedoch eine Einstellung zu menschlicher und politischer Macht, die im Christentum als überwunden gelten kann: Um des richtigen, absoluten Zieles willen ist jedes Mittel recht. So wurde nach Nixons Sturz verlautbart, S. M. Mun habe den Präsidenten längst als Lügner durchschaut, doch hätte Mr. Nixon nicht nur lügen dürfen, sondern er hätte es noch weiter tun müssen, weil auch Verbrechen richtig sind, »wenn sie begangen werden, um das Böse zu vernichten und Amerika zu schützen« (Hauth S. 35).

In diesem Zusammenhang ist eine zweite Beobachtung wichtig: Wie alles andere stehen sämtliche politischen Aktivitäten der Sekte unmittelbar im Dienst ihrer Mission; das aber bedeutet:

- erstes und Hauptinteresse ist die Legitimation S. M. Muns als neuer und endgültiger Messias;
- nicht die Wahrheit Gottes und sein Heilswirken, sondern das prinzipiengetreu proklamierte Ziel der Ausrottung des Kommunismus werden mit allen Mitteln angestrebt;
- Mission ist nicht im neutestamentlichen Sinne Verkündigung und Vermittlung göttlichen Heilswirkens, sondern politische Strategie zur Durchsetzung bestimmter Vorstellungen von der Vollendung der Schöpfung.

Angesichts dieser Feststellungen entlarvt selbst Muns programmatische Äußerung sich als taktisches Manöver: »Alle Religionen, die Gott als ihren Vater betrachten, sollten vereint sein und dem Kommunismus entgegentreten, der Gott verleugnet. Aber wir sollten die Kommunisten mit Wahrheit und Liebe besiegen. Laßt sie zuerst ihre Fehler erkennen, damit wir sie schließlich als Brüder und Schwestern umarmen können!« (Motto in

der Schrift »Neue Kritik am Kommunismus und Gegenvorschlag. Studienführer, Frankfurt 1976). So friedfertig das klingt, es sagt ganz klar, wer die Wahrheit zu besitzen meint, wo die Fehler gemacht werden und wie allein eine ›Endlösung‹ auszusehen hat. Genau diese Anmaßung aber steht in diametralem Gegensatz zum neutestamentlichen Zeugnis vom Verhalten Jesu, der gerade in politischen Einzelfragen eine ganz andere Stellung bezogen hat: Die Parteinahme für alle Schwachen, gesellschaftlich Diskriminierten oder auch die eigenwillig schuldig Gewordenen.
Hier gibt es einen struktural wie historisch gleichermaßen entscheidenden Unterschied zwischen Verheißung/Anspruch Jesu Christi und der Lehre/Praxis des Reverend Mun: Da liegt das Heil fest, kann nur über die Vernichtung des Kommunismus erreicht werden und ist den Menschen ausschließlich auf einer genau beschriebenen Vollendungsstufe zugänglich – dort, bei Jesus Christus selbst, kann jeder Mensch, so wie er ist, mit allen seinen Unzulänglichkeiten, verrückten Ideen oder Zweifeln angenommen werden, sofern er nur bereit ist, nicht auf eigenen Sieg zu setzen. Ohne sich lange über dem Problem der sogenannten Äquidistanz von Christentum und Kirche zu politischen Parteien aufzuhalten, muß hier konstatiert werden, daß im Mittelpunkt der jesuanisch-christlichen Botschaft jeder geschundene Mensch steht, während die Mun'sche Neureligion allein ihren Anhängern und Sympathisanten eine Heilschance einräumt.

Literaturverzeichnis

Die Göttlichen Prinzipien, hrsg. von der Gesellschaft zur Vereinigung des Weltchristentums e. V., Frankfurt/M., Hochstraße 48, ²1973.

Hauth, Rüdiger, Tong-Il Kyo, neue Sekte »Internationale Vereinigungskirche« im Angriff. Evangelischer Presseverband für Bayern, München 1975.

Kim, Young Whi, Die göttlichen Prinzipien. Studienführer Teil I, Hrsg.: Vereinigungskirche e. V., Frankfurt 1973.

Mun, Rev. *San Myung,* Die neue Zukunft des Christentums. Hrsg.: Gesellschaft zur Vereinigung des Weltchristentums, Frankfurt/M. 1975.

Neue Kritik am Kommunismus und Gegenvorschlag. Studienführer. Hrsg.: Föderation für Weltfrieden und Vereinigung. Frankfurt/M. 1976.

Arbeitskreis für Freikirchen und Sekten der VELKD*, Wahrheit, Wissenschaft oder Geschäft mit Menschen? – Die Scientology-Kirche

1 Entstehung und Geschichte

»Scientology Kirche« ist der jüngste Name einer Weltanschauungsgemeinschaft, deren Ideologie vorher als »Scientology« und ursprünglich als »Dianetics« bekannt war. Initiator, Gründer, langjähriger Leiter und spiritus rector von Dianetics, Scientology und Scientology Kirche ist der Amerikaner Lafayette Ronald (Ron) Hubbard, geboren am 13. März 1911 in Tilden/Nebraska.

Der offizielle Lebenslauf Hubbards meldet, daß er nach seinen Studien verschiedene Expeditionen nach Mittelamerika leitete und deren Ergebnisse veröffentlichte. Sicher ist, daß sich Hubbard in den dreißiger Jahren als Science-fiction-Schriftsteller betätigte.

Das Ende des 2. Weltkrieges, den Hubbard bei der US-Navy zugebracht haben will, will er aufgrund einer schweren Verwundung »blind und gelähmt« erlebt haben. Hubbard: »Doch in weniger als zwei Jahren arbeitete ich mich wieder empor zu voller Lebenskraft, mit dem, was ich wußte und erkennen konnte vom Menschen und seiner Beziehung zum Universum, als meinem einzigen Werkzeug ...« (Meine Philosophie). In dieser Zeit lernte Hubbard den kalifornischen Ordo Templi Orientis, eine auf Aleister Crowley (1875–1947) zurückgehende schwarzmagische Geheimorganisation mit dem Leitspruch »Tue, was du willst« kennen.

1950 legte Hubbard seine ersten dianetischen Forschungsergebnisse vor: »Dianetics – The modern Science of Mental Health« wurde in den USA schnell zum Bestseller. Im neueren Werbematerial definiert Hubbard Dianetics: »Dianetic ist ein Versuch des Menschen, eine Stufe der Freiheit zu erreichen, wo Anstand und Glücklichsein die Oberhand gewinnen können und wo ein Wissen vom Verstand selbst die skrupellose Anwendung des Sklavereimechanismus verhindert ... Der Verstand, der sich selbst versteht, ist der Verstand eines freien Mannes. Er ist nicht länger geneigt zu gequältem Benehmen, unbedachter Willfährigkeit, versteckten Anspielungen ... Er ist der Löser von Problemen, der Erfinder von Spielen ...«

---

* Gekürzte Fassung eines Beitrags für das Ende 1977 im Auftrag des Lutherischen Kirchenamtes Hannover von Horst Reller im Gütersloher Verlagshaus Gerd Mohn herausgegebene »Handbuch Religiöse Gemeinschaften«. Der Arbeitskreis für Freikirchen und Sekten beim Lutherischen Kirchenamt ist seit Jahren in der Informations- und Aufklärungsarbeit tätig und hat den vorliegenden Text »zur innerkirchlichen Information« bereits im Oktober 1975 als eigene Broschüre veröffentlicht. Wir danken dem Lutherischen Kirchenamt, Herrn Dr. H. Reller und dem Gütersloher Verlagshaus für die freundliche Abdruckerlaubnis.

Durch die dianetische Methode des »Auditing«, einem Frage- und Antwortspiel zwischen dem »Auditor« und dem sogenannten »Preclear« (PC), wobei dem letzteren in etwa sein Unterbewußtsein bewußt gemacht werden soll, ist ein Doppelziel zu erreichen: Einmal soll der Audierte zum »Clear« werden. Dieser, völlig frei von Komplexen und fast allen Krankheiten und zudem ausgestattet mit einem überdurchschnittlichen Intelligenzquotienten und vollem Erinnerungsvermögen, verhalte sich »zum gewöhnlichen normalen Individuum wie der gewöhnliche Normale zum Geisteskranken« und gehöre somit »zu den wertvollsten Menschen der Welt« (Hubbard). Zum anderen bewirke Dianetics-Auditing die Heilung aller psychosomatischen Krankheiten, zu denen nach Hubbard die Mehrzahl aller Leiden zählt.

Doch Hubbard forschte weiter: Am 19. Mai 1954 wurde die neue Wissenschaft der *Scientology* (»die Lehre vom Wissen«) offiziell registriert; Dianetics wurde nun ein »Untergebiet der Scientology«. »Die grundlegende Entdeckung von Dianetics war die genaue Anatomie des menschlichen *mind* (Verstand, Geist) . . . Darüber hinaus macht Hubbard die Entdeckung, daß allein den mind anzusprechen, ein beschränktes Verfahren war, da es sich bei einem Individuum um mehr als Körper und mind handelt. So entstand Scientology, die das anspricht, was den mind belebt. Scientology befaßt sich mit dem Sein. Hubbard entwickelte eine Technik zur Wiedererlangung des Seins als geistiges Sein – und das bedeutet nicht den Körper . . .« (Scientologen-Report, Dez. 1968).

Hubbard betont immer wieder, daß die Scientology eine Philosophie sei, »wobei wir unter Philosophie das Streben nach dem Wissen um die Ursache und Gesetze aller Dinge verstehen. Das Wissen der Scientology kann man in seiner Ganzheit im Leben praktisch anwenden . . .« (Werbematerial). – Solch praktische Anwendung beinhalte auch paranormales Geschehen: Hubbard stellte im Juli 1951 am eigenen Leibe fest, daß der menschliche Geist »sich willentlich vom Denksystem trennen und vom Körper exteriorisieren« kann (Scientology, 36).

Die Dianetics-Erkenntnisse wurden der Scientology integriert, aber statt »geistiger Heilung« war jetzt »die Verbesserung der Fähigkeiten von gesunden und fähigen Menschen« Hauptzweck der das Dianetics-Auditing fortführenden scientologischen Prozesse und Kurse.

1955 wurde beim US-Staat Columbia das »Certificate of Incorporation« der *Founding Church of Scientology* ausgestellt. Eines der offiziellen Selbstverständnisse der »Kirche« lautet: »Scientology ist eine Religion im ältesten Sinne des Wortes, ein Studium der Weisheit. Scientology ist ein Studium des Menschen als Geist in seiner Beziehung zum Leben und zum physikalischen Universum. Sie ist nicht konfessionell. Dies bedeutet, daß Scientology allen Menschen aller Religionen und Glauben offen steht und in keiner Weise versucht, einer Person ihren Glauben auszureden, sondern ihr hilft, besser zu verstehen, daß sie ein geistiges

Wesen ist« (Mary Sue Hubbard). Die Zeremonien der Scientology Kirche wurden 1959 veröffentlicht.
Ende der fünfziger Jahre verlegte Hubbard das Zentrum der Scientology von Amerika nach England. *Saint Hill Manor in East-Grinstead/Sussex,* ein ehemaliges Schloß des Maharadscha von Jaipur, wurde Hauptstützpunkt, an dem die höheren Scientology-Grade absolviert werden mußten. Hubbard selbst trat in Saint Hill Manor kaum in Erscheinung. Er lebte und lebt heute noch hauptsächlich auf seinem Flaggschiff und dirigierte von dort aus alle Sea Orga (See-Organisationen), Niederlassungen und Organisationen. – Kurz nach Gründung der AOUK (Advanced Organization United Kingdom) in Edingburgh – Ausbildungsstätte für Clears und OTs (Operating Thetan) aufwärts und nur den Sea Orgs unterstellt – verbot das britische Parlament 1968 sowohl ausländischen Scientology-Studenten als auch Hubbard selbst die Einreise nach Großbritannien. Diese Maßnahme erforderte seitens der Scientologen die Gründung einer Advanced Organization in Los Angeles (AOLA). – Inzwischen gibt es weitere AOs, z. B. in Kopenhagen.
Seit Herbst 1970 arbeiten die Scientologen sehr intensiv in *Deutschland.* Von den ca. 10 000 deutschen Anhängern lebt etwa die Hälfte in München, dem Sitz der »Scientology Kirche Deutschland, Hubbard Scientology Organisation, München«. Die Mehrzahl der Org-Mitglieder sind junge Leute aus allen Bevölkerungsschichten.

2 Grundriß der Weltanschauung

A Dianetics

»1. Dianetics ist eine auf Axiome gegründete organisierte Wissenschaft vom Denken. 2. Dianetics enthält eine therapeutische Technik, durch die alle unorganischen mentalen und alle organischen psychosomatischen Krankheiten behandelt werden können ... 4. Dianetics schenkt völlige Einsicht in die vollen Möglichkeiten des mind, indem sie aufweist, daß diese weitaus größer sind als bisher angenommen wurde ... 6. Durch Dianetics wurde die einzige Ursache geistiger Zerrüttung aufgezeigt und demonstriert. 7. Größe, Speicherkapazität und Erinnerungsfähigkeit des menschlichen Gedächtnisses ist durch Dianetics endgültig hergestellt ... 10. Dianetics beendet die ›Notwendigkeit‹, das Gehirn durch Schock oder Eingriffe zu zerstören, um bei Geisteskranken ›Lenksamkeit‹ zu bewirken und sie ›anzupassen‹ ...« Aber: »Dianetics ist *keine* Psychiatrie. Es ist *keine* Psychoanalyse. Es ist *keine* Psychologie. Es ist *keine* persönliche Beziehung. Es ist *keine* Hypnose. Es ist eine Wissenschaft vom mind« (Dianetics, 6 f., 168). Der mind des Menschen ist nach Hubbard in *analytischen mind* und *reaktiven mind* geteilt. Der analytische mind bestehe aus den in der Vergangenheit gespeicherten und zur Verfügung stehenden Eindrucksbildern und Daten sowie aus den aus direkter Beobachtung resultierenden Wahrnehmungen. Alle diese Informationen seien in der »Standard Memory Bank« des analytischen mind aufgefangen; sie seien dem Menschen jederzeit verfügbar und bewußt. Es gebe aber Momente, in denen der analytische mind inaktiv sei: bei allen Arten von »Bewußtlosigkeit«. Dazu zählen – neben der Ohnmacht – Schockeinflüsse, Anästhesien, Delirien und Schmerzen. Die dem Menschen während dieser Zustände begegnenden Bilder und Eindrücke würden vom reaktiven mind aufgenommen und in dessen »Reaktiver Bank« gespeichert. Hubbard nennt solche Eindrucksbilder *Engrams*. »Das Engram ist ein Moment der ›Bewußtlosigkeit‹, das physischen Schmerz oder schmerzliche Emotionen und alle Wahrnehmungen enthält. Es ist dem analytischen mind nicht verfügbar«, so lautet eines der Axiome der Dianetics (Dianetics, 39). Sobald eine Assoziation den »Stimulus-Reaktions-Mechanismus« des reaktiven mind auslöst, werde das betreffende Engram »restimuliert«, d. h. aktiviert und erhalte – da im Augenblick der Restimulation der analytische mind geschwächt sei – unbedingte Befehlsgewalt über das »somatische Reflexsystem« des Menschen: dieser denkt, tut und fühlt, was er an sich weder denken, tun, noch fühlen würde und lege so den Grundstein zu psychosomatischen Krankheiten.

Da nach Hubbard der reaktive mind unfähig ist, vernünftige Schlüsse zu ziehen und völlig undifferenziert denkt, restimuliert er ähnliche Engrams verschiedenen Inhalts gleichzeitig und verwirrt den Menschen total. Z. B.: Ein junger Mann hat zwei Baseballschlag-Engrams. Bei der Entstehung des ersten wurde gerufen »renne weg«; bei der des zweiten »bleibe hier«. Sobald er nun einen Baseballschlag hört oder sieht, sobald er nur diese Worte vernimmt, werden die Engrams reaktiviert, und er steht im Konflikt beider Befehle. Folge: er bekommt Kopfweh. Häufen sich die Restimulationen, erleidet er einen Nervenzusammenbruch. Außer den Engrams enthält der Reaktive Bank noch »Locks« (wissentliche oder unwissentliche Erinnerung an ein Engram) und »Secondaries« (mentale Bilder von schwerem Verlust). Engrams, Locks und Secondaries ähnlicher Erlebnisse bilden eine, durch das »Basis-Engram« aufrechterhaltene und jederzeit zu erweiternde »Kette«. Alle Basis-Engrams sind besonders resistent. Entscheidenden Einfluß auf das Leben eines Menschen haben vor allem pränatale Konzeptions-, Coitus-, Geburts- und versuchte Abtreibungs-Engrams.

Auch die mentale Stimmungslage des Menschen beeinflusse den reaktiven mind. Hubbard hat dafür eine »Emotionsskala« geschaffen. Sie enthält vier unterteilte Zonen (Zone 0: Apathie; Zone 1: Furcht; Zone 2: erträgliche Existenz: Zone 3: Freude und Wohlergehen). Bei den Zonen 0 und 1 sei die Gefahr einer Engram-Bildung besonders groß, da Apathie und Furcht Bewußtlosigkeiten indizieren und den reaktiven mind aktivieren können.

Angesicht seiner Reaktiven Bank hält Hubbard die Überlebenschancen des Normalmenschen für minimal. Aber: »Das einzige, was diese Engrams zum Zittern bringt, ist die Technik, die sich zur Dianetics-Therapie entfaltet hat . . .« (Dianetics, 60).

B Dianetics-Auditing

Auditing ist eine Therapie, deren »Zweck und einziges Ziel ist, den Inhalt der reaktiven Engram-Bank zu beseitigen . . .« (Dianetics, 174). Können die Engrams gelöscht werden, »wird die Person glücklich aussehen und sich heiter und froh und glücklich fühlen? Gewöhnlich hat sie zur gleichen Zeit eine plötzliche Erkenntnis oder ein neues Verstehen über sich selbst oder über das Leben . . .« (Dianetic Bilderbuch, 15). Zum Auditing gehören im allgemeinen zwei Personen: der Patient oder Preclear und der Therapeut oder Auditor. Noch 1950 war Hubbard der Auffassung, jeder könne jeden auditieren. Kurz darauf aber führte er spezielle Auditorenkurse ein; einmal, weil durch falsches Auditieren Dianetics diskriminiert werden konnte, zum anderen sicher, weil sich hierdurch neue Geldquellen erschlossen, denn weder Auditorenkurse noch Auditing sind kostenlos. Allerdings kann – nach Hubbard – jeder intelligente und mit durchschnittlicher Beharrlichkeit ausgestattete Mensch Auditor werden. Auditing ist ein Frage- und Antwortspiel zwischen Auditor und PC. Zwei Grundzüge bestimmen, ganz unabhängig vom jeweiligen Ziel, jedes Auditing. Erstens, daß der Auditor fähig ist, »eine genaue Frage wortwörtlich dem Preclear immer wieder erneut stellen zu können, gleichgültig, wie oft der Preclear eine Antwort auf die Frage gibt«, und zweitens, daß er »den Preclear jedesmal, wenn er eine Antwort gegeben hat oder einer Anweisung nachgekommen ist, mit ›gut‹ oder ›danke‹ . . .« bestätigt (Scientology, 70).

Vor dem Beginn des Auditings hat der Auditor eine Art Diagnose hinsichtlich der Sinnesfähigkeiten und des Imaginationsvermögens des PC zu stellen. Deren Ergebnisse bestimmen die Auditiermethode. Meist werden »Returning« und »Repeater Technique« angewandt: Die Standard Memory Bank des PC wird nach sicheren Daten befragt; deren ständige Wiederholung führt zum »Returning«, dem Zurückgehen auf der »Zeitspur« des PC (sie enthält *alle* Daten beider Banken) und ermöglicht den Kontakt mit Engrams. Anschließend muß das Ereignis, das das Engram verursachte, vom PC immer wieder von Anfang bis Schluß erläutert und erzählt werden, wobei alle Gefühlsregungen und Sinneswahrnehmungen von damals verlebendigt werden sollen. Auf diese Weise werden Schmerzen und Belastungen »eliminiert« und die Engrams reduziert. Ist das so behandelte Engram ein Basis-Engram, wird es durch diese Prozedur gelöscht werden: aus dem Engram wird eine dem analytischen mind jederzeit verfügbare Erinnerung: der »Release«-Zustand ist erreicht. Während der frühen Auditierpraxis um 1950 gab es noch keine Release-Kontrolle technischer Art. Erst die Hubbardsche Erfindung des *E-Meters* (Anfang der fünfziger Jahre) brachte dieses Hilfsmittel für den Auditor. Der »Hubbard Elektrometer« ist technisch »eine speziell entwickelte ›Wheatstone Bridge‹, ... ein elektronisches Hilfsmittel, das die Realität einer Person mißt, die sie über ihren Körper hat. Er mißt das, was der Person als wahr oder wirklich erscheint« (Dianetic Bilderbuch, 15 u. Werbematerial). Der Stromkreis zwischen PC und E-Meter wird durch zwei Konservendosen, die der PC in den Händen hält, geschlossen. Die Bewegungen der Nadel an der E-Meter-Skala zeigen die Spannung an, die die sich ändernde Energie und Masse der Gedanken des PC auf seiner Zeitspur hinterläßt. Zusätzlich enthält der E-Meter eine Skala für die Stimmungsanzeige des PC. Ihr Wert (von 0 bis 5) heißt TA. Der Auditor, der sämtliche Nadelreaktionen und deren Bedeutung genau kennen muß, verfolgt beim Auditing während seines Frage-Antwort-Spiels die E-Meter-Skalen. Sobald er eine »schwebende Nadel« bei einem TA von ca. 2,5 sieht, ist der Release-Zustand erreicht. An sich kann jede »Person, die Routinefragen beantworten und deren Aufmerksamkeit erregt und fixiert werden kann«, mit Erfolg auditiert werden (Dianetics, 369). Ernste Hindernisse bestehen allerdings in vier Fällen: nach Elektroschocks oder Gehirnchirurgie, nach Einnahme harter Drogen, bei Hypnose und wenn Dianetics mit anderen Übungen (Yoga, Meditation usw.) vermischt wird. Jeder Auditor hat sich strikt an den »Auditoren-Kodex« zu halten. Seine 19 Punkte »bestimmen den Ablauf des Auditierens«. Der Kodex befiehlt u. a.: »2. Werten Sie die Angaben des Preclear nicht ab. Korrigieren Sie sie nicht ... 5. Auditieren Sie einen Preclear nicht nach 22.00 Uhr ... 6. Auditieren Sie keinen Preclear, der nicht ausreichend ernährt oder ausgeruht ist ... 8. Bemitleiden Sie den Preclear nicht ... 11. Werden Sie einem Preclear gegenüber niemals ungehalten oder zornig ... 16. Halten Sie die wechselseitige Kommunikation mit dem Preclear aufrecht ... 19. Geben Sie dem Preclear keine Erklärungen, Rechtfertigungen oder Entschuldigungen für einen beim Auditieren begangenen Fehler ab, gleichgültig, ob es sich dabei um wirkliche oder eingebildete Fehler handelt« (Scientology 62 ff.). 1950 war die Erlangung des Clear-Status das höchste Ziel der Dianetics; nach Einführung der Scientology aber rückte der Dianetics-Release an die unterste Stelle einer langen Reihe von Scientology-Prozessen, die zum Clear und darüber hinaus zu den sogenannten OT-Graden führen.

C Scientology

»Die Scientology ist die lebenswichtigste Bewegung unserer Zeit, ... denn wir bauen inmitten einer verwirrten Welt eine neue Welt ... Das einzige entscheidende Wettrennen dieses Zeitalters findet zwischen der Scientology und der Atombombe statt. Die Zukunft der Menschheit hängt davon ab, wer dieses Wettrennen gewinnt ... Die Scientology möchte folgendes erreichen: eine Zivilisation ohne Wahnsinn, ohne Kriminalität und ohne Krieg, eine Zivilisation, in der sich der Mensch entsprechend seiner Fähigkeit und seiner Rechtschaffenheit weiterentwickeln kann, eine Zivilisation, in der der Mensch die Möglichkeit findet, sich zu höheren Ebenen zu entwickeln ...« (Scientology, 84 f.). Nach Hubbard enthalten die philosophischen Grundgedanken der Scientology das Weisheitsgut der ganzen Welt (Ursprung, Juli 72). – Das Fazit des Extraktes: »Die größte Entdeckung der Scientology und ihr durchgreifender Beitrag zum Wissen über den Menschen war, die menschliche Seele (das geistige Wesen) in ihrer Eigenständigkeit zu erkennen, sie zu definieren und herauszufinden, was am vorteilhaftesten für sie ist ...« (Scientology, 36). Die Seele bzw. der Geist des Menschen wird als *Thetan* oder *Statik* bezeichnet. Er ist reiner, unsterblicher Geist ohne jegliche Raum-Zeit-Materie-Beschränkung, außer, wenn er sie postuliert, d. h. sich entschließt, sie zu haben. Dann wird der Thetan zum Schöpfer, der durch seine eigenen Postulate oder Betrachtungen das physikalische Universum aus Materie (*m*atter), Energie (*e*nergy), Raum (*s*pace) und Zeit (*t*ime) – also MEST – erschafft. Außer MEST erschafft sich der Thetan noch zwei weitere Universen: das meines eigenen Körpers und das Universum eines jeden anderen Menschen. – Innerhalb dieser postulierten Schöpfungen nimmt der Thetan selbst unterschiedliche Positionen ein. 1. kann er ohne Körper außerhalb des physikalischen Universums sein; 2. befindet er sich willentlich außerhalb des menschlichen Körpers, um ihn zu dirigieren (Exteriorisation); 3. ist er innerhalb des Körpers im Kopf; 4. kann er sich zwangsweise außerhalb des Körpers befinden, ohne die Möglichkeit in ihn einzudringen. – Der zweite Zustand ist der erstrebenswerteste, und eines der scientologischen Ziele ist, den Körperthetan in diese Position zu bringen. Der Mensch ist nach Hubbard also ein Thetan. In seinem ursprünglichen Zustand hatte er volles Bewußtsein darüber, ein unsterbliches geistiges Wesen zu sein mit der Fähigkeit, durch Postulieren das ganze Universum, seine eigene Welt, seinen eigenen Körper zu erschaffen. Aber heute glaubt der Mensch, seine eigenen Betrachtungen seien weniger wert als Raum, Zeit und Materie. Er wertet sich selbst ab, indem er diesen »Mechaniken« eine andere Verursachung (er hat sie ja selbst verursacht!) zuschreibt. Dadurch verlor er seine »Allbestimmtheit«, die es ihm ermöglichte, Ursache zu sein und Wirkung zu erzielen. Statt dessen wurde er – von Wirkungen getroffen – zum Sklaven dessen, was er jederzeit verändern könnte, wenn er seine ursprüngliche Identität als Thetan-Wesen, seine ursprüngliche Freiheit wiedergewinnen könnte. Zur Erklärung dessen, *wie* der Thetan das Wissen um seine Identität und seinen Ursprung verlieren konnte, griff Hubbard in seine Science fiction-Kiste: Einst lebten die

Thetans glücklich und vollbewußt auf dem Planeten Helotrobus. Doch vor 35 Billionen Jahren (1 US-Billion = 1 Milliarde) brachte Fürst Xenn mit Hilfe einer Wasserstoffbombe 2 Billionen Thetans auf die Erde, um seine Bevölkerungsprobleme zu lösen. Sie wurden, um sie zu Sklaven zu machen, mit Vorfällen auf ihrer »Ganz-Spur« (die gesamte Zeitspur über Milliarden von Jahren) elektrisch aufgeladen. Diese »Einprägungen« geschahen zu unterschiedlichen Zeiten (Kaufmann, 110, 166). Der Mensch – jeder Mensch – ist demzufolge heute beim »Spiel des Lebens« total verwirrt (aberriert), wodurch die Aberration auch alle psychosomatischen Krankheiten einschließt. Vor allem die drei Lebensformen »Sein«, »Tun« und »Habenkönnen« sind fast durchweg in Unordnung geraten: Ist das *Sein* gestört, so hat der Mensch Schwierigkeiten mit seiner Identität. Sie ging verloren, er hat fremde Identitäten (Vater, Mutter) übernommen, er kann anderen keine Identität (Sein) gewähren. – Bei gestörtem *Tun* kann er nicht mehr so handeln, daß eine Wirkung erzielt wird, oder er ist fremden Wirkungen widerstandslos ausgesetzt. – Gestörtes *Habenkönnen* hat zur Folge, daß der Mensch nicht mehr ursächliche Verfügungsgewalt über Dinge besitzt und zudem nicht einsieht, daß auch ihm nichtverfügbare Dinge existieren. Alle Aberrationen wirken sich in den *acht Dynamiken,* den verschiedenen Lebensbereichen aus: Die 1. Dynamik ist der Drang oder Impuls zum Dasein als Individuum (Selbstdynamik); die 2. der Drang, durch die Erhaltung seiner Art zu überleben (Sexdynamik); die 3. der Drang zu Dasein als Gruppe (Gruppendynamik); die 4. der Drang zu Dasein als Menschheit. – Diese vier Dynamiken bestanden schon zur Zeit von Dianetics. Dynamik 5 bis 8 entwickelte Hubbard für die Scientology: 5. Drang zum Dasein des ganzen organischen Lebens, 6. Drang zu Dasein des physikalischen Universums, 7. Drang zu Dasein als einzelnes geistiges Wesen, 8. Drang zu Dasein als Unendlichkeit, als höchstes Sein. (Die 8. Dynamik wird auch »Gottesdynamik« genannt). – Fähigkeiten und Schwächen des Menschen sind an seiner Beteiligung an den einzelnen Dynamiken zu erkennen; Ziel des Menschen sollte sein, sich von Dynamik 1 an nach oben zu entwickeln. Erst wenn er die 7. Dynamik erreicht hat, wird er die 8. erkennen können. Dann sind seine Aberrationen behoben, und der Thetan in ihm ist wieder zum verursachenden postulierenden freien Geistwesen geworden. Die Theorie zu diesem Evolutionsweg bieten vor allem die *58 Axiome der Scientology*. Zwei enthalten den Schlüssel zur eigentlichen Scientology-Lehre und der daraus resultierenden Praxis: Nach *Axiom 11* unterliegen die Bedingungen der Existenz also des MEST – vier Arten von Betrachtungen: *As-is-ness* (Zustand der unmittelbaren Erschaffung ohne Fortdauer); *Alter-is-ness* (Betrachtung, die Änderung, Fortdauer und damit Zeit der As-is-ness bewirkt); *Is-ness* (Erscheinungsform der Existenz, durch kontinuierliche Änderung eines As-is-ness hervorgerufen = MEST. Wenn Einverständnis darüber besteht = Realität); *Not-is-ness* (Gewaltsame Anstrengung, den Is-ness-Zustand handzuhaben, indem er mit Gewalt reduziert wird). – *Axiom 12* lautet: »Die primäre Bedingung eines Universums besteht darin, daß zwei Räume, zwei Energien oder zwei Gegenstände nicht denselben Raum einnehmen dürfen. Wird diese Bedingung verletzt (perfektes Duplikat), dann ist die Erscheinungsform dieses Universums oder eines dazugehörigen Teiles nicht mehr existent.« Der Thetan als reiner Geist sei die »ursprüngliche Wahrheit«. Sobald er etwas erschafft (As-is-ness), ist dessen Fortdauer nur durch ein zweites Postulieren von Alter-is-ness, also durch Änderung und Zeit, möglich. Dieser zweite Zustand aber ist bereits »Unwahrheit«, weil die primäre Betrachtung verändert wurde. Nur »die Wahrheit ist die genaue urprüngliche Betrachtung« (Axiom 38), aber »Zeit ist die primäre Ursache von Unwahrheit« (Axiom 43). Demzufolge enthält die durch fortgesetzte Änderung von As-is-ness entstandene Is-ness (Erscheinungsform, Existenz, MEST, Realität) auf jeden Fall Unwahrheiten und Probleme: »Theta als MEST muß Betrachtungen vertreten, die aus Unwahrheiten bestehen« (Axiom 50). »Der *Aktionszyklus* des physikalischen Universums (MEST) läuft ab als Erschaffen, Überleben (Fortbestehen), Zerstören« (Axiom 13). Diesem Zyklus der Erscheinungsform – »das, was zu sein scheint, im Gegensatz zu dem, was ursprünglich ist« (Scientology, 8) – steht der ursprüngliche Aktionszyklus gegenüber: Erschaffen, Fortgesetzt erschaffen, Gegenerschaffen (bzw. kein Erschaffen). Jede Aktion ist also ein »Erschaffen«; »Zerstörung« an sich gibt es nicht. Z. B.: »Man sieht eine Mauer. Um erscheinen zu können (Is-ness), muß die Mauer dauernd erschaffen werden (Alter-is-ness). Der Akt der ›Zerstörung‹ bedeutet, daß gegen die Mauer ein anderes Erschaffen ausgeübt wird, nämlich das Erschaffen, das im Niederreißen der Mauer liegt ...« (Scientology, 9 f.). – Gegenerschaffen dieser Art aber ist gefährlich, es erzeugt meist Verwirrung und Chaos. Denn der Mensch, der einmal bewußt etwas erschaffen hat (As-is-ness), wird dies unbewußt fortgesetzt weitererschaffen (Alter-is-ness), – das »Erschaffen« bleibt also aktiv, es könnte ja sonst nie zur Erscheinungsform (Is-ness) für ihn werden. Will der Mensch nun das Erschaffene durch Gegenerschaffen zerstören, entsteht durch die beiden gegeneinander gerichteten Erschaffungen Chaos. Um Aberrationen, also Unwahrheiten, Probleme und chaotische Verwirrung der Erscheinungsform – entstanden durch Alter-is-ness, Not-is-ness und Gegenerschaffen – zu beseitigen, um also Thetan-MEST wieder in seinen eigentlichen Zustand als ursprüngliche Wahrheit zurückzuführen, darf nur *reine As-is-ness* postuliert werden. Zwei Methoden sind möglich: 1. Man muß erkennen, daß und was man früher *bewußt* erschuf. Sobald man sich dies erste Postulat bewußt macht, hört es auf zu bestehen (Axiom 19: »Indem das Statik dazu veranlaßt wird, einen Zustand as-is zu betrachten, wird dieser Zustand wertlos«). – 2. Man erschafft neu und bewußt, was man bisher automatisch erschafft (Axiom 20: »Indem das Statik veranlaßt wird, ein perfektes Duplikat zu erschaffen, wird dadurch etwas Vorhandenes ... zur Auflösung gebracht«). – Auf das Mauerbeispiel angewandt heißt das: wenn man aufhört, am Erschaffen der Mauer teilzunehmen, braucht sie theoretisch für einen nicht mehr zu existieren (As-is-ness ohne Alter-is-ness). »Auf der Tatsache, daß man dadurch etwas auflösen kann, daß man aufhört, es zu erschaffen, beruht die praktische Anwendung vieler scientologischer Verfahren ...« (Scientology, 10). »Manche Scientologen konnten sagen: ›Ich habe »Wie-Sein-Heit« meines Schnupfens produziert; meine Nase läuft nicht mehr‹ ...« (Kaufman, 237). Zur Handhabung dieses den Menschen angeblich frei, gesund, glücklich und klug machenden Prozesses aber gehören unbedingt Wissen und Verstehen. Axiom 23: »Das Statik ist imstande, vollkommenes Wissen zu haben. Totales Wissen bestände aus vollkommenem ARC.« Das in der Scientology wichtige *ARC-Dreieck* enthält die Grundlage aller zwischenmenschlichen Beziehungen. Es besteht aus *Affinität* (affinity), *Realität* (reality) und *Kommunikation* (community). Affinität bestimmt den Grad der Zuneigung und alle Emotionen. Auf den unteren Stufen der Emotionsskala geht Affinität ins Materielle über. Realität ist eine Erscheinungsform, die auf Einverständnis basiert. Kommunikation wird gesendet und empfangen, wobei Übereinstimmung über Sendung und Empfang als auch eine entsprechende Affinität des Empfängers Voraussetzung sind. »Wo das Affinitäts-Niveau Haß ist, ist das, worüber man ein Einverständnis haben kann, sehr massiv, und die Kommunikation besteht aus Geschossen ...« (Scientology, 27). A+R+C summieren sich als Verstehen. Sobald Verstehen erreicht ist, kann der Mensch totale Freiheit erlangen. »Es sind noch nicht alle Gebiete des Lebens eindeutig erforscht und in das Wissensgebiet der Scientology eingereiht worden. Alle noch offengebliebenen Fragen und Vermutungen fallen unter das Thema *Para-Scientology* ...« (Scientology, 45). Einige parascientologische Erkenntnisse aber gelten nach Hubbard als gesichert: 1. Bei seinem *Tod* hört der Mensch einfach auf, »seine eigene Identität und seine eigene Umwelt« zu erschaffen. 2. Der Thetan exteriorisiert beim Tod und kehrt gewöhnlich zu einem Planeten zurück. 3. bei seiner *Reinkarnation* verschafft sich der Thetan einen Körper gleicher Rasse und gleichen Typs wie vorher. 4. das *Karmagesetz* besagt, »daß das, was wir heute in unserem jetzigen Leben in unserer Gesellschaft schaffen, uns in unserem nächsten Leben beeinflussen wird ...« (Scientology, 46). 5. Nach Kaufmann (S. 240 ff.) soll es den »Tiber-Effekt« geben, der ermöglicht, einen Thetan, der von einem anderen Menschen Besitz ergriffen hat, durch diesen solange zu auditieren, bis er den fremden Körper verläßt. Die Axiome 51 und 30 bilden den Übergang von der Scientology-Lehre zur Praxis. »Postulate und lebendige Kommunikation, die nicht aus MEST bestehen und vorrangig gegenüber MEST sind, können eine Veränderung innerhalb von MEST bewirken, ohne ein Fortbestehen von MEST herbeizuführen. Deshalb ist Auditieren möglich« (51). »Die allgemeine

Regel im Auditieren ist, daß etwas, das zwar unerwünscht ist, jedoch weiterhin bestehen bleibt, *gründlich* betrachtet werden muß. Wenn das geschieht, wird es sich auflösen« (30).

D Scientology – Technologie

Ziel der Scientology-Anwendung ist, »den Preclear über sich und seine Umwelt immer mehr Ursache werden zu lassen ...« (Scientology, 72). Deshalb wird in den Verfahren nicht mehr nur der mind des Menschen – wie in Dianetics – angesprochen; Umwelt und MEST sind mit einbezogen. »Abgesehen von der Erhöhung des Intelligenzquotienten kann man die Fähigkeiten des Individuums und seine Freude an guter Kommunikation, seine Einstellung der Gemeinschaft gegenüber, sein Verhalten bei zwischenmenschlichen Beziehungen, seine sexuelle Potenz, seine künstlerische Schöpferkraft, sein Reaktionsvermögen und sein allgemeines Wohlbefinden verbessern ...« (Scientology, 63). Die Standard-Technologie der Scientology umfaßt *Processing* (Weiterführung und Ausbau des Dianetics-Auditing) und *Training* (alle zusätzlichen scientologischen Kurse). »Während Auditieren Sie freier, bewußter und fähiger macht und Sie schließlich zum Clear hinführt, sind die Kurse allgemein dafür bestimmt, Wissen zu vermitteln, a) das Ihnen helfen soll, den Alltag besser oder noch erfolgreicher zu gestalten und b) wie diese Auditierstufen erreicht werden und von Ihnen praktisch nachvollzogen werden können« (Werbematerial). »Wie die meisten Dinge im Leben erfolgt Verstehen Stufe für Stufe«, sagt Hubbard und setzt den Dianetics-Release an die unterste Sprosse einer Leiter von scientologischen Prozeß- und Trainingsprogrammen. – Zum Clear führen sieben Release-Stufen: Grad: 0 Kommunikation; Grad 1: Probleme; Grad 2: Verursachungen; Grad 3: vergangene Ärgernisse und Schwierigkeiten; Grad 4: Fähigkeiten, Neues zu tun; Grad 5: Fähigkeiten, etwas zu bewirken; Grad 6: Handeln nach eigener Selbstbestimmtheit; Grad 7: Clear-Kurs.

Während die Grade 0 bis 4 in jeder Scientology – Niederlassung absolviert werden können, muß sich der PC zu den Prozessen 5 bis 7 zu einer »Advanced Organization« begeben. Während dieser hohen Grade lernt er u. a., sich selbst zu auditieren. Auf den Clear-Status folgen weitere acht Stufen, die *Operating Thetans-Kurse* (OT-Grade, von denen vorerst 1–8 propagiert werden).

Alle Fortschritte werden ständig überprüft, was oft Repetitorien und »Review-Sitzungen« zur Folge hat. Ein Scientology-Auditor hat darauf zu achten, daß während eines Prozesses nicht zu viel Kommunikation stattfindet, daß kein neuer Prozeß vor Abschluß des alten begonnen wird, daß aktuelle Probleme vor Beginn des Auditings beseitigt werden und daß der analytische mind des PC nicht getrübt wird.

Der »Hintergrund der religiös-historischen Wurzeln der Scientology Kirche« ist in einer Agende dargestellt. Im Unterschied zur religiösen Praxis, die überhaupt nicht zu interessieren scheint, sind nur »religiöse Philosophien«, das »philosophische und religiöse Gedankengut der letzten 10 000 Jahre, einer Weisheitstradition, die sich mit Seele oder Geist und der Lösung des Mysteriums des Lebens befaßt«, herangezogen (S. 8). Die Auswahl ist groß, und aus allen Zeiten und Religionen hat die Scientology Kirche das ihr Genehme gefunden und extrahiert.
Mit den *Veden* fühlt sich die Scientology Kirche verbunden, weil in ihnen »erkannt werden kann, daß Geist, mind und Körper klar unterschieden werden, und daß die Vorstellung eines Schöpfers oder Höchsten Seins vorhanden ist« (S. 10). Die stärksten Parallelen zum *Hinduismus* sieht die Scientology Kirche zudem in dem Glauben, »das der Mensch ein unsterbliches geistiges Wesen ist, einen Körper und einen Verstand besitzt (und nicht ein Körper oder Verstand ist) sowie in dem Ziel, vollkommene geistige Freiheit als Wesen für sich und seine Mitmenschen zu erlangen und dem Schöpfer dieses Universums näherzukommen« (Glaube und religiöses Brauchtum der Scientology Kirche, 5). Am *Buddhismus* beeindruckte, daß er »Selbsterkenntnis durch Erfahrung« lehrt, daß er »wissenschaftlich«, »pragmatisch«, »therapeutisch« und »demokratisch« ist, und daß er den »Menschen und seine Probleme« an den Anfang stellt. – Alle religiösen Praktiken der östlichen Religionen allerdings müssen abgelehnt werden, denn »weil Scientology eine moderne Religion ist, ... lösen wir die materielle Fessel, indem wir eine Person befähigen, die Wahrheit über sich selbst zu sehen, – und an diesem Punkt kann sie dann ihre Aufmerksamkeit auf das Geistige richten« (Agende, 14).
Plato beeindruckte und beeinflußte die Scientology Kirche nach der Selbstdarstellung in der Agende vor allem mit seiner Lehre von der Unsterblichkeit der Seele; *Aristoteles* durch sein Postulat von Gott als letzter Ursache; *Thomas von Aquin* mit seiner Lehre vom Primat des Intellekts; *Spinoza* durch sein Wort, daß Erkennen allein frei mache.
Vom *Christentum* übernahm die Scientology Kirche nach ihrer Selbstaussage in Anlehnung an Joh 8,32 die Botschaft Jesu von der freimachenden Wahrheit. »Jesus predigte den Weg zu Gott, die Befreiung des Geistes und die Erlösung sowie die Verantwortung des Menschen für seine Mitmenschen. Eine Verantwortung, die bedeutet, daß wir Freude und Zufriedenheit erfahren werden, wenn wir anderen helfen. Es ist diese Freude, die ein Geistlicher der Scientology Kirche bei seiner täglichen Arbeit erfährt ...« (Glaube und rel. Brauchtum, 6). – Aus der *Bibel* wurden »wegen ihrer Schönheit und Wahrheit« folgende Stellen ausgewählt: 1 Joh 5,6; 1 Kor 2,11; Lk 17,21; Joh 6,63; 8,32; 14,6 und Joh 14,17.
Gegen den naheliegenden Schluß, daß die Scientology-Lehre, in der der

Mensch seine eigene Welt »erschafft«, den Glauben an einen Schöpfergott ausschließt, wehrt sich Hubbard: »Wir untersuchen hier nur solche Dinge, die der Mensch als geistiges Wesen vollbringen oder denken kann. Die Frage, wer oder was die Schöpfung bewirkt, hat nichts mit der Richtigkeit des (Aktions)zyklus zu tun . . .« (Scientology, 13).
Die Scientologen behaupten, an Gott zu glauben, – ihr Gottesglaube ist allerdings von weiteren »Entdeckungen« Hubbards abhängig: »Wir Scientologen glauben, daß Gott existiert. Zu der Form, in der er existiert, haben wir noch kein Dogma. Wer kann sagen, was entdeckt werden mag, während sich die Scientology Kirche entwickelt? . . . Das Faktum, daß wir keine Definition oder Beschreibung Gottes in der Scientology haben, besagt aber nicht, daß wir in irgendeiner Weise den Glauben an Gott ablehnen. In der Scientology erweitert sich eine Person durch die Dynamiken bis zur 8. oder Gottesdynamik, die sie durch ihren geistigen Fortschritt erreicht . . .« (Agende, 22 f.).
Obwohl die Scientology Kirche alle Dogmen ablehnt, hat sie ein *»Glaubensbekenntnis«* geschaffen, das in jedem Gottesdienst verlesen werden soll. Dessen Artikel 1 bis 8 behandeln allgemeine Menschenrechte, ab Artikel 9 heißt es: »Wir von der Kirche glauben, daß die Seelen der Menschen die Rechte der Menschen haben. Daß das Studium des Verstandes und die Heilung der mental verursachten Krankheiten von Religion nicht entfremdet oder an nicht-religiöse Gebiete vergeben werden sollte. Und daß keine Instanz außer Gott die Macht hat, diese Rechte aufzuheben oder außer acht zu lassen, sei es öffentlich oder verborgen. Und wir von der Kirche glauben: Daß der Mensch grundsätzlich gut ist. Daß er danach trachtet, zu überleben. Daß sein Überleben von ihm selbst und von seinen Mitmenschen und von seinem Erreichen der Bruderschaft mit dem Universum abhängt. – Daß die Gesetze Gottes dem Menschen verbieten, seine eigene Art zu zerstören, die Gesundheit eines anderen zu zerstören, die Seele eines anderen zu zerstören oder zu versklaven und das Überleben seines Kameraden oder seiner Gruppe zu zerstören oder zu reduzieren. Und wir von der Kirche glauben: Daß der Geist gerettet werden kann und daß der Geist allein den Körper retten oder heilen kann« (Glaube und rel. Brauchtum, 8).
Das in der Scientology Kirche verwandte *Kreuz* symbolisiere die acht Dynamiken der Lehre. Es sei ein Zeichen für »das Zusammentreffen von Geist und Materie im Leben eines jeden Menschen« (Glaube und rel. Brauchtum, 9).

3 Stellung zum Christentum

Die Scientology Kirche erkennt ebenso wie alle anderen Religionen auch das Christentum an, ohne sich damit auseinanderzusetzen und ihm be-

sondere Bedeutung zuzuerkennen. Einige Bibelstellen, in denen von »Geist« und »Wahrheit« die Rede ist, rechnet die Scientology Kirche zu ihren »religiös-historischen Wurzeln«. Lehren und ethische Vorstellungen lassen dies aber zumindest als fraglich erscheinen.
Da die Scientology Kirche für Menschen aller Religionen und Glaubensrichtungen offenstehen will und »in keiner Weise versucht, einer Person ihren Glauben auszureden«, wird Kirchenaustritt nicht gefordert.

4 Form der Zugehörigkeit

Die Scientology Kirche Deutschland ist ein eingetragener Verein. Neben den normalen Mitgliedern nehmen die Staff-Members (1972 etwa 60) in der Ämterhierarchie der Organisation (Org) die wichtigsten Posten ein. Sie leben gemeinsam und beziehen eine Art Gehalt. Jede Verfehlung gegen eines der vielen Gebote und Codices wird von der »Ethikabteilung« kontrolliert und entsprechend bestraft. Zur besseren Strafzumessung erfand Hubbard die »Ethikzustände« (Macht, Überfluß, Normale Tätigkeit, Notstand, Gefahr, Nichtexistenz, Verpflichtung, Zweifel, Feind, Verrat). »Macht« und »Überfluß« werden bezahlt und obendrein belohnt; »Notstand« und »Gefahr« müssen zusätzlich zur normalen Arbeit in der Freizeit Wiedergutmachungsarbeit leisten; »Nichtexistenz« und »Verpflichtung« erhalten darüber hinaus keinen Urlaub und kein Auditing; bei »Zweifel« gibt es keine Vergütung mehr; »Feind« und »Verrat« werden ausgestoßen. Die 10 Punkte des Scientologen-Kodex sind für jeden Scientologen verbindlich. Sie enthalten u. a. die Verpflichtung, »das, was ich in der Scientology gelernt habe, unter meinem vollen Einsatz bestmöglich zum Wohle meiner Preclears und zum Wohle aller einzusetzen« (Pkt. 2); »gegen jeden im vollsten Umfang meiner Macht vorzugehen, der die Scientology mißbraucht oder sie in schädigender Weise herabsetzt« (Pkt 4); »Verleumdungen, Beleidigungen und Schmähungen der Scientology in der Presse zu unterbinden« (Pkt. 6); »mich zu weigern, persönliche Geheimnisse meiner Preclears weiterzugeben« (Pkt. 9); »Mich in bezug auf meine professionelle Tätigkeit mit Leuten, die darüber nicht informiert sind, nicht in eine unsachgemäße Diskussion einzulassen« (Pkt. 10) (Scientology, 65 f.).

5 Arbeitsweise

Hauptarbeitsgebiete sind Werbung und Schulung. Zur Werbung verteilen »Body-Routers« auf der Straße Handzettel und Einladung zu einem kostenlosen »ARC-Persönlichkeitstest«. Die Auswertung der 200 Fragen dieses Tests wird von den Scientologen vorgenommen. Das Ergebnis er-

fordert in der Regel die Absolvierung des einführenden »Kommunikationskurs«. Auditing wird in »Intensiven« zu 12 1/2 Stunden abgegeben. Oft wird mit dem »Hubbard Standard Dianetics Kurs« ein »Sea-Org-Vertrag«, dessen Vertragsdauer nicht selten eine Milliarde Jahre beträgt, angeboten. Nach Absolvierung des »Standard Dianetics Kurs« kann der PC ehrenamtlicher Auditor eines PC werden.
Im »HQS-Kurs« (Hubbard Qualified Scientologist) erfahre der PC Grundlegendes über Mensch und Universum; das »Akademie-Paket« umfaßt den »Grundlegenden Studierkurs«, »Wordclearing-Methode I», die Trainingsstufen 0 bis IV und Co-Auditing; der »Life Repair« befreie von Verwirrungen und Niedergeschlagenheit; im »Drug Rundown« würden alle psychosomatischen Krankheiten (Schmerzen, Migräne etc.), die zu Alkohol-, Tabletten- oder Drogengenuß führen können, behandelt; der »ARC-Straightwire« stelle die Erinnerung voll wieder her; beim »Stabilisierungs-Rundown« werde erreicht, daß der PC nie wieder psychosomatisch krank wird – usw. usw.
Mit Nachdruck weisen die Scientologen auf ihre sozialen Aktivitäten hin: »Die beiden zur Zeit erfolgreichsten Sozialprogramme der Scientology Kirche sind das Drogenrehabilitierungsprogramm Narconon und das Studienhilfsprogramm. Daneben fördert die Kirche weltweit ein soziales Reformprogramm für seelisch-geistig Kranke ... In Deutschland untersteht dieses Programm der ›Kommission für Verstöße der Psychiatrie gegen Menschenrecht‹ ... Es gibt noch viele andere Lebensbereiche, in denen Hilfe gebraucht wird, und das Wissen, auf dem die geistige Beratung der Scientology Kirche basiert, kann auf vielen verschiedenen Gebieten angewandt werden, wie zum Beispiel in der Taubstummenhilfe, Gefangenenrehabilitierung, Städte- und Kommunerehabilitationshilfe« (Glaube und rel. Brauchtum, 21).

6 Kultische Veranstaltungen und Handlungen

Der *Gottesdienst* der Scientology Kirche ist öffentlich. Gebete wurden auf Wunsch eingeführt, Schriftlesungen aus Bibel, Koran, Thora oder Veden sind nicht üblich und nötig, – die Scientology Literatur bietet genügend Stoff. Bestandteile des Gottesdienstes sind: Credo, Gebet um »Totale Freiheit«, Gruppenauditing, Lesung aus Hubbards Werken und Predigt, z. B. über die Dynamiken, den mind, die Axiome.
Die *Taufe* ersetzt eine *Zeremonie der Namensgebung*. Ihr »Hauptzweck ist, dem Thetan zur Orientierung zu verhelfen«. Er erfährt, daß Eltern und Paten für seinen Körper sorgen wollen, »bis er sich soweit entwickelt hat, daß er ihn völlig manövrieren kann« (Agende, 43). Gleichzeitig wird das Kind Mitglied der HAST. *Trauungs- und Beerdigungsformulare* enthalten Hinweise auf die Reinkarnation.

Am *Jährlichen Gebetstag,* den die Scientologen aller Länder feiern, werden Credo, Predigt, Gebete für die Menschenrechte, Kurzfilme und ein von Hubbard getextetes Oratorium zelebriert.
Ein Pastorenkurs macht die Auditoren höherer Grade zu Priestern oder »Geistlichen Beratern«. In der Ordinationszeremonie erhält der neue Priester nach Lesung von Auditor- und Scientology-Kodex und einer Predigt über Scientology seine Amtsinsignien, Kreuz und Kette.

7 Kurze Stellungnahme zur Scientology Kirche

Scientology ist eine späte modernistische Weltanschauung mit geringen religiösen Elementen. Religion wird als »Studium der Weisheit« verstanden. Der Gründer Ronald Hubbard hat eine individualistische Bewußtseinsphilosophie mit vergröberten psychotherapeutischen Praktiken, Science-fiction, einer östlichen Diastase von Geist und Materie und einem entsprechend abgestuften Seinsbegriff zu einer Lebensphilosophie verbunden. Die Persönlichkeit soll zum vollen Ich vergeistigt, ja vergöttlicht werden, so daß sie nicht mehr reagiert, sondern selbst frei und zur Wirkursache wird. Der Erkenntnisweg wird durch aufeinander aufbauende Kurse vermittelt. Das System wirkt von daher wie ein Volkshochschullehrgang zur Persönlichkeitsbildung. Zugleich ergibt sich durch die verschiedenen Grade der Erkenntnis eine Hierarchie. Daneben besteht jedoch eine Hierarchie des Stabes der Sea-Org, die von Hubbard straff und militärisch durchgeordnet ist und geleitet wird. Außerdem gibt es eine hiervon unabhängige Organisation in Gestalt der Gaurdians (Ordnungshüter), die keinen Ethik-Normen des Stabes unterstehen.
Die Welterlösung trägt keinen politischen Charakter. Die versklavten Geister sollen wieder befreit werden und auf den Planeten Helotrobus zurückkehren können. Scientology ist eine Art Selbsterlösungstechnik, bei der sich der Fortgeschrittene schließlich selbst auditieren kann.
Eine *Gottesvorstellung* hat Hubbard bisher nicht entwickelt. Es ist jedoch fraglich, ob aus den vorhandenen Ansätzen etwas anderes als die göttlichen Geister oder Thetans entwickelt werden können. Zweifellos gilt Ronald Hubbard als dem absoluten Zustand nahe: er hat die Freiheit, das »höchste Sein« zu postulieren und zu bestimmen. Nach dem Andersenreport (Australien 1964) spricht Hubbard gern von Gott. Es heißt dort sinngemäß: Wenn seine Anhänger ihn als Gott verehren, gibt er sich kaum Mühe, sie daran zu hindern.
Die *Anthropologie* von Hubbard ist individualistisch und optimistisch. Das Glaubensbekenntnis sagt, »daß der Mensch grundsätzlich gut ist«. Der Mensch kann selbst für seine Freiheit, clearness, sorgen. Die zwischenmenschlichen Beziehungen – zur Familie, zum Ehepartner – werden u. U. der Ichentfaltung geopfert. Die Unterscheidung von active mind und

reactive mind kann die komplexen Strukturen menschlicher Antriebe und Erfahrung nicht erklären. Die Anwendung des Auditing zur Tilgung der widerfahrenen Prägungen der emotionalen Seite des Menschen zugunsten der bewußten Willensbestimmung, kann tatsächlich zur Destruktion der Persönlichkeit oder zur Entwicklung moralisch enthemmter Menschen führen. Von der biblischen Anthropologie mit ihrer Freiheit zur Weltgestaltung durch den Menschen und seiner Gebundenheit und Erlösungsbedürftigkeit läßt Scientology nichts erkennen. An die Stelle der Liebe zum Nächsten die kompromißlose Durchsetzung der eigenen Freiheit.
Die *Scientology Kirche* gibt sich zunächst wie eine Art Unterrichtssystem, das seine Anhänger bei ihrem Bedürfnis nach Selbstverwirklichung und Selbstbefreiung abholt und sie dann durch kostspielige Fortsetzungskurse bindet. Die kultischen Veranstaltungen sind wohl eher als unbeabsichtigte Zugeständnisse und Nebenwirkungen hinzugetreten. Wohngemeinschaft und überwachtes Strafsystem ermöglichen eine scharfe Kollektivkontrolle, bei der wohl auch die Gewinnbeteiligung mitspielt. Mit der Gemeinschaft von Glaube, Hoffnung und Liebe in der christlichen Kirche hat dieses so gut wie nichts zu tun.

Quellen und Literatur

L. Ron Hubbard: Dianetics – The modern Science of Mental Health. The Publications Organization World Wide, 15. Auflage 1968 (Deutsche Ausgabe 1974).

ders.: Das Grundlegende Dianetic Bilderbuch. AOSH DK Publications Department, 1972

ders.: Scientology – Die Grundlagen des Denkens. AOSH DK Publications Department, 2. Aufl. 1973

ders.: Die Axiome der Scientology. College für angewandte Philosophie, Frankfurt 1971

ders.: The Church of Scientology – The Background and Ceremonies of the Church of Scientology of California, World Wide, Saint Hill Manor, East Grinstead/Sussex 1970 (Deutsche Ausgabe 1973)

ders.: Glaube und religiöses Brauchtum der Scientology Kirche, ed. Scientology Kirche München 1973

Weitere Werke von *L. Ron Hubbard* in deutscher Sprache:

Dianetics, die Entwicklung einer Wissenschaft

Scientology Bilderbuch

Scientology – Religion des 20. Jahrhunderts

Grundlagen des Denkens

Probleme der Arbeit

Buch der E – Meter Übungen

Ursprung – Das Magazin der Scientology Kirche Deutschland

Freiheit – Scientology, eine angewandte religiöse Philosophie – unabhängige Zeitung für Menschenrechte

Robert Kaufman: Übermenschen unter uns, Olympia Press Deutschland, Frankfurt/Main 1972

Christopher Evans, Kulte des Irrationalen, Reinbek 1976

Barbara Zinke

Der einfachste Weg

Die »Hare-Krishna-Gemeinschaft«

Die Anhänger der Hare-Krishna-Bewegung fallen auf, und das nicht nur durch ihre offen zur Schau getragene ›pittoreske Exotik‹. Ihre Missionsmethoden und ihre Lehren weichen von dem Bild ab, das sich der Westen von Indien und seinen Religionen gemacht hat. Aus Indien erwarten wir keine Mission, sondern nur philosophische Anregungen, wie sie seit gut 200 Jahren in europäischer Philosophie und Literatur aufgenommen und verarbeitet worden sind. Wir erwarten Meditationstechniken als Lebenshilfe und zur Bereicherung der eigenen Religiosität, wie sie seit Ende des 19. Jahrhunderts von Theosophie, Anthroposophie und anderen ›esoterischen Zirkeln‹ entdeckt, propagiert und mit Traditionen des gnostischen Christentums verbunden wurden; Meditationstechniken, wie sie seit den 60er Jahren von indischen Gurus und deren Schülern in Kursen, Seminaren und Wochenenden gelehrt werden.
Wir erwarten nicht die Propaganda einer komplexen Religion, wir erwarten nicht die Lehre eines persönlichen, liebenden Gottes aus dem Bereich des Hinduismus –, und gerade das wird in der Hare-Krishna-Bewegung geboten. Ihr Gründer und Führer ist Bhaktivedanta Swami Prabhupada. Jugendliche, die in der Tradition des ›liebenden Vatergottes‹, des ›liebenden Bruders Christus‹ groß geworden sind oder zumindest vom Heilsangebot der Kirchen erreicht wurden, wenden sich zur ›Liebe Krishnas‹ und finden hier eine vorher nie gekannte Selbstbestätigung und Geborgenheit.
Die geistige Liebe aller Menschen in göttlicher Vollkommenheit – dieses Versprechen verbindet alle Neureligionen, die vor allem Jugendliche so ansprechen. Dabei ist das Wesentliche, daß dieses Versprechen nicht eingelöst werden soll an einem Tag, der ›kommen wird wie der Dieb in der Nacht‹, sondern hier und jetzt. Der ›Himmel‹ wird bildhaft vorweggenommen im täglichen Leben in der nach religiösen Grundsätzen organisierten Wohngemeinschaft. Vielen Jugendlichen, die sich schon vor ihrer ›Bekehrung‹ von der Gesellschaft abgewendet hatten, waren diese Gedanken nicht fremd. Den Versuch, den ›Himmel zu bewohnen‹, wenigstens zeitweise, hatten die meisten schon gemacht: in den verschiedensten Kommunen, mit Drogen, Meditationstechniken, Durcharbeiten östlicher Literatur u. ä.

Die Lehre vom persönlichen Gott im hinduistischen Evolutionsschema

Bhakti, die ergeben dienende Liebe zu einer persönlich gedachten Gottheit, ist der Zentralbegriff der Hare-Krishna-Bewegung. Im Gegensatz zur bei uns bekannteren hinduistischen Unpersönlichkeitslehre wird eine göttliche Person angenommen, die sowohl in allem Seienden (in Geist und augenscheinlicher Materie) lebt als auch über allen ihren Manifestationen in reiner Geistigkeit steht. In den meisten Vaishnava-Sekten (= Anhänger der Lehre einer göttlichen Person, wörtlich »Geweihter Vishnus«), wird Krishna als das höchste persönliche Wesen verehrt, in einigen jedoch auch Vishnu oder Shiva. Krishna wird als ›Urmensch‹ vorgestellt, der Männliches und Weibliches in sich vereint, aus dessen Körper alle Erscheinungsformen im Kosmos entstehen können. Er besitzt mystische Kraft, von der jedes Lebewesen einen Teil gemäß seinen Bedürfnissen erhält (Fliegen, Schwimmen, Fortpflanzung, Sekretproduktion etc., kurz alle beobachtbaren Lebensäußerungen; aber auch ›denkbare‹ wie Über-Wasser-Gehen etc.). Durch Ausdehnung mittels mystischer Kraft emaniert Krishna den Kosmos: zunächst seine göttlichen Manifestationen, von denen Brahma das Weltall ausatmet, das er nach Ablauf der 4 Weltalter wieder in sich hineinnehmen wird. Ursprünglich bestand also eine organische Einheit allen Lebens, das sich seiner in allen seinen Manifestationen voll bewußt war.[1] Das Geschöpf war zunächst seinem Schöpfer zugewendet, entdeckte jedoch dann sich selbst als mögliches Objekt seiner Liebe (Eigenliebe). Damit hatte es sich bereits von seinem göttlichen Partner abgewandt und spiegelte ihn nicht mehr in vollkommener Liebe wieder: es hatte sein wahres Bewußtsein, das Krishna-Bewußtsein, verloren. Erst durch den Verlust des Bewußtseins entstand die sogenannte ›materielle Welt‹, die als solche eigentlich gar nicht existiert, sondern nur durch falsches Selbst-Bewußtsein (= dem Gefühl der Unabhängigkeit von Krishna) zu sein scheint (= Maya, Illusion). In Wirklichkeit ist auch Materie spirituell, und der Krishna-Bewußte erfährt sie als Teil Gottes (Bhaktivedanta, Leben, S. 108). Das erklärt, warum sich die Vaishnavaschule, der Bhaktivedanta angehört, zur Advaita-Richtung der vedischen Philosophie zählt: es besteht kein Dualismus (= dvaita) zwischen Geist und Materie; Krishna bleibt höchster Besitzer und höchster Genießer. Die organische Einheit zwischen Gott und seinen materiellen Manifestationen wird nicht als zerbrochen gedacht, sondern nur als ›vergessen‹.

---

[1] Hier besteht ein Unterschied zu Radhakrishnan, dessen kommentierte Gita-Ausgabe bei uns bekannter ist als die von Bhaktivedanta. Radhakrishnan interpretiert die Gita dahin, daß die Gottheit (Krishna) mit der Schöpfung den ihrer selbst unbewußten Einzelseelen die Gelegenheit gegeben habe, zu Individualitäten zu werden. Diese erst haben die Möglichkeit, aus freiem Willen in das Gottesbewußtsein zurückzukehren.
Radhakrishnan war westlich gebildet. In seiner Konzeption klingt die Evolutionslehre und Ich-Philosophie des 19. Jahrhunderts an, wie sie von der Theosophie nach Indien gebracht wurde. Radhakrishnan arbeitet auch mit der Gita-Übersetzung der Theosophin Annie Besant (Radhakrishnan, S., Die Bhagavadgita, S. 49–57). Bhaktivedanta wendet sich u. a. deswegen gegen Radhakrishnan.

Da die materielle Welt als solche nur scheinbar existiert und vom Menschen weder beherrscht noch genossen werden kann, ist das Gefühl der Fremdheit, der ›Entfremdung‹, die einzig richtige Haltung ihr gegenüber. Entfremdung kann einen Anstoß zum Krishna-Bewußtsein geben. Nur der Mensch kann Entfremdung gegenüber seiner Umwelt, seinen Tätigkeiten, seiner Gesellschaft empfinden, nur der Mensch hat die Möglichkeit, wieder Krishna-bewußt zu werden.

Alle Arten von Lebewesen waren von Anfang an vorhanden (Bhaktivedanta kann sehr ausfällig gegen die Evolutionstheorie werden), daher kann das Ewige im Menschen (Seele, göttlicher Funke, Leben o. ä.) in verschiedenen materiellen Formen geboren werden. Der göttliche Funke, der Krishna vergessen hat, entwickelt Anhaftung an die Materie und wird deshalb beständig in neuen Körpern wiedergeboren. Seine Wiedergeburt wird vom Vorherrschen einer der 3 Grundeigenschaften (gunas) in ihm bestimmt: Güte, Leidenschaft, Trägheit. Je nach dem Grad der Anhaftung an eine dieser Eigenschaften kehrt er im Leib einer Pflanze, eines Tieres, Menschen oder Gottes wieder. Nur die menschliche Inkarnation bietet Gelegenheit zur Entwicklung von Krishna-Bewußtsein. Krishnas Reich liegt jenseits aller Eigenschaften, jenseits aller Inkarnationen, jenseits aller niederen Welten und hohen Himmel. Der Krishna-Bewußte steigt augenblicklich aus dem ›Ozean der Wiedergeburt‹ (samsara) aus. Es gibt verschiedene Methoden, Krishna-Bewußtsein zu erlangen. Für das Kali-Yuga (das 4., letzte und schlechteste Zeitalter eines Äons), in dem wir uns befinden, hat nur das ›Chanten des heiligen Namens‹ Aussicht auf Erfolg. Alle anderen Wege, die der Meditation wie auch der Werke, waren nur in früheren Zeitaltern wirksam (s. u.). Krishna-Bewußtsein erweitert jetzt schon die ›mystische Kraft‹ im Menschen: er kann fliegen, über Wasser gehen, fremde, von Göttern bewohnte Planeten besuchen etc.

Am Ende eines Äons kehrt alles zu Krishna zurück; Materie und Geist, Bewußtes und Unbewußtes werden von Brahmas Atemzug eingesogen. Doch nur das Bewußte wird im Reich Krishnas bleiben, das durch Bewußtseinsabwesenheit Tote, die Materie, wird zum nächsten Äon wieder ausgeatmet und ist von neuem Geburt und Tod ausgeliefert.

Die Wiederherstellung der unbedingten organischen Einheit Krishnas und seiner von ihm durch Eigenliebe abgewandten Manifestationen ist das Ziel der Hare-Krishna-Bewegung. Doch macht Bhaktivedanta keine Bemerkungen über ein mögliches Ende der zyklisch ablaufenden Äonen.[2]

---

[2] Ein ›Ende‹ im westlichen Sinn des eschatologischen Begriffes war in keinem vedischen System je vorgesehen. Erst Radhakrishnan, westlich beeinflußt, räumt die Möglichkeit ein, daß nach Vergeistigung aller Materie die Gottheit einen anderen Weg, sich zu manifestieren, finden werde als den der endlosen Emanationszyklen (Radhakrishnan, S., Bhagavadgita, S. 88).

Die Bhagavadgita

Historische Einordnung

›Das Lied der Gottheit‹, ›Der Gesang des Erhabenen‹, wie ›Bhagavadgita‹ übersetzt worden ist, ist die theologische Hauptquelle des persönlichen Gottesglaubens (Vaishnavismus) im Hinduismus. Sie wird auch von der Hare-Krishna-Bewegung als die wahre, wissenvermittelnde Schrift betrachtet, als Krishnas eigenes, in seiner menschlichen Inkarnation gesprochenes Wort. Bhaktivedanta hat eine englische Neuübersetzung herausgebracht, die inzwischen in viele weitere Sprachen übertragen wurde. Die Bhagavadgita ist Teil des Epos Mahabharata, dessen Niederschrift zwischen 300 und 100 v. Chr. angenommen wird. Die Zusammenstellung der Gita versucht man ins 2. oder 3. Jahrhundert v. Chr. zu datieren, einige nehmen sogar eine noch spätere Zeit an (Judah, St., Krishna, S. 21–27; Radhakrishnan, S. 18–20, datiert etwas früher, nimmt jedoch starke spätere Veränderungen an). Die Bhagavadgita ist von der indischen Philosophie häufig kommentiert worden, verschiedenste Schulen haben in ihren Aussagen die Rechtfertigung ihrer eigenen Tradition gesehen. Der älteste erhaltene Kommentar ist der des Shankara (788–820 n. Chr.); die Reihe der Kommentare aus östlicher wie auch westlicher Sicht (seit dem 19. Jahrhundert) ist heute noch nicht abgeschlossen.
Bhaktivedanta kümmert sich um wissenschaftliche Datierungsversuche nicht. Für ihn ist die Gita das Wort Krishnas, das zunächst dem Sonnengott und seinen menschlichen Nachfahren verkündet wurde; später, nachdem diese Traditionskette abgerissen war, wurde es dem Arjuna auf dem Schlachtfeld von Kurukshetra – wieder direkt von Krishna – mitgeteilt (Bhaktivedanta, Jenseits, S. 17). Das soll sich vor genau 5000 Jahren zugetragen haben, als Krishna zu Beginn des Kali-Yugas erschien, um seine Lehre gemäß den Bedürfnissen dieses Zeitalters zu verkünden. Gleich darauf sei sie von Vyasadeva niedergeschrieben worden, der auch das gesamte Mahabharata sowie die meisten vedischen Schriften aus seinem ›Wissen‹ heraus aufschrieb (Bhaktivedanta, Quelle, S. 8, Bhaktivedanta, Die Lehren, S. 283/84, wo Vyasa auch die Verfasserschaft der Bhagavata-Purana zugeschrieben wird). Vyasa gilt in der indischen Tradition nur als Autor der Puranas (Judah, St., S. 49), die sich mit Göttergenealogien, Urkönigen u. a. religiösen Erzählungen der mythischen Urzeit befassen. Man sieht also schon hier, daß Bhaktivedanta jegliche Exegese der religiösen hinduistischen Literatur, auch von indischer Seite, ablehnt.

Inhalt

Das Mahabharata ist *das* große indische Epos von Weltrang, dessen Hauptinhalte in die Zeit des indo-europäischen Eindringens nach Indien zurückgehen (ca. 3000 v. Chr.); einzelne Erzählungen und der epische

Gesamtaufriß dürften von den indo-europäischen Eroberern mitgebracht worden sein.[3]

Die Bhagavadgita ist ein philosophischer Einschub im Mahabharata, in Form eines Zwiegesprächs zwischen dem Hauptheldenen der Pandavas, Arjuna, und seinem Wagenlenker Krishna. Arjuna zögert, gegen seine eigenen Verwandten zu kämpfen, und diese Krisis bot Gelegenheit, die Lösung des Problems von allen verfügbaren philosophischen Positionen her zu erörtern.

Aussagen der Gita

Krishna rät Arjuna zum Kampf. Denn alles, was geschieht, geschieht nur scheinbar so, wie unser ›falsches Selbst‹ es erblickt. In Wirklichkeit gibt es weder Verwandte noch Feinde, weder Tod noch Leben, weder Vergangenheit noch Zukunft. In einer weltumfassenden Vision zeigt Krishna dem Arjuna den Ablauf der kosmischen Zyklen, zusammengedrängt in einem kurzen Augenblick: ihr Hervorgehen aus seiner eigenen göttlichen Person und ihr schließliches Wiedereinmünden in sein wahres Selbst. Die Verwandten, um deren baldigen Tod Arjuna trauert, sind längst gestorben, haben in neuen Inkarnationen gelebt und sind schließlich in Krishnas in sich ruhende Fülle eingegangen. Darum soll der Mensch nicht das Ergebnis seiner Taten sehen, er soll seine seiner Stellung gemäßen Pflichten erfüllen ohne Anhaftung an das, was er oder andere damit erreichen. Denn nicht ihm gehört die Frucht der Tat, Krishna allein lenkt alle Geschehnisse und genießt ihr Ergebnis. Ohne Anhaftung wird der Handelnde eins mit dem Willen Krishnas sein und schon jetzt frei von allem Materiellen, Körperlichen leben können; nach seinem Tode aber wird er dem Kreislauf der Geburten für immer entzogen sein.

Der Hinduismus kennt drei Wege, dieses Ziel zu erreichen: den Weg der Werke (kastengemäßes Handeln und Opfer), den Weg der Erkenntnis (Entsagung und Meditation, also Nicht-Handeln) und den Weg der hingebungsvollen Liebe an einen persönlichen Gott, der alle Verhaftung an die Materie, alle Folgen der Werke mit einem Schlag zunichte macht. Der Mensch handelt, als handelte er nicht, er erfüllt seine Pflicht in dieser Welt, während er selbst schon in der göttlichen Wahrheit lebt.

Damit ist der philosophische Aufriß der Gita gegeben: die Philosophie der Veden (Hauptquelle für den Weg der Werke) und der Upanishaden (Hauptquelle für den meditativen Weg der Erkenntnis), ebenso die aus beiden entwickelte Samkhya-Philosophie (die dualistisch ist und zum Zweck der Lösung von der Welt jede Tat ablehnt) werden vorgestellt und abgewogen. Der Weg der ergebenen Liebe (bhakti-marga) wird schließlich als der einzige, einfachste und am sichersten zum Erfolg führende gelehrt: er bringt das Ende aller Mühen, aller Taten, aller Philosophie.

---

[3] *Dumézil,* Georges, Mythe et épopée, Paris 1970.

»Richte deinen Geist auf mich; sei mir ergeben; opfere mir; verehre mich; so wirst du zu mir gelangen. Ich verspreche es dir wahrhaftig, denn du bist mir lieb.
Gib alle Pflichten auf und nimm allein zu mir deine Zuflucht. Sei nicht betrübt, denn ich werde dich von allen Übeln erlösen.« (Bhagavadgita 18, 65/66)[4]

Die indische Philosophie war zur Zeit der Niederschrift der Gita alle ihr damals möglichen Gedankenwege gegangen. Ungeheures Material war aufgehäuft, unübersichtlich viele Heilsangebote und Erlösungstechniken standen zur Verfügung. Die Gita brachte einen Weg, der jedem offenstand, gleich welcher Kaste er angehörte oder welche Bildung er genossen hatte.

Die Entwicklung des Vaishnavismus

Bhakti wurde nicht erst in der Bhagavadgita gelehrt, obwohl diese Schrift den ›Weg der liebenden Ergebenheit‹ in voller Entfaltung zeigt. Einige vedische Hymnen zeigen Ansätze in dieser Richtung, die jedoch von den Upanishaden abgeschnitten wurden, die Erlösung durch Aufgeben der Einzelseele (atman) im Unpersönlichen (brahman) lehren. Doch machen sich auch hier theistische Einflüsse geltend: die Isha Upanishad (700–600 v. Chr.)[5] ist deshalb von Bhaktivedanta übersetzt und kommentiert worden. Voll entfaltet wird die Bhakti-Theologie jedoch erst in Mahabharata, Ramayana und den Puranas (religiöse Literatur, die volkstümliche Legenden etc. zusammenstellt). Während das Mahabharata Krishna nur als Wagenlenker und Lehrer Arjunas zeigt sowie seinen Tod berichtet, bilden die Puranas die Quelle für Krishnas Lebenslauf, der ganz nach dem epischen Helden-Schema gestaltet ist.[6] Die meisten Einzelheiten des Krishna-Lebens berichtet das Shrimad Bhagavatam, das Bhaktivedanta angefangen hat zu übersetzen und zu kommentieren (auch Bhagavata-Purana genannt und

---

[4] *Radhakrishnan,* S., Bhagavadgita, S. 433/34.
Die Übersetzung Bhaktivedantas scheint mir stärker auf die Interessen seiner Mission ausgerichtet zu sein. Bhagavadgita 18, 65/66 lautet bei ihm so:
»Denke ständig an mich und werde mein Geweihter. Verehre mich und bringe deine Ehrerbietungen dar. Auf diese Weise wirst du ohne Fehl zu mir kommen. Ich verspreche dir dies, weil du mein lieber Freund bist.
Gib alle Arten von Religion auf und gib dich einfach mir hin. Ich werde dich von allen sündhaften Reaktionen befreien. Fürchte dich nicht.«
Der dazugehörige Kommentar weist den Leser vollends darauf hin, daß sich diese Verse nur innerhalb der Hare-Krishna-Bewegung erfüllen lassen.

[5] *Judah,* St., Krishna, S. 23, 26.

[6] a) Wunderbare Empfängnis und Geburt; b) Aufwachsen bei Pflegeeltern; c) Ungewöhnliche Stärke des Kindes; d) Tötung von Dämonen und Ungeheuern; e) Ungewöhnliche sexuelle Fähigkeiten; f) Erwerbung einer Jungfrau aus dem Jenseitsbereich (das Motiv ist bei Krishna verwaschen, aber noch kenntlich); g) Heirat mit einer menschlichen Frau; h) Tod auf der Jagd (von den Jägern für ein Tier gehalten) durch Verletzung seiner einzigen verwundbaren Körperstelle (Fußsohle).

nicht vor dem 10. Jahrhundert n. Chr. erwähnt).[7] Der 10. Gesang dieser Sammlung behandelt Krishnas Kindheit und Jugend und gehört zur Hauptlektüre in der Hare-Krishna-Bewegung. Bhaktivedanta hat das Leben Krishnas deshalb auch in Prosa nacherzählt und erläutert. Krishna tritt übrigens in dieser Literatur meist als Avatar (Inkarnation) Vishnus auf, der von vielen Vaishnava-Sekten als der höchste Gott verehrt wurde. Eine Erhebung Krishnas zum höchsten persönlichen Gott trat erst im 15./16. Jahrhundert n. Chr. ein, als Chaitanya Mahaprabhu in Bengalen die Vaishnava-Schule gründete, in deren direkter Tradition Bhaktivedanta steht. (Bengalen und Assam waren die Hauptverbreitungsgebiete des Vaishnavismus.) [8]

Chaitanya Mahaprabhu

Chaitanya Mahaprabhu (sein Name als Krishna-Geweihter) lebte von 1486–1534. Zur Zeit seiner Geburt war der Hinduismus von tantristischen Praktiken aus dem Buddhismus geprägt. (Der Tantrismus arbeitet mit erotischen, sexuellen Symbolen und Praktiken, die im Menschen stufenweise mystische Kräfte erwecken und schließlich seinen Körper voll vergeistigen sollen.) Die von Chaitanya ins Leben gerufene Bewegung der totalen Krishna-Bhakti betont deshalb die erotische Beziehung Krishnas zu Radha, die jedoch ganz als geistiges Liebesspiel Krishnas mit einer seiner Manifestationen aufgefaßt wird. Zudem empfindet sich der Anhänger selbst (Bhakta) als Radha, fühlt sich gegenüber Krishna in weiblicher, passiver Liebe ergeben. Diese Lehre reiner Liebesmystik schuf sich auch die ihr entsprechenden Formen religiöser Praxis: ständiges Singen des Krishna-Namens, teilweise mit Anrufungen verbunden, öffentliche Predigt, öffentliches Tanzen und Singen des heiligen Namens (Sankirtan) unter Begleitung von Handtrommeln und Handrasseln, dramatische Aufführungen von Krishnas Kindheits- und Jugenderlebnissen (vor allem der Spiele mit den Hirtenmädchen).

In der Hare-Krishna-Bewegung wird Chaitanya als Inkarnation Krishnas verehrt, der die wahre Verehrung seiner Person im Kali-Yuga lehrte. (Die Legende hatte Chaitanya schon an Krishna angelehnt: sie läßt ihn an einer Fußverwundung sterben oder entrückt werden).

Erst im 19. Jahrhundert wurde in einer Vaishnava-Gruppe das öffentliche Tanzen und Singen des Gottesnamens wieder aufgenommen, jedoch ist es auch heute nicht bei allen Vaishnavas üblich, die sich von Chaitanya herleiten. Aus einer dieser Gruppen, den Gaudiya-Vaishnavas, kam Bhakti Siddhanta Goswami, der mit einer Neubelebung von Chaitanyas Lehre auch den Missionsgedanken verband: 1918 gründete er ein Institut zur Verbreitung von Krishna-Bewußtsein und errichtete im Ausland meh-

---

[7] *Judah,* St., Krishna, S. 22, 24.
[8] *Judah,* St., Krishna, S. 31.

rere Missionsstationen. Einer seiner Schüler war A. C. Bhaktivedanta Swami Prabhupada.[9]

A. C. Bhaktivedanta Swami Prabhupada

Bhaktivedanta wurde 1896 mit dem Namen Abhay Charan De in Kalkutta geboren. Nach Abschluß seiner Studien (Englisch, Philosophie, Wirtschaftswissenschaft) war er bis 1954 bei einem Chemiekonzern tätig. Er war verheiratet und hatte Kinder. Doch kann auch ein grihastha, wie der indische Ausdruck für den verheirateten Hausvater lautet, die Schülerschaft bei einem geistigen Meister antreten und zum Gottgeweihten initiiert werden. De wurde 1922 Bhakti Siddhantas Schüler, der ihm den Missionsauftrag für die westliche Welt erteilte. Die Gaudiya-Vaishnava-Gesellschaft erkannte ihn 1947 unter seinem Initiationsnamen Bhaktivedanta an. 1959 ging er in den Stand eines sannyasi ein, ein Wort, das mit ›Mönch‹ ungenau wiedergegeben wird. Sannyasa ist der Stand, der nach Rückzug von Ehe und Familie erreicht wird, um sich voll der Gottheit hinzugeben. 1965 kam Bhaktivedanta nach New York, wo er mit dem ›Chanten‹ der Krishna-Namen begann. (Das Wort ›Chanten‹ soll den Begriff ›Sankirtan‹ in den westlichen Sprachen heimisch machen; im Englischen wurde ›to chant‹ schon immer auf ›Kirchengesang‹, ›religiöses Singen‹ bezogen.)

Seine ersten Anhänger kamen aus der Hippie-Bewegung, waren Jugendliche, die schon längere Zeit außerhalb der Gesellschaft lebten. Viele hatten in Kommunen gelebt, sich mit östlicher Literatur oder Yoga-Techniken beschäftigt, waren den verschiedensten Gurus gefolgt oder hatten mit Drogen Erfahrungen einer ›wahren Realität‹ gemacht. 1966 wurde in New York der erste Krishna-Tempel gegründet. Die ISKCON (Internationale Gesellschaft für Krishna-Bewußtsein) verbreitete sich rasch. Schriften und Übersetzungen Bhaktivedantas wurden verbreitet, Ashrams (religiös orientierte Wohngemeinschaften) gegründet, und die Mitglieder, die nicht in Ashrams wohnen, werden in eigenen Fabriken (Weihrauch-, Seife-, Shampoo- und Ölproduktion) beschäftigt.

Die Betonung auf Sankirtan in der Krishna-Verehrung hat Bhaktivedanta veranlaßt, seine Anhänger auch in Indien missionieren zu lassen. Der Erfolg ist gering. Trotzdem hat die Hare-Krishna-Gesellschaft in Mayapur bei Kalkutta, dem Geburtsort Chaitanyas, einen Tempel errichtet.

Missionarischer Hinduismus

Obwohl Bhaktivedanta behauptet, schon Chaitanya habe die Liebe zu Krishna aller Welt predigen wollen, ist der Missionsgedanke in Indien

[9] Literatur zu Chaitanya: *Bhaktivedanta,* Die Lehren, ‹1968›; *Judah,* St., Krishna, S. 33–40.

doch wesentlich jünger. Der Gaudiya-Vaishnava-Zweig, dem Bhaktivedanta angehört, bildet auch heute noch im Hinduismus eine Ausnahme in bezug auf Mission. Die allgemeine hinduistische Ansicht nimmt an, ein Nicht-Hindu werde gemäß seinem Karma (= Taten) eines Tages als Hindu inkarniert werden. Erst damit begännen dann seine Möglichkeiten, aus dem Reinkarnationskreislauf auszusteigen und zum Göttlichen zurückzukehren. Der eigentliche Missionsgedanke kam erst Ende des 19. Jahrhunderts auf, als die höhere Schicht der indischen Bevölkerung in intensive Berührung mit der westlichen Bildung trat. Zunächst geschah das in Form von philosophischer Auseinandersetzung, von Zusammenarbeit mit christlichen Missionaren und Theologen, auch mit der seit 1875 in Madras niedergelassenen Theosophischen Gesellschaft.

Die christliche Mission hat in Verfeinerung ihrer Missionsmethoden geradezu eine einheimisch-indische, christliche Theologie erwartet und angeregt. Die missionarische Anpassung an indisches Denken und religiöse Praxis sind der Chinamission der Jesuiten im 17. Jahrhundert vergleichbar.[10] Auf diesem Hintergrund ist ein erstarktes indisches, religiöses Selbstbewußtsein und eine Mission in Europa und Amerika nicht verwunderlich.

Die Mission Bhaktivedantas

Bei Bhaktivedanta klingt der Missionsgedanke so: »... die weniger intelligenten Gottgeweihten sind mit ihrem eigenen Heil zufrieden, wie z. B. unsere Gottbrüder in Indien; sie sind mit einem kleinen Tempel, ein wenig Reis und sogenanntem Chanten zufrieden. Doch das ist nicht die Mission Shri Chaitanya Mahaprabhus. Shri Chaitanya Mahaprabhus Mission lautet: »Geht hinaus in die Welt, predigt die Kultur der Vaishnavas und lehrt die Menschheit, Hare Krishna zu chanten.« (Bhaktivedanta, Leben, S. 58). »Warum setzen wir uns nicht an einen ruhigen Ort und chanten einfach Hare Krishna? ... Aber wer soll diese Halunken [die Unwissenden der westlichen Welt] befreien? Deshalb gibt es die Bewegung für Krishna-Bewußtsein.« (Bhaktivedanta, Leben, S. 85).

Seine eigentliche Mission begann Bhaktivedanta zwar erst 1965, jedoch gab er seit 1936 schon das Magazin ›Back to godhead‹ heraus und übersetzte indische philosophische Literatur ins Englische. Seine Publikationstätigkeit hat er seit seinem öffentlichen Auftreten vervielfacht, er gibt Interviews und läßt gestellte Dialoge mit seinen Schülern veröffentlichen. Die Mitglieder sorgen durch Schriftenverteilen und öffentliches Sankirtan für eine mittlerweile wohl allgemeine Kenntnis der Bewegung.

---

[10] *Beckmann,* J., Ritenstreit, in: LThK², Bd. 8, Sp. 1322–1324.
Klostermaier, K., Einübung des inneren Zwiegesprächs, in: Kairos, 7, 1965, S. 54 ff.
ders.: Kristvidya, in: Kairos, 9, 1967, S. 2 ff.
ders.: Sannyasa – eine zeitgemäße christliche Lebensform im heutigen Indien? in: Ind. *Beitr.* zu Theologie der Gegenwart, hrsg. v. Horst Bürkle, Stuttgart, 1966, S. 218 ff.

Daß Bhaktivedanta seine Religion mit starkem Selbstbewußtsein und der Überzeugung vertritt, jeder Nicht-Krishna-Bewußte sei ein Unwissender, ein Dummkopf – in der deutschen Übersetzung steht dafür auch ›Halunke‹ – ist an sich nicht weiter verwunderlich. Trotzdem wirkt es befremdend, daß eine Religion von so unbestreitbarer Tiefe auf einem erschreckend niedrigen Argumentationsniveau gelehrt und vertreten wird. Ein scharfer, häßlicher Ton gegen jeden Andersdenkenden herrscht vor allem in den Interviews, die Bhaktivedanta Reportern, Theologen und anderen Interessierten gewährt: die Interviews laufen so ab, wie die auf Tonband gesprochenen Dialoge mit seinen ihm ergebenen Schülern. Da sind Lehrer und Schüler aufeinander eingespielt; der Lehrer stellt eine scheinbar spontane Frage, woraufhin ihn der Schüler über die Meinung der ›Welt‹, z. B. der Wissenschaft, informiert. Der Schüler vertritt diese Meinung natürlich nicht, sondern gibt dem Lehrer damit nur das Stichwort, seine eigene, einzig richtige Meinung (genauer: sein ›göttliches Wissen‹) dagegenzusetzen. Das geschieht ohne jeden logischen Übergang und erkennt nur die eigene Gesprächsbasis überhaupt als solche an. Gegen mißliebige Fragen eines Partners, der nicht zur Bewegung gehört, hilft allemal ein Gitazitat.
»... reden diese Halunken [= Wissenschaftler] nur dummes Zeug. Aber wir haben bereits entschieden, daß wir sie loswerden müssen ... Sie schreiben berühmte Bücher, doch wir fällen unser Urteil: Wir erkennen sie einfach nicht an ... Jemand mag fragen: Wie könnt ihr das behaupten? Die Antwort lautet: Weil wir wissen, was gut ist. Wir stützen uns auf die Wahrheit der Bhagavadgita.« (Bhaktivedanta, Leben, S. 56). Das mag als Beispiel genügen.

Lebensweise in der Hare-Krishna-Bewegung

Der Lehrer

Um zu verstehen, warum seine westlich erzogenen, meist ursprünglich recht gebildeten Schüler auf solche Worte nur fröhlich und zustimmend lachen, muß man etwas über die Stellung des Lehrers (guru) im Vaishnavismus wissen. Der Lehrer gilt als im Besitz des ›absoluten Wissens‹ durch eine ungebrochene Traditionskette von Lehrern und Schülern. Die weitergegebene Tradition ist kein Glaube, keine Religion, sondern vom Gott selbst wörtlich verkündete Wahrheit. Sollte die Kette einmal unterbrochen worden sein, so nimmt man ein erneutes Auftreten Krishnas an, um das Wissen direkt an einen Schüler weiterzugeben (s. o.). Daher glaubt der Meister, nur Krishnas Worte nachzusprechen und zu lehren. Entsprechend erhaben verhält er sich gegenüber seinen Schülern. »Man darf sich keinem Dummkopf und Heuchler unterordnen, man muß vielmehr jemanden finden, der von der Höchsten Absoluten Wahrheit völlig überzeugt ist. Wenn man einen solchen Menschen findet, muß man sich ihm hingeben und versuchen, ihn zu erfreuen, ihm zu dienen und ihm Fragen

zu stellen. Sich einer solchen großen Seele unterzuordnen bedeutet, sich Gott unterzuordnen« (Bhaktivedanta, Quelle, S. 27). »Wenn Sie Gott sehen wollen, dann müssen Sie ein Schüler wie diese Gottgeweihten werden« (Bhaktivedanta, Drei Interviews, S. 25; s. a. Bhaktivedanta, Jenseits, S. 31/32).
Die Bindung des Schülers an den Lehrer ist total und unauflösbar, nur auf diesem Weg gelangt man zu wahrem Krishna-Bewußtsein. Eine Beleidigung des Gottes kann vom Lehrer bereinigt werden, eine Beleidigung des Lehrers nie: die Brücke zu Krishna wäre auf immer zerstört.

Sankirtan
Wie oben dargelegt, ist in unserem Zeitalter das Chanten des heiligen Namens das einzige Mittel, sich ins Krishna-Bewußtsein einzuschwingen. Diese Praxis geht von der Vorstellung aus, der Name ›Krishna‹ sei identisch mit dessen Wesenheit, dem göttlichen Selbst. Gechantet wird der ›mahamantra‹ »Hare Krishna, Hare Krishna, Krishna Krishna, Hare Hare/Hare Rama, Hare Rama, Rama Rama, Hare Hare«. Bei allen Worten handelt es sich um Gottesnamen. Die Anhänger der Bewegung benutzen dazu eine Gebetskette mit 109 Perlen; auf 108 wird täglich 16mal der mahamantra gechantet. »Das Dienen beginnt mit der Zunge. Denn mit der Zunge können wir ›Hare Krishna‹ chanten und mit der Zunge können wir prasadam (geweihtes Essen) kosten.« (Bhaktivedanta, Quelle, S. 7). »Ich möchte hier noch einmal darauf hinweisen, daß dieses Chanten der heiligen Gottesnamen und das Hören der Gita einem direkten Beisammensein mit Krishna gleichkommt.« (Bhaktivedanta, Quelle, S. 45).

Ernährung
Die Ernährung wird, ebenso wie das Anhören der heiligen Schriften, zu einem weiteren Mittel zum Krishna-Bewußtsein gemacht. Dabei scheiden nicht nur bestimmte Nahrungsmittel (Fleisch, Fisch, Eier) aus, sondern auch die übrige Nahrung muß vor ihrer Aufnahme Krishna in einer bestimmten Zeremonie geweiht worden sein. Dadurch sollen nur Dinge gegessen werden, die durch Krishnas Berührung spirituell gworden sind. Die ›falsche Sicht‹, die die Dinge erst zur Materie werden läßt, soll damit ausgeschaltet werden.

Die Prinzipien der Enthaltsamkeit
Obwohl nicht alle Schüler in der Wohngemeinschaft, dem Ashram leben, müssen doch alle bestimmte Prinzipien der Lebensführung einhalten. Außer dem Essen von ›Getötetem‹ sind verboten: a) Rauschmittel jeder Art, auch Tee, Kaffee, Zigaretten und natürlich Alkohol; b) unerlaubte Sexualität (wozu bei Verheirateten auch der Verkehr zu Zeiten gehört, in denen keine Empfängnis möglich ist; ebenso der Verkehr bis zum 7. Monat nach der Geburt eines Kindes); c) jedes Glücksspiel. Der 11. Tag

nach zunehmendem und abnehmendem Mond ist ein Fasttag. Der Schüler muß so schlicht wie möglich leben, und sein Besitz darf das Notwendigste nicht überschreiten. Er soll unnötiges Beisammensein mit Nicht-Gottgeweihten meiden. Er muß gründliche Kenntnis der notwendigen Bücher haben, ohne überflüssige Kenntnis anderer Schriften zu besitzen (!). Er soll in Mathura, dem Geburtsort Chaitanyas, wohnen; d. h., seine Wohnung (bzw. der Tempel) soll durch Aufstellen von Gottesbildern diesem Ort gleichgemacht werden. Die Verehrung der Gottesbilder schafft eine Atmosphäre wie im Reich Gottes. Die Gottesbilder werden aus Indien importiert, da sie nur dort nach den richtigen Anweisungen hergestellt werden können. (Zu den Prinzipien s. u. a. Bhaktivedanta, Jenseits, S. 31–36).

Diese Prinzipien müssen unter Kontrolle eines Lehrers mindestens 6 Monate lang eingehalten worden sein, bis die Initiation zum Gottgeweihten erfolgen kann, bei der der Schüler einen neuen (Sanskrit-)Namen erhält.

Die Mitglieder teilen sich in drei Stände: der Unverheiratete (brahmacharia), der Hausvater (grihastha) und der sannyasi, der Ehe und Familie hinter sich gelassen hat. Die Annahme dieses Standes ist erst möglich, wenn die Söhne (oder Schwiegersöhne) alt genug sind, die Mutter zu unterstützen. In der Hare-Krishna-Bewegung übernehmen aber auch die Ashrams die Verantwortung für eine verlassene Familie, so daß eine Trennung früher möglich wird. Aus anderen Gründen ist eine Scheidung unmöglich.

Zentrale Motive der Hare-Krishna-Bewegung und ihr Ort in der heutigen Gesellschaft

Aus dem vorliegenden Material dürfte klar geworden sein, daß es sich bei der Hare-Krishna-Bewegung weder um die Vermittlung einer bloßen religiösen Technik noch um eine östliche Modereligion handelt, die eigens für den Westen ›erfunden‹ wurde, um ihrem Gründer ›Unsummen‹ einzubringen. Es handelt sich um die Mission *einer* hinduistischen Religionsgruppe mit absolutem Wahrheitsanspruch, die das Ziel aller übrigen Religionen zu sein behauptet.

Der einfachste Weg

Die Bhagavadgita zeigt, wie oben dargelegt, ›den einfachsten Weg‹ zur Einheit mit der Gottheit auf. Zuvor waren so viele Techniken und Philosophien ausprobiert, durchdacht und angeboten worden, daß der Wahrheitssuchende verwirrt sein mußte: nichts hatte sich als die ›einzig mögliche Wahrheit‹ herausgestellt. Mir scheint die Situation im Westen (retardiert gegenüber der Entwicklung der östlichen Philosophien) heute ähnlich zu sein. Begriffe wie Relativität, Dialektik, stetiger Wandel ins Unabsehbare flößen Furcht ein. Der einfachste Weg ist, sich einer unwandelbar liebenden Person hinzugeben: Krishna wird als der nie-enttäuschende Liebhaber angeboten. Der Weg zu ihm ist leicht: »Bhakti-yoga ist die umfassende, bis in alle Einzelheiten gehende, wissenschaftliche transzendentale Aktivität, die der Anfänger wie auch der Yogi, der die Vollkommenheit erlangt hat, ausüben kann.« (Bhaktivedanta, Jenseits, S. 21).

Entfremdung

Entfremdung durch Arbeit, mit der sich der einzelne nicht identifizieren kann, ist seit dem 19. Jahrhundert nicht nur zu einem Schlagwort, sondern leider auch zu einem Faktum geworden. Erfahrungen in der Arbeitswelt, in der Ausbildung, aber auch pubertär oder pathologisch bedingte Erfahrungen, erwecken in vielen Jugendlichen den Wunsch, einfach ›fortzugehen‹ an einen Ort, an dem sie wahrhaft sie selbst und gleichzeitig unendlich geborgen in ihrer Umwelt sein können. In der Hare-Krishna-Bewegung wird nicht nach einer Möglichkeit gesucht, Entfremdung durch Veränderung der Verhältnisse zu beseitigen oder zu vermeiden; diese isolierende Empfindung gilt als ›richtiges‹ Gefühl, als die erste Stufe der Erkenntnis der menschlichen Situation. Als Stichwort in diesem Sinne taucht der Begriff der Entfremdung in allen orientalischen Religionen und später im Gnostizismus auf. Die Entdeckung, als Geistwesen in dieser Welt fremd zu sein, ist der erste Schritt zur Umkehr in die himmlische Heimat. Eine zunächst vielleicht nur antigesellschaftliche Haltung wird in eine radikal antiweltliche umgewandelt. Gesellschafts- bzw. altersbedingte Mißstände und Erfahrungen werden von der Hare-Krishna-Bewegung bestätigt, religiös umgedeutet und damit verfestigt. Ein Wandel wird als unmöglich dargestellt, die Flucht vor der sichtbaren, erfahrbaren Welt als die einzige Möglichkeit eröffnet. Ist der Begriff erst einmal ideologisiert, kann man beim einzelnen Anhänger kaum mehr ausmachen, ob eigene Erfahrungen der Grund seines neugefundenen Glaubens sind, oder ob ihm diese nur übertragen wurden.

Bewußtsein – Leben – Selbstverwirklichung

Die Flucht aus der ›fremden Welt‹ führt ins Bewußtsein. Philosophie, Psychologie und Gesellschaftswissenschaften haben seit Beginn des 19. Jahrhunderts diesen Begriff intensiv popularisiert. ›Man‹ hat ›Bewußtsein‹, aber woran orientiert sich die jeweilige Einstellung? Die Angebote divergieren. Bhaktivedanta bietet das ›absolute Krishna-Bewußtsein‹, das sich nicht durch Auseinandersetzung mit Gesellschaft, Umwelt oder eigenen Verhaltensweisen bildet, sondern alle diese Bereiche unter ›falsches Selbstbewußtsein‹ subsummiert. Für den Krishna-Bewußten gibt es weder eigene noch fremde Probleme, da er ihre eigentliche Nicht-Existenz erkannt hat (s. o.).

Krishna-Bewußtsein gibt Leben jenseits von Geburt und Tod. Natürlich spricht Bhaktivedanta einen wunden Punkt in einer naturwissenschaftlich orientierten Gesellschaft an, wenn er ganz banal sagt: »Unser wirkliches

Problem ist der Tod. Niemand will sterben. Aber die Wissenschaftler können einen nicht vor dem Tod bewahren. ... niemand will alt werden ... Ich will nicht krank werden, aber wie kann der Wissenschaftler mir helfen?« (Bhaktivedanta, Leben, S. 47/48). Und er verspricht: »Spirituelles Leben bedeutet, von jeder Bedingtheit frei zu sein ... Wenn man, nachdem man diesen Körper verlassen hat, keinen materiellen Körper mehr anzunehmen braucht, das ist die Vollkommenheit; denn sobald man einen materiellen Körper annimmt, ist man bedingt ... Man ist Geburt, Tod, Alter und Krankheit unterworfen ... Das Lebewesen ist ewig, doch weil es sich mit dem Körper identifiziert, glaubt es, es sterbe, es werde geboren, es werde krank, es werde alt. Doch es wird nicht alt ... Das Lebewesen ist ewig, und doch, es ist immer frisch ... Ebenso wie Krishna beschrieben wird ... Er ist die älteste Person ... Aber er ist niemals alt. Er ist stets wie ein Junge von 16–20 Jahren. Das ist spirituelle Identität.« (Bhaktivedanta, Leben, S. 87/88).
Man sieht, daß hier bekannte Begriffe in völlig anderem Zusammenhang gebraucht werden –, eine Tatsache, die eine Verständigung mit Hare-Krishna-Anhängern nahezu unmöglich macht. Eine vergleichbare Terminologie findet sich im Christentum nur in Gnostizismus und Neognostizismus, an die ja die Hare-Krishna-Bewegung im Gespräch mit Christen auch anknüpft.

Liebe – Gemeinschaft
Selbstverwirklichung erreiche ich nicht für mich allein, mein wahres Leben entfaltet sich erst in vollkommener Gemeinschaft mit anderen Gottgeweihten. Diese Liebesbeziehung zu Krishna und von daher zueinander ist in dieser Welt nur geistig, ›im Krishna-Bewußtsein‹, möglich, das alle fälschlich für wahr gehaltenen menschlichen Beziehungen negiert. »Uns interessiert nicht, wie sich ein Mensch zu seinen Mitmenschen verhält ... Denn wir wissen, daß sich ein Mensch ganz automatisch einem jeden gegenüber ganz außergewöhnlich gut verhält, sobald er weiß, wie er sich Gott gegenüber zu verhalten hat.« (Bhaktivedanta, Drei Interviews, S. 12)
Die Bedürfnisse der Jugend in Hinsicht auf eine Gemeinschaftsbildung, die die Gesellschaft an Vorbildlichkeit übertrifft, haben sich in den letzten 15 Jahren in verschiedenster Weise artikuliert. Viele der heutigen Anhänger hatten auf diesem Gebiet schon enttäuschende Erfahrungen hinter sich. Die Idee wurde schon im 19. Jahrhundert auch im säkularen Bereich propagiert: utopischer Sozialismus, Lebensreform und Gründung von Künstlerkolonien um die Jahrhundertwende sind hier nur Stichworte.[11]
Die Gemeinschaft der Gottgeweihten unter ihrem Lehrer ist auch die Garantie dafür, daß Krishna selbst die Verantwortung für das Tun seiner ihm Ergebenen übernimmt. Der Lehrer, durch die Tradition autorisiert,

[11] *Frecot,* Janos; *Geist,* Johann Friedrich, und Dietrich Kerbs, Fidus, 1868 bis 1948. Zur ästhetischen Praxis bürgerl. Fluchtbewegungen. München 1972.

sichert gegen jede Verfehlung ab. Die ›Schwierigkeit, erwachsen zu werden‹, wird auf einfachste Weise umgangen.
Doch der Meister bietet noch mehr: das Bedürfnis, zu wissen statt glauben zu müssen, ist seit der Aufklärung beständig gewachsen. Die lückenhaften, stetem Wandel ausgesetzten Erkenntnisse der eigentlichen Wissenschaften jedoch befriedigen auf die Dauer nicht jeden:[12] das Wissen des Lehrers geht auf göttliche Information zurück und ist einfach aufzunehmen.

Eigene religiöse Erfahrung
Die Fülle an Literatur zur Meditation und ihren Techniken, das Angebot an Kursen auf diesem Gebiet, das aus fast allen weltanschaulichen Richtungen seit ca. fünf Jahren immer noch ansteigend auf uns zukommt, weist auf das Bedürfnis nach eigener religiöser Erfahrung hin.
Untersuchungen haben ergeben, daß auch ursprünglich ungläubige Jugendliche durch den Gebrauch von Drogen für die Annahme einer ›jenseitigen Realität‹ aufgeschlossen wurden, doch wurde ihnen keine dauerhafte Befriedigung verschafft. In der Hare-Krishna-Bewegung wird mit der Technik des Chantens ein ›Ersatz‹ geboten, der es dem Praktizierenden erlaubt, sich auf Abruf in die erwünschten Zustände zu versetzen. Diese Zustände sind also selbst produzierbar, vermitteln ›göttliches Wissen‹ und haben nichts mit der äußeren Abhängigkeit von Geld-Händler-Droge zu tun. Mit einem über längere Zeit hin praktizierten Chanten dürfte allerdings die innere Abhängigkeit von dieser Technik auch wachsen.
Doch möchte ich nicht den Eindruck aufkommen lassen, nur drogengewohnte Hippies seien vom Leben im Stil der Hare-Krishna-Bewegung angetan. ›Das Sprechen des Gottesnamens‹, in Indien von vielen religiösen Gruppen seit jeher geübt, fasziniert westliche Gläubige, die durch die jüdisch-christliche Tradition davon völlig entwöhnt waren. Das Reihengebet, das hier zum Vergleich herangezogen werden könnte, ist weit schlechter während des ganzen Tages, einschließlich Arbeitszeit zu sprechen und übt auch nicht die gleiche suggestive Wirkung aus. Ich erinnere mich an die Begeisterung einer Benediktinerin, die heute in einem indischen Ashram lebt, über die Wirkung ständigen Wiederholens des Gottesnamens bei Krankheit. Daß dieser ›Mangel‹ im Christentum als solcher empfunden wird, beweist auch ein steigendes Interesse am Jesus-Gebet der Ostkirche.
Interviews mit amerikanischen Hare-Krishna-Anhängern haben ergeben, daß das Chanten an der Spitze der Beliebtheit in der neuen Lebensführung steht (Judah, St., Krishna, S. 153).[13]

---

[12] Nur so ist der große Anteil an Mitgliedern aus naturwissenschaftlichen Berufen in theosophischen, anthroposophischen und kleineren ›esoterischen‹ Gruppen zu verstehen.
[13] Dieses Kapitel wurde anhand des zuvor besprochenen Materials ausgearbei-

Die Stellung der Hare-Krishna-Bewegung zum Christentum

Die Hare-Krishna-Mission ist in eine vom Christentum geprägte Welt eingebrochen. Den Dialog sucht sie nicht. Sie behauptet, das ›Wissen an sich‹ zu bringen – allen als ›sektiererisch‹ bezeichneten Religionsgemeinschaften. Zum Christentum äußert sich Bhaktivedanta u. a. so: »Hier [im Krishna-Bewußtsein] findet man Wissenschaft – und dort [im Christentum] nur Torheit ... Sie haben keine Philosophie ... Dieses Religionssystem wurde vor ungefähr 2000 Jahren einigen Hirten gelehrt, viertklassigen Menschen; wie soll der moderne Mensch, der sich durch die Wissenschaft fortgeschritten dünkt, es annehmen? Jesus Christus lehrte als erstes »Du sollst nicht töten.« Das bedeutet, er predigte zu Mördern, zu zehntklassigen Menschen. Wie soll nun diese für zehntklassige Menschen bestimmte Religion für erstklassige Menschen annehmbar sein?« (Bhaktivedanta, Leben, S. 114).

In Deutschland ist der Band ›Christus, Krischto, Krishna‹ aus Gesprächen Bhaktivedantas mit Vertretern der christlichen Religion zusammengestellt worden. Die Taktik Bhaktivedantas ist, den Gesprächspartner sofort in die Rolle des Schülers zu drängen, der ›Stichworte‹ geben darf. Die Gesprächsebene des anderen wird überhaupt nicht angesprochen, seine Worte werden zu nützlichen Aufhängern für die eigene Lehre und können gegen den Partner verwendet werden. Man hatte sich Karlfried Graf Dürckheim, einen Benediktinerpater und Kardinal Danielou zum sogenannten ›Gespräch‹ geholt. Außer Danielou waren die Beteiligten vor Ehrfurcht für Bhaktivedanta so verblendet, daß sie sich in jede Falle locken ließen und schließlich keine eigene Meinung mehr zu haben schienen. Die Gespräche waren von Bhaktivedanta so angelegt, daß fast ausschließlich von der Notwendigkeit zu chanten und vegetarisch zu leben die Rede war.

Bhaktivedanta macht immer wieder den Versuch, diese ›Prinzipien‹ als dem Christentum selbst immanent zu erweisen. Dabei muß er natürlich beim Gnostizismus und seinen Quellen anknüpfen; die Entwicklung des westlichen, kirchlichen Christentums wird als Fehlentwicklung angesehen (Christus, S. 33 f.). Ist Bhaktivedantas Dialogstil schon schlecht und stellenweise sogar unverschämt, so ist doch die methodische Unsauberkeit und Frechheit seiner Schüler noch schlimmer, wenn es darum geht, Quellen zu finden, mit deren Hilfe das Christentum nur als ›degeneriertes Krishna-Bewußtsein‹ entlarvt werden soll. Der erwähnte Band enthält einen Anhang, in dem zunächst die etymologische Gleichheit der Namen

---

tet, um dessen Erschließung für die praktische Jugendarbeit zu erleichtern. Der näher Interessierte wird auf die Untersuchung von Stillson Judah verwiesen, die eine Fülle von Interviews mit Krishna-Anhängern bietet, deren Aussagen eine oft bestätigende Ergänzung zu dem bringen, was hier nur kurz angesprochen werden konnte.

Krishna-Christus behauptet wird (Christus, S. 59). Alsdann folgt eine Aufzählung aller alttestamentlichen Stellen, an denen im Gottesdienst gesungen und getanzt wurde. Das war Sankirtan! Die alttestamentliche Umschreibung »Name des Herrn«, die seine bewußte Vermeidung anzeigt, wird als ›Gottesname‹ gedeutet. Auch im Neuen Testament wird vom ›Namen Jesu‹ gesprochen. Was liegt näher, als diese Worte als Aufforderung zum Chanten zu interpretieren?
Die Ausführung von Auszügen aus gnostischen Schriften und aus den Kirchenvätern, die stellenweise vom Fleischgenuß abraten, kann man noch als ›legal‹ bezeichnen. Vollends untragbar jedoch ist das Angebot zweier ›Evangelien‹, die von ›begabten Esoterikern‹ (westlicher Herkunft) ›geistig‹ erschlossen wurden, da ihre Abschriften entweder in den Geheimarchiven des Vatikan oder in buddhistischen Klöstern lagern sollen. (Die ›an geheimen Orten verborgenen Schriften‹ sind ein beliebtes Motiv in der theosophischen Lehre des 19. Jahrhunderts und bei den Ablegern der Theosophischen Gesellschaft. Mit diesen ›erschauten Schriften‹ soll jede eigene Aussage von der Tradition abgedeckt werden.) Die Hare-Krishna-Bewegung druckt Texte nach, die im Humata-Verlag, Bern, erschienen sind.[14] Die Texte sind im Evangelienstil gehalten, mit alttestamentlichen Sprüchen und unbekannten Jesusworten in eigener Sprache ergänzt.[15] Die Auszüge behandeln Vegetarismus, Jesu Kindheit in Ägypten, Persien, Indien, Assyrien, Chaldäa. Seine Grundausbildung hat er bei den Weisen Indiens genossen.[16] Als Beweis für die Richtigkeit dieser ›wahren Evangelien‹ muß die Bibelexegese herhalten, die nachgewiesen habe, daß die Evangelien ›verstümmelt und entstellt‹ seien, weil sich die Kirche der ihr lästigen Lehren entledigen wollte. Ein alter Vorwurf von seiten aller Neognostiker. Neben diese exegesierte Bibel wird dann die Gita gestellt, für die jeder Versuch einer wissenschaftlichen Einordnung in die Geschichte abgelehnt wird.

---

[14] Dieser Verlag setzt sich für die Evolutionsidee im theosophisch/anthroposophischen Sinne ein, meist auf sehr niedrigem Niveau. So wird z. B. auf einem Flugblatt des Verlags, zur Zeugung einer künftigen durchsichtigen, ›geistig höherstehenden‹ Rasse aufgefordert, mit genauen Anweisungen, wie das zu bewerkstelligen sei.

[15] Eine Nachprüfung hat ergeben, daß keinerlei Verwandtschaft mit einem der fragmentarisch erhaltenen apokryphen Evangelientexte besteht. S. dazu: *Hennecke,* Edgar, Neutestamentliche Apokryphen in deutscher Übersetzung. Hrsg. v. Wilhelm Schneemelcher. 1. Bd. Evangelien, Tübingen [4]1968.

[16] Solche Erzählungen holen sich ihr Material meist bei der legendären Vita des Apollonius v. Tyana (3–97 n. Chr.). S. dazu auch *Steiner,* Rudolf, Aus der Akasha-Forschung. Das 5. Evangelium, Dornach 1963. In diesem Zusammenhang soll daran erinnert werden, daß Krishna in der Theosophie und etwas abgewandelt in der Anthroposophie als eine der Inkarnationen des Christus gilt. Edouard Schuré, theosophisch engagierter, französischer Schriftsteller, entwarf eine Krishna-Vita, frei nach dem Leben Jesu gestaltet (*Schuré,* Edouard, Die großen Eingeweihten. Geheimlehren der Religion. München 1955).

Ingesamt muß das Büchlein als ein etwas seltsamer Versuch angesehen werden, an die Aussagen des Christentums anzuknüpfen.
Doch ist dies wohl im Augenblick die einzige Möglichkeit einer indischen Religion, sich ihren Ort im Christentum zu suchen. Religionen und Techniken, die sich ausschließlich auf das ›spirituelle Wesen‹ des Menschen zu konzentrieren behaupten und seinen Körper als ›bloße Materie‹ verachten, gewinnen zusehends an Boden. Es ist interessant und bedauerlich zugleich, daß ihr Ansehen ausgerechnet in einer Zeit wächst, in der sich das kirchlich organisierte Christentum von den letzten Traditionen des Gnostizismus zu befreien sucht –, ein Vorgang, der noch nicht einmal abgeschlossen ist, der aber durch neue dualistische Einflüsse unterbrochen werden kann. Ein Dualismus auf monistischer Grundlage, wie ihn die Hare-Krishna-Bewegung anbietet, scheint für den Westen besonders anziehend, da seine Weltabgewandtheit nicht auf den ersten Blick zu durchschauen ist.

Literaturverzeichnis

Bhagavad-gita. Wie sie ist. Vollst. Ausg. m. orig. Sanskritversen, lat. Translit., dt. Synonymen, Übers. u. ausführl. Erkl. Hrsg. v. A. C. Bhaktivedanta Swami Prabhupada, N. Y./Los Angeles/London/Bombay/Hamburg 1974.
Bhagavadgita, Die. Sanskrittext m. Einl. u. Komm. v. S. Radhakrishnan. Mit d. ind. Urtext vgl. u. ins Dt. übers. v. Siegfried Lienhard, Wiesbaden o. J.
Bhagavatam. – Shrimad-Bhagavatam. First Canto 'Creation' (P. 1, Chapt. 1–7). Hrsg. v. A. C. Bhaktivedanta Swami Prabhupada, N. Y. 1970.
Bhaktivedanta Swami Prabhupada, A. C., Christus, Krischto, Krishna. Gespräche, Schloß Rettershof i. Ts. 1975.
ders.: Drei Interviews über das Krishna-Bewußtsein, Hamb. 1972.
ders.: Jenseits von Zeit und Raum, 1970, nach Aufsätzen a. d. J. 1959.
ders.: Krishna. Der höchste persönliche Gott. Eine Zus.fass. des 10. Cantos v. Shrila Vyasadevas Shrimad-Bhagavatam. T. 1–3, Schloß Rettershof i. Ts. (1970)–75.
ders.: Leben kommt von Leben. Gespräche, Schloß Rettershof i. Ts. 1974.
ders.: Die Lehren Shri Chaitanyas. Eine Abhandlung über wirkliches spirituelles Leben, Schloß Rettershof i. Ts. (1968).
ders.: Die Quelle des absoluten Wissens. Vorträge, Los Angeles/London/Bombay/Hamburg 1973.
Ishopanishad.-Shri Ishopanishad. Die Erkenntnis, die uns Krishna, der höchsten göttlichen Person näherbringt. Mit ursprüngl. Sanskrittext. Umschreib., entsprech. dt. Worten f. jede Strophe, übers. ins Dt. u. ausführl. erkl. [Hrsg. v.] A. C. Bhaktivedanta Swami Prabhupada, Los Angeles/London/Bombay/Hamburg 1971.
Judah, J. Stillson, Hare Krishna and the Counterculture, New York/London/Sydney/Toronto 1974.
Klostermaier, Klaus, Hinduismus, Köln 1965.

III. Teil: Selbstzeugnisse und Erfahrungen

Was die sogenannten neuen Jugendreligionen tatsächlich bieten, welche wirklichen und berechtigten Bedürfnisse junger Menschen sie erfüllen oder inwieweit sie zu eigenen Gunsten die Lebenserwartungen junger Menschen manipulieren, läßt sich nicht objektiv dokumentieren. Offensichtlich aber finden viele Jugendliche hier, was sie in kirchlichen Gemeinden und anderen gesellschaftlichen Gruppen vergeblich suchten.
Die auf den folgenden Seiten abgedruckten Berichte von ehemaligen Mitgliedern verschiedenster Gruppen zeugen übereinstimmend von massiv autoritärer Führung in allen Organisationen der Jugendreligionen. So fehlt es dort offensichtlich an Entfaltungsmöglichkeiten für die einzelnen und an Raum für Eigeninitiativen. In diesem Umstand, wie an einer in der Regel recht einseitigen und einfältigen, auf bloßes Wiederholen angelegten Struktur der Lehren, scheinen die Gründe dafür zu liegen, daß gerade intelligentere Anhänger die Gruppen nicht selten schon nach kurzer Zeit wieder verlassen. Sobald der Reiz des Neuen verflogen ist, haben ihnen solche Neureligionen offenbar nichts mehr zu bieten.
Doch was ist mit den ungezählten jungen Menschen, die bleiben und ihr ganzes Leben der Mission und den Geschäften der Jugendsekten verschreiben? Man kann sie nicht einfach als dumme, irregeleitete oder gar kranke Außenseiter hinstellen. Zweifellos finden manche dort Halt und Lebensraum sowie persönliche Erfüllung, die ihnen in der Leistungsgesellschaft verwehrt geblieben wären. Auch dafür gibt es Dokumente, Briefe und Erfahrungsberichte, von denen einige ursprünglich hier abgedruckt werden sollten. Dieses Vorhaben wurde jedoch aufgegeben, nachdem sich herausstellte, daß in diesen Texten neben formalen Beteuerungen, wie glücklich der Verfasser sich fühlt, daß er viel für seine Verwandten bete und wie sehr er ihre Bekehrung ersehne, eigentlich nur wiederholt wird, was in den Lehr- und Missionsschriften der betreffenden Organisation steht.
So dokumentieren die in diesem Kapitel veröffentlichten Berichte Erfahrungen mit den Jugendreligionen aus einer kritischen Distanz. Deshalb sind sie nicht nur subjektive Zeugnisse, sondern repräsentieren ehrliche Auseinandersetzung und – soweit das überhaupt möglich ist – objektive Darstellung des Erlebten. Andererseits erheben sie natürlich keinerlei Anspruch auf Vollständigkeit oder religionswissenschaftliche Argumentation.

Margarete Esser
Meine Erfahrungen mit der Vereinigungskirche

Als jüngstes von 6 Kindern wuchs ich in einer lebendigen Familie auf. Mein Vater ist Geschäftsführer eines Steinbruchs und war, so lange ich mich entsinnen kann, immer sehr mit seinem Beruf beschäftigt. Meine Mutter, eine Bauerntochter, war jedoch ganz für ihre Familie da. Als Älteste von 9 Kindern und geprägt von einer strengen Erziehung und harter Arbeit fühlte sie sich immer für vieles und viele verantwortlich.
In unserem fast zwei Morgen großen Garten, einem Hochzeitsgeschenk meines Großvaters (Mutter), vermittelte sie uns die Liebe zur Natur und zu einer gesunden Lebensweise. Auch Basteln, Singen, Musizieren, Wandern gehörte mit zu unserer Freizeitgestaltung. Oft waren Gäste, wie Ausländerpriester, Austauschstudenten, für Wochen oder Monate bei uns im Haus. Von ihnen bekamen wir viele Anregungen.
Als ich mit 18 Jahren mein Abitur erfolgreich abgeschlossen hatte, wollte ich erst einmal ganz weit von zu Hause weg. Ich fühlte mich wie ein reifer Apfel, der endlich vom Baum fallen wollte, um selbständig zu werden. Ich ging zusammen mit einer Schulfreundin nach Freiburg, wo mein jüngster Bruder schon seit zwei Jahren studierte.
Auf ein Medizinstudium, das ich sehr gern begonnen hätte, mußte ich 5 Jahre warten. Schließlich entschied ich mich für die FHS für Sozialwesen und Religionspädagogik. Das Fächerangebot war vielseitig und reizte mich sehr, weil es genau meine musischen, wissenschaftlichen und menschlichen Interessen ansprach. Vielleicht fand ich hier einen Beruf. Wenn nicht, konnte ich immer noch umsatteln.
Im Grundstudium merkte ich, daß mir die philosophisch-theologischen Fächer mehr zusagten, als die anderen theoretischen Bereiche. Oft, wenn mich Diskussionen oder Psychologievorlesungen sehr problematisch gestimmt hatten, konnte ich mich in einer Philosophievorlesung wieder erholen und mein seelisches Gleichgewicht zurückgewinnen.
Immer mehr machte ich mir auch Gedanken über meinen Glauben. Ich wollte endlich aus meinen Kinderschuhen im religiösen Bereich herauskommen. Mein religiöses und menschliches Bewußtsein hinkte weit hinter dem Niveau her, das ich mir im Gymnasium erarbeitet hatte. Auch war ich sehr vielen Meinungen, Theorien und Weltanschauungen ausgesetzt, die mich herausforderten, meinen Standpunkt zu überprüfen und immer neu zu gewinnen. Ich kam zu dem Entschluß, im Schwerpunkt Religionspädagogik weiterzustudieren. Das Berufsziel kümmerte mich noch nicht so sehr. Erst einmal wollte ich meinen Interessen nachgehen.
Im 5. Semester geriet ich in eine schwere Krise. Das Studium wuchs mir einfach über den Kopf. Dazu kam, daß mein Herz und mein Kreislauf nicht mehr richtig arbeiteten. Auch hatte ich eine Freundschaft, die ein

Semester früher zerbrochen war, noch nicht verschmerzt. Ich fühlte mich einsam und ausgelaugt, auch wenn ich jederzeit zu Bekannten gehen und mit ihnen über vieles sprechen konnte. Mein Selbstbewußtsein schrumpfte. Viele Reaktionen meiner Umwelt konnte ich gar nicht richtig einordnen. Ich fühlte mich oft verletzt oder abgelehnt, auch wenn es nicht im geringsten so gemeint war. Ich empfand keinen meiner Bekannten wirklich als Freund oder Freundin, weil ich sehr viel von solch einer Beziehung erwartete. Ich konnte mich sehr stark von außen beeinflussen lassen, weil ich oft selber zu wenig wußte, was ich wollte.

Warum suchte ich mir nicht eine Gemeinschaft, in der ich mit meinen Sorgen und den Vorstellungen von gelebtem Christentum nicht so alleine da stand? Ich wollte nicht länger ein Eigenleben führen, in dem ich nur ab und zu einige Bekannte einlud oder besuchte. So machte ich mich auf die Suche und lernte mit der Zeit verschiedene Gruppen kennen: Zen-Meditations-Gruppe; Transzendentale Meditation; Offensive junger Christen in Bensheim; die Paderborner Studentengemeinde; den charismatischen Kreis um Mühlen hier in Paderborn und zuletzt die Vereinigungskirche.

Als ich von der »V.K.« angesprochen wurde, war ich gerade von einem Dorf außerhalb der Stadt mehr ins Zentrum Paderborns gezogen. Endlich war ich nicht mehr auf den Bus angewiesen und hatte mehr Gelegenheit, die Studentengemeinde zu besuchen. Aber noch bevor ich dort etwas tiefer hineingeschnuppert hatte, sprach mich eine Missionarin der »V.K.« auf der Westernstraße an.

Ich hatte schon von den Missionaren gehört, konnte mir aber nichts unter ihrer Arbeit und ihren Zielen vorstellen. Jetzt bot sich eine Gelegenheit, etwas hinter die Kulissen zu schauen, und so ließ ich mich auf das Gespräch ein.

Meine erste Reaktion war Bewunderung dem Mädchen gegenüber, das es wagte, die Leute auf der Straße nach Gott zu fragen. Nach einiger Unterhaltung jedoch war ich etwas befremdet. Es schien ihr nicht zu genügen, daß ich Theologie studierte und mir sehr viele Gedanken über den Sinn des Lebens machte. Spezielle Grunderfahrungen, wie die Liebe, das Leben in der Familie und in anderen Gemeinschaften schienen ihr besonders wichtig zu sein. Sie erklärte mir eindringlich, daß mein Studium mich nicht sehr viel weiterbringen könne in der heutigen Meinungsvielfalt. Es wäre viel wichtiger, sich wieder auf die wichtigen Grundwahrheiten des Christentums zu besinnen und vor allem auch in der Gemeinschaft danach zu leben. Sie lebte in einer solchen Gemeinschaft und hätte dort erst erfahren, was es wirklich heißt, Christ zu sein. Ich war nicht mehr befremdet. Solche jungen Leute suchte ich doch! Eine Gemeinschaft, die sich nicht nur theoretisch informierte, sondern sich fragte, was bedeutet die Herausforderung von Christus für jeden einzelnen von uns hier und jetzt, was haben wir zu tun, wo stehen wir zur Zeit. Eine Gemeinschaft, die

darüber spricht, miteinander übt und versucht, auch nach außen hin zu wirken.
Im Zentrum führten wir das Gespräch weiter, und die Missionarin begann, mir die göttlichen Prinzipien zu erklären, die der Koreaner Mun offenbart bekommen hätte. »Warum soll ein Mensch nicht eine besondere Offenbarung von Gott bekommen«, dachte ich mir und fand es sehr sinnvoll, daß die Lehre den Ursprung aller Dinge wieder deutlich machen wollte.
Gerade, wenn die jungen Leute auf die Straße gingen und mit den verschiedensten Menschen und Meinungen konfrontiert wurden, brauchten sie doch eine Gesprächsbasis, mußten sie doch über ihren eigenen Standpunkt einfach und klar informiert sein, mußten sie auch uninteressierte Leute möglichst konkret ansprechen können.
Die Missionarin wurde sogar so konkret, daß sie mir alles aufmalte und sehr anschaulich erklärte, daß jeder einzelne Mensch mit Gott und auch mit anderen Menschen in Verbindung stehe. Das Verbindende in einer Beziehung sei die Liebe. Grunderfahrungen der Liebe mache man vor allem in der Familie. Darum sei diese von besonderer Bedeutung.

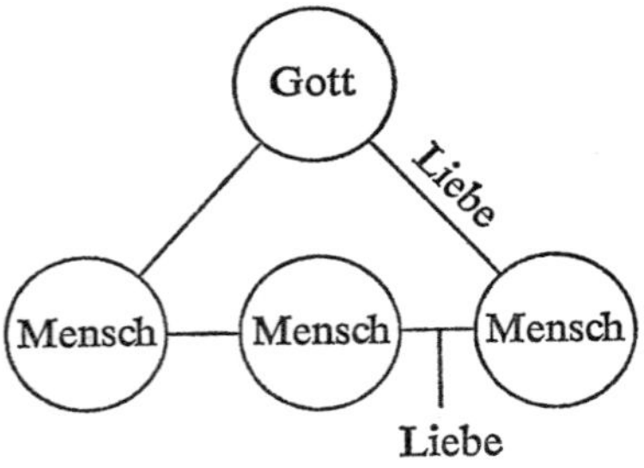

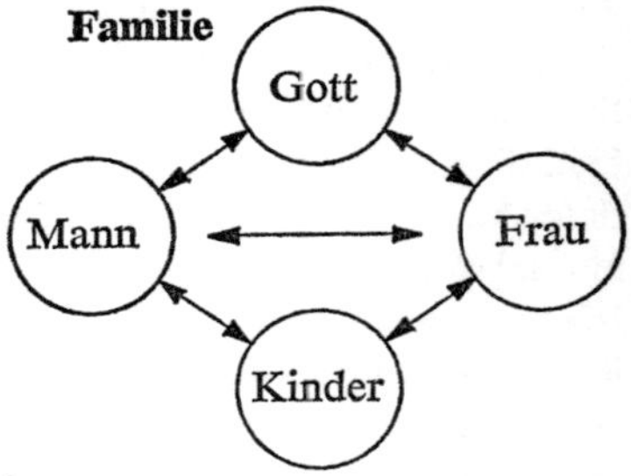

Die ideale, vollkommene Beziehung sei von der Liebe bestimmt. Wie man jedoch im täglichen Leben sähe, gäbe es Sünde, Schuld, Mißtrauen ... Jeder hätte in sich mit dem Widerspruch von Gut und Böse zu kämpfen, der durch den Sündenfall verursacht wäre.
Mir kam während der Erklärungen eine Vermutung, die sich später in Camberg noch sehr verstärkte: Die Prinzipien wurden mir auf eine Art und Weise erklärt, wie ich es von der Theologie her gar nicht gewohnt war. Mit fast naturwissenschaftlicher Genauigkeit wurde auf Papier und auch mit Worten ein Bild gezeichnet von den Zusammenhängen und Beziehungen zwischen Gott und den Menschen. Zuerst dachte ich, es wäre wohl die Art, die der Missionarin am meisten läge, als ich mir jedoch die Lehre genauer in einem Buch ansah, entdeckte ich die gleiche Methode. Logisch, klar, anschaulich, fast mathematisch genau folgte eine Feststellung aus der anderen. Als Endziel stand das »Wissen« über alles, was wissenswert ist, um vollkommen werden zu können. Vielleicht lag darin das Besondere, das Anziehende und Neue an dieser Lehre.

Für mich wenigstens war es sehr attraktiv. Ich spürte geistige Verwandtschaft. Gerade im Bereich der Theologie hatte ich sie bisher vermißt. Ich hatte zeitweise sogar ein fast quälendes Mißtrauen entwickelt gegen die Lehre von Dozenten und Autoren, die eine ganz andere Begabung und Methode hatten, Inhalte zu verarbeiten und zu lehren als ich.
Bei den Prinzipien war es anders. Viele Gedanken und Überlegungen kamen mir regelrecht verwandt vor. Ich war immer gespannt, wie es weiterging. Wenn die Lehre von der Aussage her wertvoll und richtig war, konnte ich vielleicht viel für meinen Unterricht später übernehmen.
Doch schon bei meinem dritten Besuch wurde meine Begeisterung etwas gedämpft. Ich stellte einige Fragen und erfuhr, daß die »V.K.« unabhängig war von der christlichen Kirche. Sie lehrte also nicht das Christentum in neuer Form, sondern ein neues »Christentum«. Die Mitglieder gingen vielleicht ab und zu noch in eine Messe, aber mehr so, wie man ab und zu ins Kino geht. Angelika (Freiburger Bekannte) meinte, die Messe könne ihr nichts mehr geben. Dort wurde so viel »ins Leere« geredet. In der Gemeinschaft der »V.K.« käme sie dagegen spürbar weiter.
Meine Bedenken gegen Mun, er könne ein falscher Prophet sein, wies sie entschieden zurück. Sie habe wohl auch schon von falschen Propheten gehört, aber damit habe die »V.K.« nichts zu tun. Sie glaubten ja auch an Christus. Mun würde nur das Christentum für die heutige wissenschaftlich-technische Zeit neu und verständlich auslegen.
Als ich mich entschloß, über Pfingsten eine Schulung in Camberg mitzumachen, freute sich Angelika scheinbar ganz besonders. Sie wollte sich noch viel mit mir unterhalten und war gespannt, wie ich die Tage in Camberg erleben würde.
Fahrt und Aufenthalt waren gut organisiert. Bei den Mitgliedern der »V. K.« fiel mir auf, daß sie sehr herzlich miteinander umgingen. In Gesprächen wurde mir sehr viel Verständnis entgegengebracht. Man zwängte mir nie eine Meinung auf, sondern versuchte erst einmal, mich zu verstehen. Mein Mißtrauen gegen viele Lehren wurde mit positiven Beispielen in Wort und Tat entkräftet.
Bevor die Vorträge begannen, sah ich mich weiter unter den Jugendlichen um. Ich war erstaunt, denn wo ich begrüßte oder ins Gespräch kam, spürte ich die geistige Verwandtschaft, von der ich oben schon einmal gesprochen habe. Es schien, als ob ein bestimmter Typ von Menschen von der Lehre, wie die Bienen vom Honig, angezogen worden wären. Sicher war jeder Jugendliche anders. Ich möchte sie nicht über einen Kamm scheren. Aber eine bestimmte Grundkonstitution und daraus resultierende Denkstrukturen waren meiner Beobachtung nach den meisten gemeinsam: mehr von sachlich praktischen Fähigkeiten her bestimmt. (Wenn man das überhaupt so pauschal beschreiben kann!)
Als ich Angelika fragte, woran das liegen könne, wollte sie mich erst gar nicht verstehen. Schließlich meinte sie: »Sie sind alle von den Prinzipien

so stark geprägt, daß sie sich ähnlich geworden sind.« Mit dieser Antwort hatte ich nicht gerechnet. Ich war wie vor den Kopf geschlagen. Wie sollte eine Lehre einen Menschen in der Konstitution verändern können?! Angelika wich einem weiteren Gespräch aus und begrüßte nach allen Seiten hin Bekannte.
Gegen 10.00 Uhr begannen die ersten Vorträge. Ich möchte sie hier kurz skizzieren. Die Themen wurden in je 2 Stunden behandelt. Ich kann nur schwerpunktmäßig wiedergeben, was mir auffiel:

1. Der Weg zum Ideal der »V. K.«

Der Mensch fühlt in sich den Widerspruch von Gut und Böse. Auch ist er vielen Schwankungen unterworfen durch Beeinflussung von anderen, von der Mode, von den verschiedensten Informationsquellen ...
Der Hauptgrund hierfür ist sein Wunsch nach Anerkennung und Liebe. Er möchte akzeptiert werden und verfällt daher leicht einem Opportunismus und geistiger Gelegenheitsarbeit.
Unser Wunsch geht jedoch mehr dahin, daß wir uns in einer ungeteilten Persönlichkeit zum Positiven hin entwickeln und ein persönliches Urteilsvermögen bekommen.
Diese Einheit der ungeteilten Persönlichkeit baut sich folgendermaßen auf:

Verstand ⟶ strebt nach Wahrheit

Wille ⟶ strebt nach dem Guten

Gefühl ⟶ strebt nach Schönheit

Geist und Körper bilden eine Einheit und stehen in enger Wechselbeziehung. Unsere Lebensaufgabe liegt nun sicher nicht darin, daß ein Bereich überhandnimmt und etwa der Körper den Geist regiert. In dem Fall würden wir uns vielleicht jahrelang ausbilden lassen, um schließlich nur unsere körperlichen Bedürfnisse befriedigen zu können.
Aber auch der geistige Bereich kann falsch verstanden werden, indem man etwa Religion nur gleichsetzt mit Meditation, Selbstdisziplin, Askese, korrekter Lebensführung.
Die Aufgabe der Religion sollte vielmehr darin liegen, Trennungen zu überwinden. Sie sollte nicht in erster Linie auf ein Leben nach dem Tode vorbereiten oder ein egoistisches Heilsbedürfnis befriedigen ...
Wenn wir weiterfragen, was in uns steckt, was unser Menschsein ausmacht, stoßen wir auf drei Bereiche:

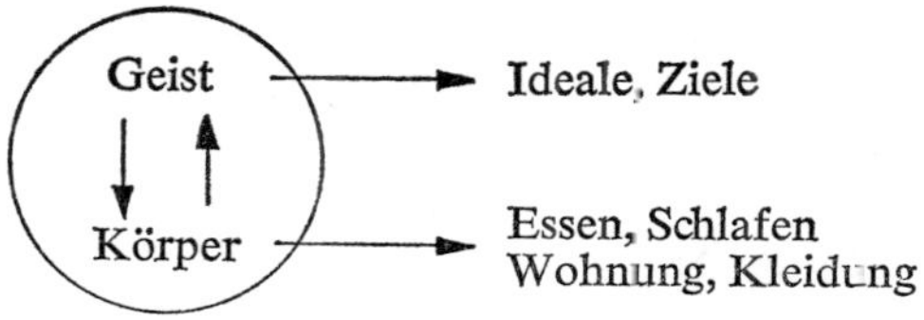

Die *innere* Schönheit zeichnet sich dadurch aus, daß man ein begierdeloses Verhältnis zu jemandem haben kann. Das ist aber erst dadurch möglich, daß wir unseren Wert nicht durch andere, sondern in uns selbst haben.
Es ist aber nun sicher nicht das Ziel unserer Sehnsüchte, diesen Wert in uns, bei uns, für uns allein zu behalten. Freude empfinden wir erst dann, wenn wir mindestens zu zweit zusammen sind und uns austauschen können. Dieser Austausch wird allerdings erst sinnvoll durch die Beziehung zu Gott.

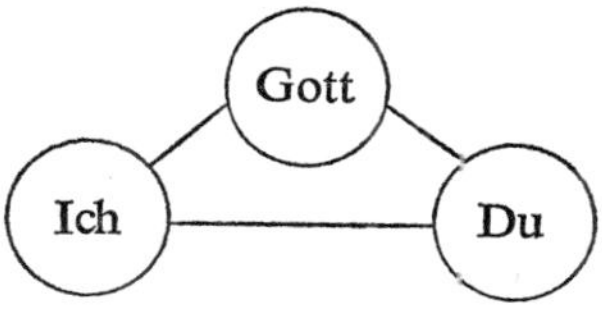

Bei der Frage nach Gott kommen uns vielleicht folgende *Fehl*vorstellungen:

Er ist – ein spiritistisches Erlebnis
– ein geistiges Phänomen
– ein aufbauschendes Gefühl
– ein Gotteserlebnis des einzelnen

Eines können wir wohl positiv feststellen: Wenn jemand eine Beziehung zu Gott hat, so zeigt sich diese in der Lebensführung und Harmonie seiner Persönlichkeit. Durch die Harmonie, die sichtbar wird, zeigt er seine innere Welt, macht er seine Beziehung zu Gott sichtbar.
Wir kennen noch eine weitere Möglichkeit, Gott näherzukommen: durch die Liebe. Erst durch die Liebe werden positive Beziehungen zu Menschen möglich. Die Fähigkeit zu lieben, müssen wir jedoch erwerben. Die ersten und wichtigsten Erfahrungen machen wir in der Familie. Da Gott die Liebe ist, ist die Familie die Zelle, der Lebensraum, der Transformator für die Liebe Gottes.
Wechselbeziehungen der Liebe:

Eltern – Kinder	Elternliebe	} von Gott
Kinder – Eltern	Kindesliebe	
Mann – Frau	eheliche Liebe	

Die Liebesfähigkeit entwickelt sich erst allmählich. Erst, wenn die Eltern ihre Kinder lieben, antworten diese mit ihrer Kindesliebe und sind später fähig zur ehelichen Liebe, die die beiden anderen Stufen in sich schließt.
So erfahren wir, daß sich Liebende untereinander ganz verschieden ver-

halten können. Obwohl sie in der Regel beide erwachsen sind, stehen sie sich nicht immer auf gleicher Ebene als Mann und Frau gegenüber. Mal behandelt der Mann die Frau väterlich, wie eine Tochter; mal fühlt er sich als Sohn und fordert ihre Mutterliebe heraus . . .
Auf der Basis der Liebe können wir miteinander austauschen und den Kindern unsere Tradition und eine sinnvolle Lebensführung vermitteln. Vor allem durch die Religion soll der Mensch eine Beziehung zur Schöpfung Gottes und damit zu den verschiedensten Werten bekommen . . .
Soweit die Idealvorstellungen, wie Gott sich den Menschen gedacht hatte.
Bis hierher konnte ich gut folgen. Neue Lehren waren mir nicht aufgefallen. Mich beschäftigte nur etwas, warum die Liebe so sehr auf Familie und Partnerschaft beschränkt wurde. Auch fragte ich mich, wie das Menschenbild – Geist und Körper – gemeint sein konnte.
Nach einer Pause folgte der zweite Vortrag:

2. Die wahre Auslegung der Sündenfallgeschichte

Wir kennen alle die Geschichte von Adam und Eva, die von verbotenen Früchten gegessen hatten.
Zu der Erzählung ergeben sich spontan folgende Fragen:

- Ist die Frucht wirklich oder symbolisch?
- Sind die Bäume wirklich oder symbolisch?
- Ist die Schlange wirklich oder symbolisch?
- Was ist böse? Was mir schadet?
- Was ist gut? Was mir nützt?

Die ersten drei Fragen können wir schnell beantworten. Wir wissen heute, daß die Bilder symbolisch gemeint sind. Und zwar sind die beiden Bäume Symbol für den vollkommenen Adam (Baum des Lebens) und die vollkommene Eva (Baum der Erkenntnis). Adam und Eva sollen sich auf diese Urbilder der Vollkommenheit hin entwickeln. Durch die Liebe Gottes werden sie zu dieser Entwicklung geführt und angetrieben.
Zur Sünde konnten Adam und Eva nur verführt werden durch eine Kraft, die genauso stark war wie die Liebe Gottes. Diese gleichstarke Kraft ist ebenfalls die Liebe, allerdings die mißbrauchte sexuelle Liebe. »Luzifer verführte Eva zum Ehebruch, und da Eva auf seine Verlockungen eingegangen war, fiel sie in ihrer Entwicklung geistig und körperlich weit zurück. Durch unerlaubte sexuelle Kontakte mit Adam (diese wären ihm erst in der Vollendungsstufe erlaubt gewesen) zog sie diesen zu sich herab.« (Tong-Il-Kyo S. 18)
Die Schlange ist also das Symbol für Luzifer und die Frucht Symbol für die mißbrauchte Liebe Evas zu Luzifer und zu Adam.
»Beim ›Austausch der Elemente‹ war Evas Blut durch Luzifer befleckt worden, und Adam und Eva erhielten auf diese Weise Kenntnis von Gut

und Böse. Luzifer, wegen seiner Tat von Gott verstoßen, wurde zu Satan, und das erste Menschenpaar war nun dazu verdammt, die Verunreinigung des Blutes auf alle nachfolgenden Generationen weiter zu übertragen. So sind auch die heutigen Menschen noch Satans Nachkommen.« (Tong-Il-Kyo S. 18)

Soweit die Sündenfallehre. Sie war mir neu, und ich war erstaunt über die Auslegung. Der Redner konnte die Einzelheiten verblüffend gut mit Bibelstellen belegen. Leider hatte ich keine Bibel zur Hand und keine Zeit, um nachzuprüfen. Aber auch so gefiel mir die Auslegung ganz und gar nicht. Meiner Meinung nach bestand die Ursünde des Menschen darin, daß er so werden wollte wie Gott. Er wollte selber entscheiden, was gut und böse ist und, unabhängig von Gott, eigenmächtig handeln.

Am Nachmittag folgte der dritte Vortrag. Er war diesmal für alle Tagungsteilnehmer, weil er sehr wichtig war und nicht oft genug gehört werden konnte.

3. Die Mission Jesu

Jesus wollte uns von der Schuld Adams und Evas erlösen. Gott hatte schon mehrere Versuche unternommen, den alten Zustand des Paradieses wiederherzustellen. Noah, Abraham, Mose und andere waren dazu bestimmt, aber es gelang ihnen nicht. Immer mußten 2000 Jahre vergehen, bis Gott einen neuen Versuch unternahm. Diese Gesetzmäßigkeit will Mun herausgefunden haben. Vor knapp 2000 Jahren nun sandte Gott Jesus in die Welt.

Was sollte geschehen, damit Jesus seine Mission erfüllen konnte?

Jesus sollte wiederherstellen und vollenden, was Adam und Eva zerstört hatten: Ein vollkommenes Menschenpaar, das sündlose Kinder zur Welt brachte, d. h. die vollkommene Familie zum Segen der Menschheit.

Die Juden glaubten Jesus nicht, und so mußte er seinen Leidensweg gehen. Er hat nicht versagt, sondern die Juden haben ihm nicht die Möglichkeit gegeben, seine Mission zu erfüllen trotz der Vorbereitung in 2000 Jahren. Jesus kam nicht, um zu sterben, sondern um zu erlösen!

Wie hätte nun dieses Erlösungswerk ausgesehen, wenn alles so gekommen wäre, wie es sein sollte?

Wie wir schon hörten, erschuf Gott »... einen Mann, Adam, für den er eine Frau, Eva, machte. Gott mußte also zuerst einen Mann in Adams Position und durch ihn eine Frau in Evas Position wiederherstellen. (»Endlich hätten die Frauen auch ein Vorbild gehabt«, Zitat von Wolfgang.) Adam und Eva sollten mit dem Segen Gottes heiraten und somit die vollkommenen Eltern der Menschheit sein. Jesus, der an Adams Stelle kam, sollte eine Braut nehmen, die in Evas Position stand. Wenn die Ehe Jesu verwirklicht worden wäre, dann wären Jesus und seine Braut die ›wahren Eltern‹ der Menschheit geworden. »Wegen seines frü-

hen Todes konnte er die Mission der gesegneten Hochzeit nicht erfüllen« (Sf., S. 104).
Die eigentliche Erlösung steht also noch aus. Nach der Gesetzmäßigkeit Gottes müssen erst wieder 2000 Jahre vergangen sein, bis Gott einen neuen Versuch unternehmen kann. Diese Zeit ist bald vorüber. Wir leben also in der Zeit unmittelbar vor unserer möglichen Erlösung. Um die Welt wiederherzustellen, braucht Gott Menschen, derer er sich bedienen kann. Uns alle spricht er an. Wir sollen den Willen Gottes erkennen und seine Aufgaben erfüllen. Die Verantwortung trägt Gott zum allergrößten Teil selber . . .
Wer der Messias sein soll, wurde nicht gesagt. Sicher war nur, daß Jesus nicht aus den Wolken wiederkommen würde, wie die Kirche lehrte. Jemand anderes würde die Mission erfüllen, da Gott niemals jemanden, der versagt hatte, zum zweiten Mal zu solch einer Aufgabe beruft.
Mit meinem logischen Verstand konnte ich den Ausführungen gut folgen. Die Lehre erschien mir sogar recht reizvoll, denn warum sollten wir, wie die Kirche lehrte, Christus unbedingt auf seinem Leidensweg nachfolgen. Eine Lehre, die Leiden und Kreuz »anbietet«, wirkt doch nicht gerade anziehend.
Erst nach längerem Nachdenken und Suchen ging mir auf, wo die besondere Bedeutung des Leidensweges liegen konnte: Jesus wollte sich in allem, die Sünde ausgenommen, den Menschen solidarisch zeigen, damit sie auch in ihren größten Nöten seine Liebe erfahren konnten. Selbst den Tod hat er überwunden.
Was setzte die neue Lehre dagegen? Nur einen Heilsweg für die Menschen, die lebten und fähig waren, den Weg der Erlösung zu gehen und das Ziel der Vollkommenheit zu erreichen.
Die »V. K.« hatte meine Sympathien verloren. In meinen Gesprächen mit den Mitgliedern erfuhr ich keine Neuigkeiten oder Erklärungen. Meistens konnte man meinen Bedenken nichts entgegensetzen, und man riet mir, die Prinzipien mal gründlich zu studieren und mit der Bibel zu vergleichen.
Nach diesen Erlebnissen hatte ich mir fest vorgenommen, ähnlich aktiv zu werden wie die Mitglieder der V. K., allerdings um den Gefahren der Jugendreligionen entgegenzuwirken.
Wenn die V.K. schon mehrere Millionen Mitglieder gewonnen hatte und ungehindert weiter missionieren konnte, schien die Öffentlichkeit noch wenig über diese Sekte zu wissen oder ihr zumindest recht harmlos oder gleichgültig gegenüberzustehen. Sicher bekam man nur einen Schrecken, wenn sich Kinder aus der eigenen Familie plötzlich entschlossen, ihr bisheriges Leben liegen und stehen zu lassen und sich völlig der V.K. anzuschließen.
Mich haben die Erfahrungen mit der V. K. dermaßen erschrocken, daß ich nicht gleichgültig bleiben kann. Das Wirken der Sekte erscheint mir

wie eine Epidemie, die einen kranken Körper, unsere Gesellschaft, befallen hat und dort einen hervorragenden Nährboden findet, um sich ungehindert auszubreiten. Diese Krankheit kann nur bekämpft werden, wenn der Körper Abwehrstoffe entwickelt und sich von innen her selber regeneriert, so daß er nicht mehr anfällig ist.

Aber wie soll so etwas geschehen?

Der erste Weg, der naheliegt, ist die Information der Öffentlichkeit und die Einrichtung von Beratungsdiensten in diesem Bereich. (Die Priester und Jugendleiter könnten sich z. B., ähnlich wie in Taizé, zu bestimmten Zeiten in ihre Kirchen setzen und der Bevölkerung für Gespräche über Lebensprobleme zur Verfügung stehen.)

Darüber hinaus sollten »Zellen« entstehen, in denen Jugendliche die Möglichkeit haben, zur Besinnung zu kommen und ihre Orientierung im geistig-seelischen Bereich zu finden. Ich denke hier vor allem an ein Beispiel, das ich selber kennengelernt habe und das mich sehr angesprochen hat: Die »OJC« in Bensheim (Offensive Junger Christen), eine Großfamilie, die jungen Leuten die Möglichkeit bietet, ein Jahr lang mit ihnen zu wohnen, zu arbeiten, Gespräche zu führen und zu erfahren, was es heißt, sein Leben vom Christentum her auszurichten.

Ich war selber nur zwei Wochen in der OJC, aber ich glaube sicher, daß junge Leute durch solch ein Jahr in der OJC viel gewinnen können (wenn sie wollen): Sie bekommen geistiges Handwerkszeug für ein gelebtes (!) Christentum und gewinnen durch den intensiven Umgang mit anderen jungen Leuten eine bessere Ausgangsbasis für ein selbständiges Leben. Solch ein Jahr in der OJC kostet nichts, da die Großfamilie ganz von Spenden getragen wird ...

Eine andere Bewegung, die vielleicht noch zu wenig bekannt ist, ist die »Charismatische Erneuerungsbewegung«, eine tief christliche »Blüte«. Hier braucht man nicht Mitglied zu werden, man braucht sich nicht von der bisherigen Überzeugung zu distanzieren oder Eltern und Freunde verlassen, und trotzdem besteht die Möglichkeit, intensiv in eine Gemeinde hineinzuwachsen.

Es geschieht also schon einiges, was den Jugendreligionen an Attraktivität nicht nachsteht. Aber das echte Christentum verspricht leider keine vollkommene Welt, erklärt das Kreuz nicht zu einem großen Mißgeschick und kann nicht die letzten Geheimnisse so klar enträtseln, wie es die V. K. zu können vorgibt. Von den Zielen her gesehen, muß sich daher jeder selber entscheiden, was er für sinnvoller und glaubwürdiger hält.

Michael Rösel
Meine Begegnung mit der Vereinigungskirche und ihre Folgen für mich

Im Herbst 1972 begann ich mit dem Studium des Maschinenbaues an der Technischen Hochschule in Aachen. Zuvor hatte ich eine dreijährige Ausbildung als Textilingenieur abgeschlossen. Da mich jedoch der Bereich der Forschung sowie die nähere Beschäftigung mit der Konstruktion von Maschinen interessierte, entschloß ich mich zu dem Zweitstudium.

Nach kurzer Zeit meines Aufenthaltes in Aachen sprach mich ein Mitglied der (sich damals noch so nennenden) »Gesellschaft zur Vereinigung des Weltchristentums« an, einer für mich völlig neuen religiösen Gruppe. Das junge Mädchen, das ich damals als erste Kontaktperson sprach, stellte mir kurz die Gemeinschaft vor, woraus ich entnahm, daß es sich um eine Bewegung handle, die überkonfessionell versucht, die verschiedenen Kirchen weltweit zusammenzuführen. Das muß etwas Vernünftiges sein, so reagierte ich spontan und ohne Vorurteile, denn ich glaubte an Gott, und das Nebeneinander der verschiedenen Konfessionen war für mich etwas, das Gott sicher nicht gewollt hat. Da die Gruppe damals den Namen christlich für sich beanspruchte, war ich offen für das, was sie sagten und begann, mich für diese Bewegung zu interessieren.

Junge Leute, die nett aussahen, freundlich und offen mit mir sprachen und sich ganz für die Interessen ihres Glaubens einsetzten, das war für mich etwas Neues und Anziehendes. Für eine Sache, eine Aufgabe, einen Menschen ganz da sein zu können, ganz von etwas erfüllt zu sein, das war auch mein Wunsch. Diese jungen Menschen schienen erfüllt zu sein von ihrem Glauben. Obwohl mir mein Studium Freude machte und einen erstrebenswerten Beruf in Aussicht stellte, war ich unausgefüllt. Auch die kameradschaftlichen Verhältnisse zu anderen Studenten und der Sport, den ich betrieb, konnten nicht voller Lebensinhalt sein. Selbst mein Glaube half mir wenig, denn er war damals mehr von einem Suchen nach Gott bestimmt als von der inneren Gewißheit der lebendigen Nähe Gottes und seiner Liebe zu mir. Bis zu diesem Zeitpunkt hatte ich auch keine Gemeinschaft kennengelernt, in der Glaubensinhalte für mich erkennbar das Bestimmende und Erfüllende zu sein schienen und die Menschen bewegte, ihre Überzeugung mit solchem Eifer weiterzugeben. Hier bot sich mir die Möglichkeit an, auf wesentliche Lebensfragen nicht nur Antwort zu finden, sondern diese Antworten auch anderen mitzuteilen und damit für andere da sein zu können.

Ein weiterer Grund für meine positive Reaktion auf das persönliche Gespräch war die Suche nach menschlicher Geborgenheit. Ich hatte ein sehr gutes Verhältnis zu meinem Elternhaus gehabt. Durch die räumliche Entfernung von zu Hause war dieses nur noch sehr beschränkt aufrecht

zu halten. Es ergab sich dadurch ein Bedürfnis nach einer engeren Gemeinschaft an meinem Studienort. Die Atmosphäre an der Hochschule aber war weitgehend unpersönlich, und die vielen Kontakte mit anderen Studenten – mir fiel es nicht schwer, Anschluß zu finden – gaben mir nicht das, wonach ich suchte: Nicht eine oberflächliche Art von Geselligkeit oder reine Interessengemeinschaft, sondern ein Miteinander, in dem man sich zu Hause fühlen konnte, in dem man mitgetragen wurde und selbst mittragen konnte. Dazu kommt, daß ich von der Mitarbeit in einer sozial und politisch engagierten Gruppe während meiner Textilingenieurausbildung enttäuscht worden war.
So ließ ich mich beim zweiten Gespräch mit einem jungen Mann der Vereinigungskirche in die Wohnung einiger Mitglieder einladen. Dort wurde mir in verständlicher Weise vorgetragen, wie Gott, seine Schöpfung und sein Verhältnis zu den Menschen sowie das Verhältnis der Menschen untereinander zu verstehen seien. Die graphischen Darstellungen, die das Ganze veranschaulichten, waren für mich als Ingenieur natürlich besonders ansprechend, und überhaupt hörte sich alles sehr logisch und überzeugend an. Noch nie hatte ich mit jemandem so sachlich über diese Fragen gesprochen, und sie interessierten mich, denn ich glaubte an Gott und las auch ab und zu in der Bibel. So genau hatte mir noch nie jemand über Schöpfung, Sündenfall und Wiederkunft Jesu – Themen, die für mich recht im Dunkeln lagen – etwas Konkretes sagen können. Hier schien es mir, als könnte gerade hinter diese Dinge ein wenig Licht fallen, über die die Bibel ja wenig präzise Aussagen macht. Was meine Offenheit der neuen Lehre gegenüber noch erhöhte, war der Gedanke, daß viele Juden, besonders die gesetzestreuen, Jesus, als Jesus auf Erden lebte, nicht als den Sohn Gottes erkannten; ich wollte mich bewußt nicht auf mein religiöses Wissen oder eventuell festgefahrene Glaubensvorstellungen der Kirche verlassen. Da die Gruppe sich nicht grundsätzlich gegen die christlichen Kirchen äußerte und energisch abstritt, eine Sekte zu sein, war für mich der Weg offen, mich mit dieser Lehre zu befassen. Ja, ich war begeistert, hier eine Gemeinschaft gefunden zu haben, in der ich für mich selbst, mein Studium, meine Begabungen und Veranlagungen einen Sinn zu finden glaubte, in der ich ernst genommen wurde und in der einem der Raum gegeben wurde, sich so zu entfalten, wie es einem als einzelnem gar nicht möglich ist. So vereinbarte ich, jede Woche einmal mich mit einem Mitglied der Gruppe zu treffen, um zunächst ihre Lehre zu studieren. Denn trotz des so verlockenden Angebots an Gemeinschaft war es für mich ganz wichtig, erst einmal das kennenzulernen, was sie glaubt und vertritt und worin sich dies von meinem bisherigen Glauben unterschied.
Ich möchte nun kurz auf die wesentlichen Inhalte dieser Lehre eingehen, die für mich entscheidend waren, um später den Unterschied zum rechten Verständnis des Evangeliums und seiner Botschaft erkennen zu können.

Die »Göttlichen Prinzipien«, wie sich das Lehrbuch der Vereinigungskirche nennt, versuchen von der ersten Seite an, Gott und seine Schöpfung in eine Art Schema einzufangen. Die »neue Offenbarung« des Koreaners San Myung Mun macht es möglich, den bis jetzt nicht faßbaren Gott und seine Geschichte mit den Menschen unserem menschlichen Verständnis zugänglich zu machen und damit erst die Voraussetzung zu schaffen für die neue Welt, in der allein Gott regieren kann.
Die Lehre besagt, daß jeder Mensch drei verschiedene Entwicklungsstufen durchlaufen muß. Ziel dieser Entwicklung ist der vollkommene Mensch, der sich von der ursprünglichen Sünde befreit hat und in ein vollkommenes Verhältnis der Liebe zu Gott tritt. Dann bildet er mit dem Segen des Herrn eine Einheit mit Gott, und der nächste Schritt ist die Schaffung der vollkommenen Ehe aus zwei vollkommenen Partnern. Die Kinder dieser Ehe sind nun nicht mehr dem Gesetz der Sünde unterworfen, und die neue, vollkommene Generation beginnt.
Auch Adam und Eva waren diesem Wachstumsprozeß unterworfen. Doch bevor Eva Vollkommenheit erreichte, trat sie in geschlechtliche Beziehung zu Satan und zerstörte damit Gottes Plan. Seitdem versucht Gott in großen geschichtlichen Etappen den Menschen den Weg zurück zur Vollendung zu zeigen.
So ist es auch der Auftrag Jesu, den Menschen zur Vollkommenheit zu verhelfen. Jesus war, so die »Göttlichen Prinzipien«, aufgrund seiner Herkunft frei von Erbsünde und sein Unterschied zu anderen Menschen lag in seiner Mission als Messias, der Satan zu unterwerfen hatte und als erster die Vollkommenheit erreichen sollte. Sein Auftrag sollte nicht nur die Errichtung der Herrschaft Gottes in den Herzen der Menschen sein, sondern auch ein greifbares, sichtbares Königreich. Jesus kam nicht, um zu sterben. Er sollte eine vollkommene Ehe gründen und damit die Basis für die neue Welt schaffen.
Doch als Gott erkannte, so die »Göttlichen Prinzipien«, daß die Juden Jesus nicht anerkannten, ändert ER seinen Plan und entscheidet sich für den Leidensweg Jesu. Gottes Plan scheitert abermals, und das Ringen Jesu auf Golgatha wird als ein Beweis dafür herangezogen, daß Gott und Jesus diesen Weg nicht gewollt haben. Die Kreuzigung Jesu stellt somit ein weiteres Scheitern des Heilsweges Gottes mit den Menschen dar.
Diesen Ausweg, den Gott wählt, sieht Er allerdings schon im Alten Testament vor, was die prophetischen Hinweise auf das Leiden und Sterben Jesu rechtfertigen soll.
In der Auferstehung gibt Gott Jesus den Heiligen Geist, mit welchem er seine Mission geistig erfüllen konnte. Gottes Erlösungsplan geht also weiter mit der neuen Voraussetzung der geistigen Erlösung, die ein Teil der Wiedergutmachung darstellt, die der Mensch erbringen muß, um zu Gott zurückzufinden.
Die letzte Voraussetzung zur Vorbereitung der Herrschaft Gottes ist die

»neue Offenbarung«, die »Göttlichen Prinzipien«, die San Myung Mun erhalten haben soll. Sie offenbart den endgültigen Sinn des Lebens und ermöglicht den Menschen aller Konfessionen den Weg zurück zu Gott. Die Verantwortung für die Schaffung der neuen Welt liegt bei denen, die jetzt als Missionare diese Offenbarung weitertragen.
Was die Erklärung der Schöpfung und des Sündenfalles, die Deutung der Weltgeschichte sowie die Wiederkunft Jesu, auf die ich nicht näher eingehen möchte, anbetrifft, konnte ich mangels genauen Wissens über die Aussagen der Bibel zu diesen Themen wenig Handfestes erwidern. Das Ganze klang für mich logisch und war mit entsprechenden Bibelstellen reichlich untermauert. Was die Bedeutung Jesu anbetraf, machten mich die »Göttlichen Prinzipien« allerdings stutzig. Hier wurde ich zum ersten Mal sehr skeptisch, denn die Aussagen über Jesus widersprachen vollkommen dem, was ich bisher über Jesus wußte. Für mich stellte sich nun die Frage, ob die ganze Lehre verkehrt sei oder die »Göttlichen Prinzipien« wirklich eine neue Sicht des Heilsplanes Gottes ermöglichten. Ich war ratlos, denn vom Verstand und der Art der Gemeinschaft her hätte ich damals zu der Gruppe und Lehre der Vereinigungskirche ja sagen können. Sollte mein bisheriges Glaubensverständnis verkehrt sein?
In dieser Situation begegnete ich einer anderen Gruppe in Aachen, jungen Christen, die sich ebenfalls gemeinsam trafen und die miteinander Themen der Bibel besprachen sowie evangelisierten. In meiner Hilflosigkeit wandte ich mich an einen dieser Gruppe. Ich trug ihm die Fragen, die mich beschäftigten, vor, worauf er mir mit einigen Bibelstellen zu helfen versuchte. Dabei geschah für mich etwas ganz Entscheidendes. Ich erfuhr, daß in der Bibel nicht nur Worte stehen, nicht nur Antworten auf meine Fragen, sondern der Zuspruch Gottes, daß ich ja angenommen bin. Ich durfte über die Beantwortung meines intellektuellen Fragens hinaus die tiefe seelsorgerliche Wirkung des Wortes Gottes erleben, die mich in Beziehung zu Gott brachte, der in seinem Wort zu finden ist.
Für mich war das Lesen der Bibel plötzlich nicht mehr ein Umgang mit einem Buch, einer Lehre, einer Ideologie, sondern mit Gott selbst.
Plötzlich wurde mir klar, daß das Finden Gottes nicht vom Studieren irgendwelcher Prinzipien und dem Streben nach Vollkommenheit abhängig war, sondern von der Gnade Gottes, durch die ich in ein persönliches, lebendiges Verhältnis zu Gott kommen kann. Dazu ist nicht meine Leistung erforderlich, sondern allein das Öffnen des Herzens, das ehrlich Gott sucht.
Diese Erfahrung, ein lebendiges Gegenüber zu haben, das mich liebt, war für mich unendlich befreiend. Welch ein Unterschied! Dort ging es um das Verständnis, die Entscheidung und Erfüllung einer Lehre, einer Ideologie; hier ging es darum, sich dem lebendigen Gott zu stellen, der sich in seiner Liebe, die er in Jesus Christus allen zeigen wollte, uns schon längst zugewandt hat.

Diese Erfahrung sowie die große Liebe, die mir in der christlichen Gruppe entgegengebracht wurde, halfen mir, mich sofort von allen Kontakten mit der Vereinigungskirche zu lösen. Durch das anschließende Bibelstudium, das ich mit großer Freude betrieb, wurde mir jetzt erst klar, wie in den »Göttlichen Prinzipien« das Wesentliche des Evangeliums, nämlich die Erlösungstat Jesu am Kreuz, verdreht wird. Paulus schreibt im Korintherbrief, daß das Wort vom Kreuz eine Torheit für die ist, die verloren werden, aber eine Gotteskraft für die, die selig werden. Das Kreuz ist eine Torheit für den Verstand des Menschen, aber die Rettung für die, die daran glauben.

Das Kreuz Jesu ist logisch nicht zu erfassen. Die kostbare Gnade Gottes, die mir in dem Jesus, der für mich am Kreuz stirbt, zuteil wird, ist unbegreiflich, und mein Verstand und mein Suchen nach einem erfüllten Leben allein können damit nichts anfangen. Für den aber, der sich als Sünder vor Gott erkennt und ihm stellt, der merkt, daß er ja ein Leben ohne Gemeinschaft mit Gott führt, wird dieses Kreuz zur Rettung und zum Heil und zum einzigen Weg zum ewigen Leben. So brauche ich mich nicht mehr meiner Unvollkommenheit zu schämen, denn ich habe ja Jesus Christus, der mir von Gott zur Weisheit und zur Gerechtigkeit, zur Heilung und Erlösung gegeben ist.

Heute bin ich dankbar für den Glauben, den ich vor meiner Begegnung mit der Vereinigungskirche hatte, denn er ließ mich im entscheidenden Moment skeptisch werden. Jedoch wurde mir auch klar, daß Glauben haben nicht nur meint, ein Wissen dessen zu haben, daß es einen Gott gibt, daß Jesus gelebt hat. Es gibt viele Menschen, die zugeben, daß sie an Gott glauben, wie ich es auch getan hatte, dabei aber einer gefährlichen Religiosität unterliegen, die wenig mit der lebendigen Gemeinschaft mit diesem Jesus zu tun hat, der uns heute in der Bibel, im Gebet, in der Gemeinschaft von Christen begegnet. Unter Glauben darf ich heute ein wenig das dankbare Festhalten an den Jesus verstehen, der in der Bibel als der bezeichnet ist, der sich unser annimmt, dessen Frieden ich erfahren kann, und dem im Gebet ein offenes, hörendes Herz zu schenken sich lohnt. Dann wird Glauben zu dem vertrauensvollen und befreienden Hinwenden an den, der mich zur Umkehr ruft und zur Nachfolge auffordert. Dieser Glaube ist es, der mir das geschenkt hat, wonach ich gesucht hatte.

Nach dem Abbruch meines Zweitstudiums und der eineinhalbjährigen Tätigkeit als Textilingenieur begann ich, in einem christlich missionarischen Werk (CVJM) mitzuarbeiten. In dieser Zeit erkannte ich immer mehr meinen Auftrag für den Verkündigungsdienst, und so bereite ich mich jetzt auf den Dienst als Prediger und Seelsorger durch eine theologische Ausbildung vor, um anderen Menschen von dem Jesus zu berichten, der uns annimmt und liebt wie wir sind, und der uns mit Gott versöhnt hat.

Renate Hertling
Nach dem Ausscheiden bei den »Children of God«

Erste Frage: Was faszinierte Sie an der Gruppe?

»Ich fühlte mich in meinem Glauben isoliert. Ich sah niemanden, der seinen Glauben besonders ernst nahm oder ihn praktizierte. Ich glaube, es geht vielen jungen Menschen so, wo zwar der Glaube vorhanden ist, er aber nicht gelebt werden kann, weil man denkt, das ist etwas für alte Leute. Oder wenn du das tust, wirst du belächelt. Man fühlt sich allein damit. Und dann trifft man eine solche Gemeinschaft junger Leute, die radikal ihren Glauben praktizieren und denen es egal ist, was andere darüber denken. Die rücksichtslos und brutal ihren Glauben leben. Sie leben haargenau nach der Bibel –, daran kann man kaum etwas aussetzen. Teilen alles miteinander, haben alles gemeinsam. Natürlich muß man da Abstriche machen. In der Zwischenzeit weiß ich, daß die Leiter ein durchaus luxuriöses Leben führen und viel besser dastehen als die kleinen Jünger, die voller Idealismus stecken. Darum glaube ich ja auch, daß kein Mensch so verarscht werden kann wie ein junger Idealist . . .
Ich war von Anfang an irgendwie fasziniert. Es war eine sehr harmonische Atmosphäre. Es war alles freundlich, es waren nur junge Leute, und ich glaubte am Anfang an ein zufälliges Zusammenfinden dieser jungen Christen, die zusammen beteten, eigene Lieder sangen. Erst später habe ich erfahren, daß es sich um die »Kinder Gottes« handelte. An dem ersten Abend, wo ich in dieser Gemeinschaft war, wurde ich aufgefordert, mit ihnen zu beten. Das habe ich auch getan, und ich fühlte mich so wohl in der Gemeinschaft, aber ich ging am Abend noch zurück in mein Hotel. Am nächsten Abend war ich dann wieder dort, und da wurde ich bereits gefragt, ob ich nicht bereit sei, bei ihnen zu bleiben, für immer. Das war natürlich für mich eine große Entscheidung. Abitur aufzugeben, Elternhaus aufzugeben, alles aufzugeben, was ich bisher hatte, war und sein könnte, um hier noch einmal ganz von vorne mein Leben anzufangen. Ich bat dann um eine Bedenkzeit von einer Nacht. In dieser Nacht habe ich dann krampfhaft Argumente gesammelt, weshalb ich nicht dableiben könnte. Unter anderem auch, daß ich Medizin studieren möchte, um anderen Menschen zu helfen. Das alles aber wurde am nächsten Tag als dumm hingestellt oder als das Denken eines Systemiten, das ist das Wort für einen aus dem System, und daß man Jesus nur dann nachfolgen kann, wenn man ihn den ersten Schritt gehen läßt, und nicht so für Jesus lebt, wie man das selbst für richtig hält.
Das alles wurde anhand von Bibelsprüchen bekräftigt und erklärt. Letzten Endes war es oberflächlich einleuchtend. Ich wurde derart beredet, ich

war hundemüde, und es wurde immer weiter auf mich eingeredet, bis ich zuletzt meine Zustimmung gab, hierzubleiben.«

Zweite Frage: Hatten Sie anfangs Schwierigkeiten?

»Die ersten Tage mußte ich Bibelverse auswendig lernen, Briefe von Mose David lesen und lernen. Persönliche Fragen wurden persönlich beantwortet. Es war ständig jemand bei mir, und ich war keine fünf Minuten allein. Ich kam nicht zum Überlegen. Das habe ich auch gesagt. Aber dann wurde gesagt, wenn man Zeit hat nachzudenken, hat auch der Satan Zeit, dir Gedanken einzugeben, und das darf nicht sein. Zugunsten des höheren Ziels, das ich immer noch dahinter sah, war ich bereit, Konzessionen zu machen. Diese Konzessionen werden von Tag zu Tag mehr, und man merkt nicht, daß die Persönlichkeit angeklopft wird und zuletzt verändert. Nach mehreren Tagen durfte ich dann mit auf die Straße, um zu missionieren, das heißt, ich sollte Literatur verkaufen und für die Briefe, die wir auf den Straßen verteilten, wurden Spenden erbeten. Das bringt Unsummen ein. Man stellt sich das nicht so vor, aber pro Tag kommen dreißig bis fünfzig Mark ein, und das ganze Geld wird abgegeben und an die nächsthöhere Organisation weitergeleitet. Es war furchtbar für mich. Es war erniedrigend, die Leute anzubetteln, für dieses schäbige Blättchen Geld zu verlangen. Aber dann wurde eben gesagt, daß es auch Gottes Wille sei, daß man sich ganz verleugnet und alles für Jesus tut. Wenn er halt verlangt, daß man sich demütigt, dann soll man das auch tun. Ich war auch immer und immer wieder bereit, dies um Jesu willen zu tun, meiner Religion wegen zu tun, und habe nicht erkannt, daß ich letzten Endes nicht für Gott arbeitete, sondern für Mose David. Ich habe an dem Tag, als ich mich entschlossen hatte dazubleiben, in meinem Hotel einen Zettel hinterlegt, wo draufstand: »Ich bleibe freiwillig«. Ohne Adresse und Angabe des Grundes, und meine Klassenkameraden sind an diesem Abend zurück nach Hause gefahren. Ich war in einer fremden Hauptstadt allein und hatte als einzigen Anhaltspunkt die Gruppe, bei der ich war, und das band mich natürlich auch viel fester an sie. Von da ging die Sicherheit aus, daß ich einen Schlafplatz hatte, und daß ich zu essen hatte.«

Dritte Frage: Wie gestaltet sich das Leben und Arbeiten in der Gruppe?

»Die ›Kinder Gottes‹ dürfen nicht berufstätig sein. Das ist mit einem Bibelspruch begründet. Und zwar steht in der Offenbarung, daß beim Weltuntergang all die Leute, die registriert sind, zuerst eben Kummer haben werden. Deshalb dürfen sie nirgendwo registriert sein, was ja nötig ist, wenn man einer geregelten Arbeit nachgeht. Sie sind also nirgendwo registriert, sie halten sich auch illegal in diversen Ländern auf, haben kein

Visum und gar nichts. Die Polizei weiß von solchen Fällen, aber weil die jungen Leute so nett sind und für eine gute Sache arbeiten, drückt man an den öffentlichen Stellen ein Auge zu und ahnt nicht, welch schlechten Gefallen man damit der Öffentlichkeit tut...

Sexuelle Freiheit gibt es in dem Moment, wo man mit einem Mitglied verheiratet ist. Innerhalb der Gruppe zwischen Unverheirateten kommt es zu keinen sexuellen Beziehungen. Es wird streng darauf geachtet, daß bei allem Platzmangel Männer und Frauen getrennt schlafen. Die Ehen werden innerhalb dieser Gruppen illegal geschlossen, und es gibt keine Berichte darüber. Und die Babies, die innerhalb der Gruppe in den Schlafzimmern geboren werden, werden nirgendwo registriert. Da sie keine Verhütungsmittel nehmen dürfen, werden laufend Babies geboren. Die Zahl, die mir bekannt ist, liegt bei fünfhundert bis sechshundert. Man kann annehmen, daß es weit mehr sind. Gedanken um morgen darf man sich nicht machen. Deshalb ist man auch in keiner Weise sozial abgesichert. Weder Krankenversicherung, Renten oder Altersversorgung gibt es. Wenn jemand älter wird und nicht mehr auf die Straße gehen kann, verschwindet er halt von der Szene und arbeitet hinter den Kulissen weiter. Man braucht auch dort viele Leute. Leute, die Briefe tippen oder übersetzen oder in der ›Public Relations‹ arbeiten. In den Computerzentren sitzen wohl auch ältere Leute.«

Vierte Frage: Sie sind aus der Gruppe wieder heraus. Wie kam das?

»Ich hatte meinen Eltern gleich am ersten Tag geschrieben und ungefähr beschrieben, was mich in der Gruppe hielt, und daß ich dableiben würde, und sie sollten sich bitte keine Sorgen machen. Daß ich von meinen Eltern so gar nichts hörte, beunruhigte mich etwas. Ich konnte ja nicht ahnen, daß sämtliche Briefe und Telegramme zurückgehalten wurden, und ich bestand darauf, mit meinen Eltern zu telefonieren. Das war gar nicht so einfach. Ich durfte das nur aus dem Haus heraus, wo ich auch lebte, im Beisein vieler anderer Jünger tun, die mich vorher noch einmal regelrecht ins Gebet genommen haben, wo mir einsuggeriert werden sollte, daß ich stark bleiben soll. Aber ich war viel zu aufgeregt, um auf diese Suggestion zu hören. Das Gespräch mit meiner Mutter war aufregend. Sie war hysterisch. Sie weinte am Telefon. Sie war verzweifelt, und ich war noch nicht so abgebrüht, daß das spurlos an mir vorüberging. Ich fühlte mich innerlich hin- und hergerissen und sagte: ›Bitte quäle mich nicht so‹. Aber sie bedrängte mich immer weiter und sagte: ›Nimm deine Papiere, laß alles zurück, hau ab so schnell du kannst, du bist in großer Gefahr. Die lassen dich nicht mehr laufen, die lassen dich nicht mehr gehen‹. Und in dem Moment habe ich auch irgendwie die Gefahr gespürt, und ich konnte die ganze Nacht nicht schlafen vor lauter Angst, man könnte mir etwas antun. Das Verhalten der Gruppe mir gegenüber in dem Moment, wo ich entschlossen und fest sagte, ich gehe morgen, hat sich schlagartig geändert. Sie kümmerten sich überhaupt nicht um mich. Am Anfang suchten sie noch, mich zurückzuhalten und zu überzeugen, aber das klappte dann nicht mehr. Am nächsten Morgen half mir niemand, ein Taxi zu finden oder aus dem Haus herauszukommen oder an die Adresse zu gelangen, die mir meine Mutter gesagt hatte. Ich war völlig auf mich allein gestellt. Ich habe es dann doch mit Hilfe meiner Eltern, die sich auch weiter um mich gekümmert haben, geschafft, da wegzukommen.«

Fünfte Frage: Glauben Sie, daß jemand aus eigener Kraft aus der Gruppe herauskommen kann?

»Ich glaube, daß es aus eigener Kraft niemand schafft, die Gruppe zu verlassen, und daß er es nach einiger Zeit einfach nicht mehr kann. Wenn jemand wie ich, durch äußere Umstände dazu gebracht wird, hat er starke innere Kämpfe in den nächsten Tagen und Wochen zu kämpfen. Und weil einem ja gesagt wird, man hat sich von Jesus und Gott abgewendet, bist du immer der Welt und dem Teufel zugewendet, und damit hat der Teufel wieder Macht über einen. Man ist eben zu schwach gewesen, man ist ein Versager. Jesus liebt dich jetzt nicht mehr, und du gehst den Weg zur Hölle und der Verdammnis oder der Selbstvernichtung. Das wird ihnen auch nahegelegt. Das ist sehr wichtig, daß sehr viele ›Kinder Gottes‹ in dem Moment, wo ihnen das wirklich aufstößt und sie herauswollen, so weit gebracht worden sind, sich selbst umzubringen. Sie stehen weiterhin so stark unter dem Einfluß von Mose David, sie sind absolute Befehlsempfänger, sie sind absolut hörig. Wenn Mose David sie für ein Verbrechen benutzen wollte, könnte er das tun. Und wenn er auf die Idee käme zu sagen, ›in diesen oder jenen Leuten, die gegen euch kämpfen, steckt der Teufel, diesen Teufel müssen wir vernichten‹, dann wären sie auch fähig, einen Mord zu begehen. Man kann sie nicht dafür verantwortlich machen. Sie sind nicht mehr sie selber. Sie haben keine eigene Denkfähigkeit mehr. Es wird ihnen einfach aberzogen.«

IV. Teil: Angebote kirchlicher Jugendarbeit

Der unerwartet große Zulauf zu den neuen Jugendreligionen hat die großen Kirchen und vor allem die für ihre Jugendarbeit Verantwortlichen aufgeschreckt. Ihre erste Reaktion bestand in massiven Warnungen vor Verführern und selbsternannten Propheten, die Jugendliche in Isolation und Abhängigkeit trieben, um sie unter dem Deckmantel der Religion ausbeuten und für ihre Geld- und Machtgier einspannen zu können. Man bemühte sich, über die Organisationen und ihre Werbemethoden zu informieren, entlarvte sie als »Religionsfirmen« und wies ihnen unseriöse Praktiken nach.
Erst nach und nach wurde vielen Vertretern der Kirchen klar, daß die eigentliche Herausforderung durch diese neuen Jugendsekten tiefer geht. Man begann sich zu fragen, welche *Alternativen* haben wir in unserer Jugendarbeit anzubieten? Hier und da wurde Kritik an der allzu bürokratischen, eher verwaltenden denn verkündigenden Ausrichtung der Botschaft Jesu Christi laut, und man fühlt sich selbst angefragt. Auf diesem Hintergrund entstand das folgende Kapitel. Nach längeren Überlegungen zu der Frage, welche Defizite in der eigenen Arbeit von den Jugendsekten abgedeckt oder ausgenutzt würden und wie dem abzuhelfen sei, kamen die Mitarbeiter und Autoren der folgenden Beiträge überein, ausgehend von tatsächlichen Angeboten den Ist-Zustand kirchlicher Jugendarbeit zu beschreiben. Von da aus soll dann deutlich werden, daß und inwieweit man sich z. B. um richtige Formen der Autorität bemüht und sie verwirklicht, ohne blinden Gehorsam zu verlangen, wie die absoluten Führerfiguren jener Sekten. Ganz ähnlich sind die Themenfelder Spiritualität und Beten, Geborgenheit in der Gruppengemeinschaft, Vermittlung von Glaubenswissen und soziale Dienste angesprochen.
Die Alternative der kirchlichen Jugendarbeit zu den Jugendreligionen gibt es nicht! Doch wo immer die Jugendseelsorger sich unter der Umkehrforderung Jesu und dem Auftrag der Befreiung zur »herrlichen Freiheit der Kinder Gottes« wissen und deshalb als selbst suchende und fragende Menschen mit den Jugendlichen auf dem Weg sind, haben sie es nicht nötig, Absolutheitsansprüche zu stellen, an gesetzlichen Gängelbändern zu führen oder die Konkurrenz falscher Propheten zu fürchten. Wenn es uns um die Zukunft, das Leben und den Glauben der nachwachsenden Generationen geht und wir wirklich für sie da sind, stellt sich die Frage nach den Alternativen gar nicht erst.

Klaus Hemmerle
Wir sind gefragt – Jugendarbeit aus dem Evangelium

Es hat sich herumgesprochen: Sonderbare religionsartige Gemeinschaften, oft in bizarren Formen und mit fremdartigem Hintergrund, erzielten einen erstaunlichen Einbruch in die junge Generation. Mancher ist geneigt, dies mit Achselzucken zu quittieren und sich dabei zu beruhigen, daß in »unserer« Gemeinde mit so etwas kaum zu rechnen sei, – bei uns seien andere Probleme wahrlich dringender: der Alkoholismus, die Drogen, die Bindungslosigkeit, das religiöse Desinteresse. Aber das ist es ja gerade. Gerade deshalb kann morgen bei uns aktuell werden, wovon wir uns heute nichts träumen lassen. Und selbst, wenn unsere Zuversicht Recht behielte, es kann uns nicht egal sein, was in der jungen Generation los ist. Die Anlässe, die anderswo Jugendliche den neuen Jugendreligionen zutreiben, bestehen ganz gewiß auch in unseren Zonen und Breiten.
Gut, daß sich kirchliche Jugendarbeit dessen einmal annimmt und sich um Informationen bemüht. Ich selber möchte die Sache einmal von einer anderen Seite anpacken. Ich frage mich nicht: Was steckt bei denen dahinter, die diese Jugendreligionen »machen« oder für sie werben? Mich interessiert hier: Was ist bei uns selber los, daß sich junge Menschen solchen anderen, solchen im Grunde keineswegs naheliegenden Angeboten zuwenden und dort etwas zu finden glauben, was sie von Kirche und kirchlicher Jugendarbeit nicht erwarten? Insofern scheinen mir die paar Prozent, die sich den Jugendreligionen anschließen, eine ernste Anfrage an uns, eine Herausforderung für uns selber zu sein.

Wir sind gefragt

Wir sehen sie tanzen und singen, unbefangen und mitunter gar ekstatisch ihren eigenen Stil ausprägen, anstelle einer bloß verkopften Religion erfahren sie die Schwingung ihrer ganzen Existenz. In unserer rationalisierten Gesellschaft mit Leistungsdruck und Stellenangst, mit regulierten Laufbahnen und einem übermächtigen Apparat kommt das Menschliche des Menschen zu kurz. Und so bricht es sich unversehens, absonderlich, aber elementar seine Bahn. Ob solcher Ausbruch das Leben wirklich menschlicher macht, steht freilich auf einem anderen Blatt. Aber die Anfrage bleibt: Erfährt die junge Generation bei uns eine Religion für den Menschen, für den ganzen Menschen?
So wenig es uns mehr gelingt, allein zu sein, ohne daß uns ein anderer dreinredet, dreinfunkt oder dreinsingt, so sehr der Informations- und Kommunikationskrebs wuchert: die Isolation wächst. Und viele sind krank an ihrer Einsamkeit. Menschen brauchen Geborgenheit, Gemeinschaft, Atmosphäre. Wir haben die Lagerfeuer der Jugendbewegung ausgeblasen. Das Schummerlicht der Diskothek allein ersetzt sie nicht.

Die Magie der Gruppe, der unverbrüchlichen Gemeinschaft schlägt bei den Jugendreligionen junge Menschen in ihren Bann. Wie dauernd und wie tief solche Gemeinschaft zu binden und zu bergen vermag, steht dahin. Aber die Anfrage bleibt: Wo ist bei uns Gemeinschaft, die einlädt, erfüllt und trägt?
Als der Herr des Weinberges um die elfte Stunde auf den Marktplatz kam, da traf er auf solche, die immer noch herumstanden. Und er fragte sie: »Was steht ihr den ganzen Tag müßig?« Und sie antworteten: »Niemand hat uns gedungen.« Die heute am Rande stehen, die heute herumstehen, die jungen Menschen, die auf unsere Einladungen und Angebote nicht reagieren, bekommen großenteils den Anspruch nicht zu spüren, sehen nicht das Ziel, das den ganzen Einsatz lohnte. Und so warten sie auf den, der ein radikaleres Engagement ihnen abverlangt. Ist es nicht betreffend zu sehen, wie da auf einmal bei den Jugendreligionen junge Leute bereit sind, ihren Beruf an den Nagel zu hängen, streng zu fasten, sich jede Art von Opfer und Verzicht aufzuerlegen? Gewiß bleibt offen, ob solche Radikalität nicht nur ein Rausch ist, dem die bittere Ernüchterung folgt. Aber die Anfrage bleibt: Haben wir mit unserer Religion der Entschuldigung und der Ermäßigung nicht den Ernst des Evangeliums und nicht den Hunger des Menschen nach totalem Einsatz verhütet?
Wir glauben an ein ewiges Leben und an ein endgültiges Heil. Aber wir hoffen, daß es möglichst nicht zu bald hereinbricht. Und so brauchen wir uns nicht zu wundern, daß den meisten der Spatz in der Hand lieber ist als die Taube auf dem Dach. Die Erfahrungen der Angst, des Unsinns, des Unheils sind für viele so dicht und drängend, daß ein Sinn, der erst später kommt, ihnen zu spät kommt. Gerade darum haben die Verheißungen der neuen Religionen auf die unmittelbar bevorstehende Epoche einer neuen, verwandelten, heilen Welt eine solche Faszination. Vermutlich ist die Stunde nicht zu fern, daß solche Propheten sich als Lügner oder Phantasten erweisen. Aber die Anfrage bleibt: Glauben und bezeugen wir vital genug, daß Gottes Zukunft in unserer Gegenwart schon anfängt? Haben wir den Mut, schon jetzt aus der Freude und der Freiheit des Endgültigen zu leben?

Und unsere Antwort?
Nichts wäre törichter als nur zu reagieren oder gar zu resignieren. Gewiß, Gott gibt uns keine Erfolgsgarantien. Und der sicherste Weg, statt der Frucht einen bloßen Effekt und vielleicht nicht einmal ihn zu erzielen, wäre eben Effekthascherei, wären billige Anbiederung und Anpassung. Natürlich wäre genauso gefährlich, zum Rückzug zu blasen, uns selbstgerecht und mißmutig aufs Evangelium von der kleinen Herde zu versteifen und die Fragen zu ignorieren, die Gott uns dann durch den Erfolg der anderen stellt, wenn wir sie nicht zuvor von ihm aus dem Evangelium uns haben stellen lassen. Ich bin indessen überzeugt, genauer gesagt, ich

habe es vielfältig erfahren: Das Evangelium ist Antwort, ja es ist sogar mehr als Antwort, es ist Magnet. Magnet, der allerdings erst dann anzieht, wenn wir uns von ihm anziehen lassen.

Genau da liegt der Anfang, der erste Schritt. Er heißt: Ich – ob ich Pfarrer oder Kaplan bin, Jugendführer oder Jugendpfleger oder ganz einfach einer unter anderen – muß Gott lieben aus ganzem Herzen und aus allen meinen Kräften und um seinetwillen auch den Nächsten: diese Jugendlichen, gleichviel ob sie prima Kerle oder schräge Typen sind. Ich werde so Herz mitbringen und Klarheit, Sympathie und Phantasie, Wärme und Nüchternheit. Ich werde zuhören können und etwas zu sagen haben. Ich werde alles geben und nichts erwarten. Ich werde freilassen und dem anderen doch die Chance geben, alles aus sich herauszuholen. Ich werde klar fordern und doch geduldig sein ohne Limit. Freilich passiert eine ganze Zeit nichts. Aber dann schenkt sich doch der zweite Schritt. Ich werde auf einen anderen stoßen, auf einen, der mitmacht. Und dann müssen wir eine lebendige Zelle bilden. Wir werden uns ganz konkret auf das Evangelium einlassen, Wort für Wort in die Tat umzusetzen suchen und uns über die Erfahrungen austauschen, die wir damit machen, in aller Diskretion und Offenheit zugleich. Wenn es Schwierigkeiten zwischen uns gibt, werden wir uns erinnern, daß wir nicht auf die Sympathie zueinander bauen, sondern auf eine Liebe, wie Jesus geliebt hat – und er hat sein Leben nicht nur für die Sympathischen hingegeben. Vergebung, aufeinander warten, neu anfangen, das wird eine wichtige Rolle spielen. Dann werden wir miteinander beten können, im Vertrauen darauf, daß zweien, die einmütig um eine Sache bitten, der Vater sie ihnen geben wird. Und es werden uns andere Jugendliche gegeben werden. Denn in unserer Mitte ist noch einer, und er ist der Magnet. Wir werden erkennen, daß Jesu Wort eine Wirklichkeit ist: Wo zwei oder drei in meinem Namen versammelt sind, da bin ich mitten unter ihnen. Wir werden auch den scheinbar naiven und verrückten Glauben aufbringen, daß der Jesus in unserer Mitte und der Jesus in der Institution Kirche ein und derselbe Jesus ist. Wir werden so nicht zu dem fatalen Urteil kommen: Mit diesem Pfarrer, mit diesem Kaplan ist nichts anzufangen. Sondern wir werden auf ihn zugehen, unenttäuschbar, unbeirrbar.

Dann kommt der dritte Schritt, das, was man Jugendarbeit nennt. Es wird die Jugendarbeit sein, wie sie getan wird, die offene und die verbandliche – und doch wird sie von innen neu. Sie wird zwei Gangarten kennen, und wir werden uns immer für beide zugleich offenhalten müssen: Jugendarbeit auf das Evangelium zu, Jugendarbeit aus dem Evangelium.

Jugendarbeit auf das Evangelium zu: Wir werden den Menschen nicht Jesus und die Kirche über den Kopf stülpen, sondern sie nehmen, wie sie sind, sie abholen, wo sie sind. Wir werden nicht *sie* daran messen, ob sie ein unverkürztes und unverbogenes Ja zur Kirche, ihren Dogmen und

Verpflichtungen sagen, wohl aber werden wir *uns* daran messen, ob wir in jede Begegnung den Herrn, der zwischen uns lebt, mitbringen, auch ohne daß wir von ihm reden. Gerade so werden die anderen zu fragen beginnen, eines Tages auch nach dem Evangelium fragen. Und dort werden sie finden mehr als das, was die Jugendreligionen verheißen können.
Jugendarbeit aus dem Evangelium: Sie wendet sich an jene, die bereit sind, mit uns ausdrücklich lebendige Kirche, neue Gesellschaft, verwirklichtes Evangelium zu sein. Oft ist ein direktes, geradezu schockierendes Ansprechen heilsam und befreiend. Ich kenne viele, die so plötzlich wie aus einem Traum aufgewacht sind und eine Freiheit, eine Freude fanden, an denen sie ohne einen solchen »Rippenstoß« jahrelang, vielleicht ein Leben lang, vorbeigestolpert wären. Gemeinsames Leben aus dem Wort Gottes, reflektieren darauf, ob wir miteinander in der Vergebung, in der gegenseitigen Annahme, in der Liebe Jesu stehen, und reflektieren darauf, welchen Dienst, welchen Einsatz für andere die Stunde verlangt, dabei aber nicht weniger die helle, feiernde Freude miteinander und aneinander: das werden die Rhythmen einer solchen Jugendarbeit sein. Ich selber würde sagen, daß dies romantisch und idealistisch klingt, wenn ich nicht erfahren hätte, daß es geht. Und ich möchte alle ermutigen, das Experiment zu machen.
Man hätte wahrscheinlich eher von mir erwartet, daß ich den vier Anfragen entlang ausgeführt hätte: Macht ein bißchen menschlichere Liturgie, vergeßt die Freude und das Feiern nicht! Sorgt für ein persönlicheres, herzliches Klima in der Gruppe! Ziert euch nicht, von anderen etwas zu fordern! Vermittelt etwas von der Freude des Evangeliums und von seiner Zuversicht für alle Lebenslagen. Dies alles stimmt, dies alles muß unser Ziel sein, und wir müssen vernünftige Mittel einsetzen, um es zu erreichen. Doch wenn wir die richtige Jugendarbeit nur inszenieren, wenn wir sie nur planen und organisieren, dann werden wir immer den kürzeren ziehen gegenüber anderen Angeboten und allen Ideologien. Das Evangelium ist ein Stück wehrloser, denn es ist angewiesen darauf, daß ich, jeweils ich es lebe. Und auch wenn *ich* es lebe, genügt das noch nicht. Letztlich gibt es niemand anderen, der kirchliche Jugendarbeit machen kann, als eben den Herrn selber, der gerade dann etwas zu tun vermag, wenn wir es ihm erlauben, in unserer Mitte zu sein.

Walter Böcker
Jugendgruppen als Lern- und Lebensraum – Ziele und Möglichkeiten kirchlicher Jugendverbände

Zumindest von ihrem Anspruch her verstehen sich katholische Jugendverbände als Alternative zu den sog. »Neuen Jugendreligionen«. Sicher wird man nicht sagen können, sie sähen diese als Herausforderung an und hätten gewissermaßen den Fehdehandschuh aufgenommen, welcher von den Mun-Leuten, den Hare-Krishna-Jüngern und anderen »hingeworfen« worden ist. Dazu sind katholische Jugendverbände zu sehr in sich gefestigt und geschlossen, manchmal wohl auch verschlossen und etabliert dazu. Aber sie fragen immerhin, wie es kommt, daß viele junge Leute eben zu jenen Sekten laufen und nicht zu ihnen; wobei der Eindruck vermieden werden muß, als hätten nur noch die Sekten Zulauf und nicht mehr die Jugendverbände. Die katholischen Jugendverbände haben seit Jahren wie andere Verbände eine kontinuierlich steigende Mitgliederentwicklung aufzuweisen, was u. a. auf eine allgemein größere Bindungsbereitschaft junger Leute heute schließen läßt, und die Zahl der Sektenanhänger ist nur verschwindend gering im Vergleich zu der Zahl der Mitglieder der Jugendverbände. Aber die katholischen Jugendverbände fragen sich dennoch, was sie falsch machen und was sie noch besser machen müssen. Die Existenz der »Neuen Jugendreligionen« signalisiert ihnen Defizite und Postulate.

Ihre *Sicherheit* einerseits beziehen katholische Jugendverbände aus ihrem Selbstverständnis, sei es geschrieben oder ungeschrieben. Von jeher sehen sich katholische Jugendverbände als Gemeinschaften, die jungen Leuten die Welt um sie herum im Ausschnitt repräsentieren, damit diese sich besser in ihr zurechtzufinden lernen. Dabei wollen sie ihren Mitgliedern helfen bei der Entfaltung ihrer Person, bei der Findung ihres Glaubens und seiner Verwirklichung und bei der Mitgestaltung von Gesellschaft und Kirche. Durch eine solche Vermittlung von Erfahrungen und Problemen in und mit der Gesellschaft, dem Staat und der Kirche, lernen junge Leute, sich besser in der Welt zurechtzufinden. Daß dies glückt und gelingt, wird immer wieder einmal von solchen bestätigt, die im BDKJ (Bund der Deutschen Katholischen Jugend) und seinen Mitgliedsverbänden »zu Hause« waren und in Parteien und Organisationen zu Ämtern und Würden aufgestiegen sind. Ob sich die katholischen Jugendverbände solchermaßen nicht häufig als Kaderschmieden zeigen, bleibt offen. Ihre *Unsicherheit* andererseits beziehen sie aus dem Umstand, daß sie von den gleichen Fragen und Problemen bewegt werden, mit denen sich junge Leute herumschlagen, wenn sie sich »Jugendreligionen« anschließen.

Pluralität ist eine nicht geringe Last

Auch die katholischen Jugendverbände haben nicht eine fertige Spiritualität, sondern ringen um sie; sie bieten keine unwandelbare Autorität, sondern suchen das Zeugnis glaubwürdiger Menschen. Notwendigkeit und Grenzen der Autorität werden dabei oftmals schmerzhaft deutlich. Die katholischen Jugendverbände sind auf der Suche nach Identität, nach Partnerschaft zwischen Jung und Alt, zwischen den konkurrierenden und divergierenden Teilen der Gesellschaft und der Kirche. Sie suchen ebenso nach Kurzformeln des Glaubens, die tragfähig sind und zum Handeln motivieren. Auch die katholischen Jugendverbände suchen nach Formen des Zusammenlebens, die ein menschliches Miteinander ermöglichen; auch sie reiben sich oft an der allzugroßen Menschlichkeit ihrer Kirche. So erscheint es nicht sinnvoll, im folgenden nur mit den Farben Schwarz und Weiß zu malen und einem krassen Negativum »neue Jugendreligionen« etwas ausschließlich Positives wie katholische Jugendverbände gegenüberzustellen. Vielmehr soll gezeigt werden, wie katholische Jugendverbände die bekannten Probleme zu lösen versuchen, welchen Schwierigkeiten sie dabei begegnen, aber auch, welche Erfolge damit möglich sind. Eine Art Credo kann vorweggenommen werden: Katholische Jugendverbände gehen von einer Pluralität der Denk- und Verhaltensweisen in unserer heutigen Welt aus.

Dabei sind gemeinsame Grundlage der katholischen Jugendverbände Leben und Botschaft Jesu Christi, wie sie von der Kirche geglaubt und verkündet werden. Da junge Menschen im Glauben Antwort auf die Frage nach dem Sinn ihres Lebens finden, wollen es katholische Jugendverbände jungen Menschen ermöglichen, die konkreten Situationen von Menschen und Bedingungen ihres Zusammenlebens mit der Botschaft Jesu Christi zu konfrontieren und als Gemeinde Jesu Christi Glauben zu erfahren und zu reflektieren (vgl. Grundsatzprogramm des BDKJ).

Katholische Jugendverbände haben Pluralität nicht als Zielbegriff für dubiose Demokratisierungsbestrebungen in ihre Grundsatzpapiere aufgenommen. Vielmehr nehmen sie die Tatsache der Pluralität von Denk- und Verhaltensweisen als positiven Grundsatz für ihre Generalintention: junge Leute »zur Freiheit befreien« zu wollen. So sind katholische Jugendverbände gehalten, permanent zu überprüfen, was sie wollen und was sie erreicht haben. Lineares Fortschreiben von Entwicklungen und eindeutiges Festschreiben von Erreichtem erscheint so gesehen suspekt. Dies mit Unzuverlässigkeit und gar mangelnder Treue in eins zu setzen, wird der Sache nicht gerecht.

Fragen nach dem Sinn des Lebens, nach dem, was Leben lebenswert macht, wie und was man heute glauben könne, versuchen katholische Jugendverbände ebenso freimütig wie demütig dialektisch zu beantworten. Keiner findet sein Heil für sich allein. Deshalb ist Kirche wesenhaft

Gemeinschaft. Glaube und Kirche werden erst *mit* Menschen, nicht nur in einem Menschen. So gesehen geschieht die Selbstverwirklichung als Christ insbesondere durch die Mitgestaltung der Kirche und Gesellschaft im Interesse des einzelnen. Was als nackte Zweckhaftigkeit erscheinen mag, ist in Wahrheit zutiefst menschlich: Ein totales »Für andere« verhindert das »Für sich selbst«. Erst wenn einer bei sich selbst sein kann – das kann er wiederum nur, wenn er »in Gott« ist –, kann er auch für andere da sein. Eine solche Selbstverwirklichung heißt: sich im Glauben zu einer größeren Freiheit entfalten: der Glaube macht frei.

Gemeinde als Keimzelle

Auf dieser Grundlage verstehen sich katholische Jugendverbände als Angebot und Möglichkeit, Kirche zu erfahren als Gemeinschaft auf dem Weg zum Glauben bzw. als »Gemeinschaft derer, die sich mit Jesus auf den Weg machen, sein Wort hören und sein Leben erfahren« (Synodenbeschluß »Ziele und Aufgaben kirchlicher Jugendarbeit«). Daraus folgt einmal, daß die Gemeinde der Zukunft nicht nur territorial, sondern intentional und funktional strukturiert sein dürfte. Daraus folgt zum anderen, daß die fortwährende Spannung zwischen dem einzelnen und der Gruppe, in der er lebt, der er zum Glauben hilft, und die ihm zum Glauben hilft, sozusagen natürliches Leben ist, also: Unruhe. Für kirchliche Jugendverbände kommt es nun entscheidend darauf an, daß Unruhe positiv erlebt wird, als fruchtbare Bewegung für alle Gläubigen genommen wird, nicht jedoch als Zwang mißdeutet wird, sich unter allen Umständen mitbewegen zu müssen, womöglich in eine Richtung, die schlichtweg falsch zu sein scheint.

Katholische Jugendverbände haben seit je den Standpunkt vertreten, daß die bleibenden Wahrheiten zeitgenössisch aktualisiert werden sollten. Hierbei helfen Offenheit eher als Verschlossenheit, Experimente eher als Bewahren, Loslassen eher als Festhalten, Einen-Schritt-voraus-sein eher als Hinterherhinken. Es ging und geht ihnen nicht darum, überkommene Inhalte und Ziele einfachhin anzugreifen, sondern sie mit ihren Möglichkeiten zu verwirklichen, oft unkonventionell, manchmal auch alternativ. Ihre Suche nach neuen Formen religiöser Betätigung ist bis auf den heutigen Tag ein prägnantes Beispiel. Nie ist von den Jugendverbänden gefordert worden, daß alle so beten müßten wie die Jungen. Es ist immer nur um Verständnis gebeten, gebetet und manchmal auch gerungen worden, daß auch andere Wege als die üblichen gegangen werden können.*

---

* Daraus wird deutlich, daß die Glieder der Kirche ihre Kirche nur in dem Maße ändern dürfen und können, in welchem die Kirche sie blockiert zu leben. Änderung ist kein Wert an sich, sie ist als solche weder ein Recht noch ein Ziel und wird so auch nicht akzeptiert.

Jugendgruppen als Lern- und Lebensraum

Nicht nur mit ihrer kirchlichen Anerkennung, sondern auch mit ihren Erfahrungen und Hoffnungen verstehen sich kirchliche Jugendverbände also als eine Hilfe zur *Selbstverwirklichung* junger Menschen. Sie sehen sich als Lern- und Lebensraum, in welchem personale Reifung und Ausprägung sozialer Haltungen möglich sind. Man kann inhaltlich auch ein wenig anspruchsvoller formulieren: Katholische Jugendverbände versuchen, in ihren Gruppierungen je Gemeinde Jesu Christi darzustellen und zu verwirklichen, um dadurch die Kirche als »Vortrupp der Menschheit« (Karl Rahner) in Bewegung zu bringen.
Zweifellos haben sich manche kirchlichen Jugendverbände hin und wieder als Vortrupp vom Vortrupp verstanden und sich entsprechend aufgeführt. Allgemein wird das Engagement katholischer Jugendverbände mit den Stichworten »personales Angebot«, »reflektierte Gruppe« und »Interessenvertretung« zu kennzeichnen sein.

Personales Angebot

Im »personalen Angebot« zeigt sich der katholische Jugendverband als »Vermittlungsinstanz« von seiner glanzvollsten und gleichzeitig von seiner schwierigsten Seite. Es kommt beim »personalen Angebot« »entscheidend darauf an, daß die Botschaft Jesu den Jugendlichen in glaubwürdigen Menschen begegnet – in Gleichaltrigen ebenso wie in Erwachsenen, Priestern wie hauptamtlichen Mitarbeitern, die den in kritischer Distanz stehenden, fragenden und suchenden Jugendlichen den Zugang zu Glauben und Kirche möglich machen« (Synodenbeschluß »Ziele und Aufgaben kirchlicher Jugendarbeit«). Es geht dabei also um Menschen, die bereit und fähig sind, am eigenen Glauben teilnehmen zu lassen. Es geht um eine *dialogfähige Autorität,* die ihre eigene Lebenserfahrung in das Gespräch mit jungen Menschen miteinbringt und versucht, die Erfahrung des jungen Menschen deuten und seine Probleme lösen zu helfen (vgl. Synodenbeschluß »Ziele und Aufgaben kirchlicher Jugendarbeit«). Eine solche Autorität eröffnet immer Möglichkeiten zur Solidarisierung, zur Erneuerung der Kirche auf der Grundlage von Identifikation und schafft Freiräume für Experimente, die Leben verheißen und Leben sind.

Reflektierte Gruppe

In »reflektierten Gruppen« (vgl. Synodenbeschluß »Ziele und Aufgaben kirchlicher Jugendarbeit«) versuchen nun katholische Jugendverbände, das »personale Angebot« zum Tragen zu bringen. Dabei geht es ihnen nicht um die Gruppe als solche, als Selbstzweck. Vielmehr gilt die Gruppe als hervorragende Möglichkeit, Interessen, Wünsche und Bedürfnisse zu entdecken, in Zielvorstellungen zu formulieren und in Aktivität umzusetzen. Die Prinzipien der Freizeit, der Freiheit und der Freiwilligkeit machen diesen Teil der kirchlichen Jugendverbandsarbeit so »weltlich« wie nur irgendeinen anderen Verband. Was sie, ihrem Selbstverständnis nach, von anderen Jugendverbänden unterscheidet, ist der Versuch, möglichst vieles von der Welt vor dem Hintergrund und mit den Kriterien des Glaubens zu reflektieren, auf seine Stichhaltigkeit zu prüfen und es für die Gestaltung der Welt gemäß dem Auftrag Christi tauglich zu machen. Die Mitglieder einer Gruppe stützen sich dabei gegenseitig, Gruppen untereinander bilden einen Verband für gemeinsame Aktionen und bessere politische Interessenvertretung. Fünfzehn solcher katholischer Jugendverbände und ihre regionalen Zusammenschlüsse auf diözesaner Ebene bilden einen Dachverband, »Bund der Deutschen katholischen Jugend«. Insbesondere mit Aktionen aller Art, von der Behindertenhilfe der Deutschen Pfadfinderschaft St. Georg bis zur Aktion Betriebsratswahlen der Jungen Christlichen Arbeitnehmer, von Einsammlung von Millionen-Beträgen für die Entwicklungshilfe in einer Aktion »Dreikönigssingen« bis zu Hearings im Vorfeld von Bundestagswahlen sorgen katholische Jugendverbände dafür, daß die »reflektierte Gruppe« nicht zur fruchtlosen Nabelschau wird.

Interessenvertretung

Wenn ein Verband zum Selbstzweck wird, geht die Verbindung zur Kirche wie zu seinen Mitgliedern verloren. Allemal versteht *er* sich als Vertreter seiner Mitglieder in Kirche und Gesellschaft und betrachtet die jungen Leute nicht als Objekt von Seelsorge und Jugendarbeit, sondern als Subjekt in einem Veränderungsprozeß.
Wenn das 2. Vatikanische Konzil die Kirche als »ecclesia semper reformanda« versteht, darf man sicher der Jugend bei dieser sich ständig stellenden Aufgabe eine eigenständige Rolle zusprechen. Die katholischen Jugendverbände jedenfalls sind davon überzeugt, daß junge Menschen mit ihren Ideen und Wünschen, mit ihrem Wollen und Tun, ja sogar mit ihrer Kritik, die Kirche beschenken und bereichern können. Die eigenständige Rolle der Jugend und ihre Aufgaben in Kirche und Gesellschaft immer wieder – gegen manchen Widerstand – zu vertreten, ist vordringliche Aufgabe der katholischen Jugendverbände. So gesehen brauchen sie auf lange Sicht keine Angst zu haben, überflüssig zu werden.

Winfried Pilz
Altenberg und die Montagsfrage – offene Glaubenswochenenden für Suchende

»Es war wunderschön«, schrieb ein junger Mann nach einem Wochenende in Altenberg, »aber als ich dann abends gegen halb sechs in meiner Bude auf dem Sofa lag, stürzte die Decke über mir zusammen ...« »Eine Oase«, sagen manche, andere: »Wie eine Insel!« Aber oft genug sagen sie es nicht nostalgisch verträumt, sondern zerdrücken wie eine lästige Motte das – nicht eingestandene – bißchen »Heimweh nach dorthin« mit der Bemerkung: »Man sollte nicht so auf heile Welt machen. Montags stimmt das ja alles nicht mehr.« Ein junger Arbeiter fragte, ob er »nun Gott wieder in den Spind hängen« solle. – Frage und Zungenschlag sind bekannt. Dazu vier Streiflichter aus der Perspektive von Haus Altenberg. Es geht dabei weniger um Altenberg als um das genannte Symptom. Nur bietet es sich gerade hier an, den Scheinwerferkegel immer enger einzustellen und am Schluß die Pointe der Frage zu beleuchten.

Tage der Besinnung

In früheren Jahrzehnten hatte Altenberg in der kirchlichen Jugendarbeit zentralen, geradezu symbolischen Charakter. Heute kann es zunächst nur stellvertretend für zahlreiche Häuser und Orte religiöser Begegnung genannt werden. Name und Stil solcher Zeiten der Besinnung sind unterschiedlich, die Motive der Jugendlichen zum Mitmachen auch. Die einen kommen als feste Gruppe, vielleicht mehrmals, mit einem lange vorbereiteten Programm. Die anderen lieben es gruppendynamisch. Wieder andere vertrauen ihrer Fähigkeit zu schöpferischer Improvisation. Die einen wissen ziemlich genau, was sie erwartet – oder: was sie erwarten. Die anderen wissen es nicht; sie sind eben »nur mal so« mitgekommen, zum Beispiel weil die Schule es anbot, und warten ab, nicht ohne Argwohn und Vorbehalt. Insofern geschieht in Altenberg nichts anderes als anderswo. Immerhin: eine Chance für Unzählige – »samstags und sonntags«.

Glaubenswochenenden

Nun ist darüber hinaus seit Anfang 1974 Haus Altenberg sechsmal jährlich Schauplatz eines abenteuerlichen Experimentes. Es ist nicht zu übersehen, daß bei den meisten Kursen gerade in punkto Begegnung und Sinnfrage Entscheidendes »zwischen« den Zeiten und Zeilen des Programms geschieht und daß in Altenberg das »Charisma des Ortes« hierbei enorm mitspielt. So kam einer Gruppe die Idee, von Zeit zu Zeit das ganze Haus für dieses Geschehen freizuhalten, und zwar, da Leitung und Personal des Hauses mitzuspielen bereit waren, unter folgenden Prinzipien: Erstens sollte jeder ohne Anmeldung kommen können, wohl mit dem Risiko, auf dem Fußboden zu schlafen. Zweitens sollte die Werbung nirgendwo gedruckt, sondern immer von Mensch zu Mensch erfolgen. Drittens sollten die Teilnehmer selbst das Programm gestalten, mit der Möglichkeit, an einer großen grauen Wand vielfältige Angebote anzuschlagen. Und: das Ganze sollte natürlich immer Experiment bleiben.

Der Zulauf zu diesen Wochenenden war seither groß. Immer war das Haus überfüllt. Einmal kamen 300 Teilnehmer, zweieinhalbmal so viele wie das Haus normalerweise faßt. Trends und Erfahrungen dieses vielschichtigen Phänomens lassen sich nicht in drei Sätzen schildern. Eins zeigte sich jedenfalls sofort und eindeutig: Diese Glaubenswochenenden als »Marktplatz« der Begegnung und der gemeinsamen Suche finden ganz offensichtlich in einer Markt*lücke* statt. Schlagartig wurde hier sichtbar, was vielerorts sein *müßte,* wenn junge Menschen Christsein und Kirche wiederentdecken sollen. »Macht viele Altenbergs!« forderte einer. Ein bedrängendes Signal.

Aber seit ein Teilnehmer sie in einer Fürbitte unüberhörbar formulierte, spukt die Montagsfrage durchs Glaubenswochenende. Die ersten Treffen verliefen in einer Woge der Begeisterung. Nicht nur das spontane Tanzen nach der Eucharistiefeier, nicht nur das stundenlange Beten und Singen im nächtlichen Dom ließen die Utopie, man könne mit so vielen gemeinsam etwas Neues, Zukunftsweisendes erfahren und feiern, greifbar naherücken. Diese Hoffnung ist merklich abgekühlt. Für manche ist das Glaubenswochenende »nicht mehr das, was es mal war«. Sie beklagen die Gefahr der Masse, den Substanzverlust in den Angeboten, das Nichtvorhandensein von Profi-Referenten, das offensichtliche Schwinden von Kreativität und Phantasie bei den Teilnehmern, die Resignation und Einigelung vor den brennenden Problemen der Welt, das »Rumhängen« einzelner. Auch dem Arbeitskreis, der sich, bestehend aus meist jugendlichen Teilnehmern, darüber gezielt Gedanken macht, blieb die Mühle der Konflikte und des nur mühsamen Weiterkommens nicht erspart. Das Wort vom »Altenberg-Feeling«, das gelegentlich geprägt wurde, ist passé. Und trotzdem: spätestens bei der Frage, ob man angesichts einer solchen Zwischenbilanz das Experiment nicht einstellen sollte, melden sich tiefgehende und unverzichtbare Glaubenserfahrungen zu Wort, die beim oberflächlichen Hinsehen nicht zu ahnen waren. Selbst der eine oder andere »Rumhänger« sagt nachdrücklich und glaubhaft, daß gerade das einfache Daseindürfen an diesem Wochenende für ihn zum Überleben notwendig war. Das macht nachdenklich. Denn was erneut ein Schritt aus der Oase in die Wüste zu werden schien und sich streckenweise ganz nahe am Scheitern entlangbewegte, führt zu der Entdeckung, daß das Ereignis des Geistes nicht unbedingt im jubelnden Überschwang stattfindet, sondern daß möglicherweise das wirklich Ergreifende und Verwandelnde sich in Trockenheit, unter Schmucklosem und Alltäglichem verbirgt: das Geheimnis eines »langen Atems«. Und: der nächste Montag kommt bestimmt.

Ora et labora

Auffallenderweise in diesem Zusammenhang – in einem Augenblick pfingstlicher Begeisterung, die an ihrem Höhepunkt wie in ein Vakuum umzukippen drohte – entsann sich einer der Jugendlichen, daß die Zisterzienser, die früher in Altenberg waren, ihre ganz eigene Lösung hierfür hatten: den langen Atem des »ora et labora«. Ziemlich prompt fragte einer, fragten zwei, fragten drei: »Sollen wir uns nicht einmal dieser Erfahrung, eine Woche lang dem Lebensrhythmus der Mönche aussetzen?« Natürlich sollte es keine platte Imitation, kein Mönchspielen werden, auch kein »Kloster auf Zeit«, was ja mancherorts möglich ist. Nein, es sollte in Altenberg sein, im gleichen Gelände wie sonst; denn dort war ja auch die Montagsfrage gestellt worden.

Das Projekt fand bisher zweimal statt. Fünfzehn – Mädchen und Jungen – machten jeweils mit, um vier Uhr morgens beginnend mit Meditation und Matutin, mit acht Stunden Arbeit, getragen vom Pulsschlag kurzer Gebetszeiten. Räume wurden renoviert, Beete umgegraben, Hecken gestutzt . . . Einer, der in einer Gruppe auf ein euphorisches Gemeinschaftserlebnis aus ist, hätte selten so günstige Voraussetzungen dafür gefunden wie hier. Aber nein: am Ende der Woche spürten zwar alle wortlos eine tiefe Verbundenheit, und sie versprachen sich, in Zukunft, wo immer sie auch gerade wären, beim Mittagsläuten füreinander zu beten. Aber das Ganze blieb karg und verhalten. In der zuweilen banal und monoton erscheinenden Arbeit waren einige an eine Grenze geraten. Und die Gebetszeiten zwischendrin waren auf einmal nicht mehr Aktion und Leistung in sich, sondern Punkte des Atemholens, wie Pfeiler, die eine weitgespannte, belastbare Brücke tragen. »Ora et labora« – die realistische Formel für den Schritt in den Alltag?

»Kinder Gottes« – und was dann?

Dies alles hätte auch stattgefunden, wenn es niemals »Jugendsekten« gegeben hätte. Aber mit einem Mal bekam die Altenberger Szene einen sehr direkten Akzent in dieser Richtung. Beim Glaubenswochenende nach der Sommerpause '76 und bei der zweiten Ora-et-labora-Woche waren vier junge Leute zwischen 18 und 24 Jahren beteiligt, die vor kurzem noch den »Children of God« angehörten. Auf verschiedene Weise der Sekte wieder entkommen, hatten sie folgendes vor: Erstens wollten sie die Sektenszene besonders beobachten und verschiedenste Kreise informieren und warnen, zweitens sich bereithalten für Jugendliche, die, aus einer Sekte zurückgekehrt, sofort Hilfe und Aufnahme brauchten und anderswo nicht fänden, und drittens, als Basis dafür, selbst als Gruppe einen gemeinsamen Lebensstil entwickeln, der – ohne suggestive und ausbeuterische Absichten – von positiven Elementen geprägt sein sollte, die Jugendliche in den Sekten vorfinden und die eigentlich urchristlich sind: einfaches Leben, Miteinander-Teilen, Arbeit – in Beruf oder Schule –,

Gebet, Gemeinschaft, Freude ... Die Gruppe vertraute vor allem darauf, durch ihre eigenen Vorerfahrungen in einer Sekte, durch die persönliche Kenntnis der Erwartungen, der Mentalität und Sprachwelt anderen Betroffenen helfen zu können. Sie ließ sich in Altenberg nieder. Die Initiative ist noch im Gang. Mehr und mehr denken inzwischen darüber nach. Niemand weiß, wie sie ausgeht. Immerhin: wo die Experten rar, offizielle Instanzen und Strukturen unbeweglich sind und Eltern nicht mehr weiterwissen, gab man dem unkonventionellen Versuch eine Chance.
Fürs erste freilich blieb es dabei. Nach dem ersten elanvollen Anlauf sah sich die Gruppe auf einer ernüchternden Durststrecke ziemlich alleingelassen. Zunächst hatte sie mit Isolation, bald mit einem spürbaren Erfolgsdruck und auch mit Mißtrauen und Kritik zu kämpfen. Hinzu kam die mühsame Suche nach ihrem inneren Leben. Nach der Abkehr vom ekstatischen »Dabbedabbedu« und »Thank you, Jesus« stellte sich die große Leere ein, in die hinein neue Gehversuche des Betens und Bibellesens gemacht werden mußten. Diese Erfahrung der »Wüste« war vermutlich auch der Grund für das bitterste Erlebnis der ersten Monate: daß einer aus der Gruppe wieder zu den »Kindern Gottes« zurückging. Er tat es, obwohl er inzwischen detailliert um die Hintergründe der Sekte wußte, und er tat es mit der Bemerkung, doch immerhin »das geringere Übel« gewählt zu haben und nun wieder »direkt für Jesus arbeiten zu können«. Er verließ die Gruppe mit dem Vorwurf: »Warum wollt ihr überhaupt, daß Leute da wieder rausgehen? Wer gibt euch das Recht dazu? Warum laßt ihr sie nicht da? Dort sind sie doch glücklich! Ich war es seitdem nicht mehr, aber ich hoffe, es wieder zu sein ...« Das klingt, wie wenn ein Fixer nach einer Entziehungskur wieder zur Spritze greift.
Für die Gruppe eine niederschmetternde Erfahrung. Aber sie resignierte nicht. Im Gegenteil stellte sich heraus, daß gerade durch das bewußte Annehmen solcher Ernüchterung ihr Weg glaubwürdig weiterführte. Übrigens erfuhr die Gruppe erst viel später, daß der junge Mann sich schon nach kurzer Zeit dann doch von der Sekte gelöst hatte und nun wieder bei seinen Eltern lebt.

Fazit

In diesen vier – ungebührlich komprimiert geschilderten – Altenberger Kapiteln ist das der rote Faden, ein durchgehendes Leitmotiv, und offensichtlich immer von Dur nach Moll. Also eher destruktiv als konstruktiv, bei verheißungsvollen Anläufen im Grunde enttäuschend. Aber Resignation ist nicht die einzig mögliche Konsequenz der Ernüchterung. Was ergibt sich aus alledem?
Erstens: Was der Gruppentheoretiker als geradezu zwangsläufig zu erwartenden Wechsel von der heroischen in eine resignative Gruppenphase vielleicht rasch erledigen kann, wird hier zur Glaubenssituation, über die es sich nachzudenken lohnt. Die erste Konsequenz besteht darin, zu er-

kennen und mutig zu akzeptieren, daß Glaube weitestgehend nicht heißt, sich in einem illusionären Bereich »irgendwie« wohlzufühlen, sondern an den Realitäten dieser Welt zu leiden. Auf dem Weg vom Berg der Verklärung spricht Jesus vom Kreuz. Er hat es nicht zugelassen, daß die Seinen »Hütten bauten« (Mk 9,2–10). Anders gesagt: die Oase ist ein winziger Punkt in einer endlos scheinenden Wüste, die Insel ein verschwindender Fleck in der Brandung. Der Normalfall ist, in Wüste und Brandung bestehen zu müssen. – Hier liegt die illusionistische Schwäche der Jugendsektengruppen. Sie erzeugen eine schein-heile Welt für neuparadiesische Gotteskinder, die nach kurzer psychischer Umprogrammierung diese Welt nur noch traumwandlerisch und behext durchschweben – allein der suggestiv-irrationale Blick eines Jugendlichen beim »Litnessen« spricht Bände –, aber nicht mehr zu bewältigen imstande sind, es sei denn, daß sie sie als »System« und als »teuflisch« verdammen. Es ist aufschlußreich, daß Opa Mo das Kreuz Jesu am liebsten vertuschen möchte und daß Mr. Mun darin die große Panne im Plan Gottes sieht. – Und die kirchliche Jugendarbeit? Sie muß sich fragen lassen, ob sie junge Menschen nicht viel zu wenig darauf trainiert, ihre konkrete Situation im Alltag und die Situation ihrer Umwelt als Herausforderung Gottes anzunehmen. Das heißt nicht: sie *hin*nehmen! Sondern: genau hinsehen im Dschungel von Unheil und Hoffnung; Stehvermögen gewinnen, auch wenn der Sturm ins Gesicht bläst; die Probleme anpacken; die Welt in der Kraft einer Liebe verändern, die das Kreuz nicht umgeht. Und natürlich: daran leiden, daß diese Kirche und so viele Christen und Funktionäre in ihr so wenig Strahlkraft haben, daß jahrzehntelang Verkümmertes nicht mit drei Stoßgebeten aufzuholen ist, daß der Drang nach immer mehr Perfektion des Apparates den dahintersteckenden Kleinglauben nicht verdecken kann. Wer will denn mit ehrlichem Gewissen ein Mitglied der »Kinder Gottes« »bekehren«, wenn er dessen Standardforderung »Zeig mir doch erst das Bessere!« nicht zu beantworten weiß, und zwar, weil er selbst sich noch nicht »bekehrt« hat! Es ist eine Stunde der Buße für die Christen, ein Anlaß zu Schuldbekenntnis und Umkehr. Ohne diese »Fastenzeit« unter der Anfrage Gottes kann die Kirche nicht Auferstehung feiern.

Doch das ist nun – zweitens – das Paradox: Besinnung und Buße gestatten uns nicht die schon fast zum Ersatzdogma gewordene Diffamierung der »heilen Welt«. Gerade im Zusammenhang mit der Montagsfrage geschieht sie oft allzu penetrant und ungerecht. Stimmt es denn, daß man von so einem oasenhaften Treffen eben nur als »Kamel« zurückkommt, das sich von einer – dann wohl auch nicht ganz seriösen – Versprechung an der Nase herumführen ließ? Stimmt es denn, daß man, um heute nach Gott und Sinn zu fragen, unweigerlich zum »Robinson« werden muß? Wenn das so wäre, sollte man solchen Betrug verbieten. Aber woran liegt es, daß die eben noch so schmähenden Jugendlichen das nächste Mal

dann doch wiederkommen, ja, daß die Jahresprogramme der Pfarreien und Jugendverbände – und der Tagungshäuser, sofern sie selbst Programme machen – mehr und mehr Gelegenheiten zu solchen Zeiten der Orientierung anbieten und daß darüber hinaus viele Jugendliche ausgerechnet die Klöster als »Ort, wo man hingehen kann«, wiederentdecken? Was so negativ kommentiert wird, ist es nicht eigentlich ein *ungewohnt positives* Erlebnis, und zwar so ungewohnt, daß es »fast nicht wahr sein kann«, Scham und Abwehr hervorruft, es unbefangen zuzugeben? Warum diese Angst vor dem Positiven, Angst davor, daß es vielleicht doch einmal wahr sein könnte, was alle sich insgeheim wünschen: Gemeinschaft, Verstehen, Gespräch, Sinndeutung, Ermutigung zum Glauben . . .? Diese tiefsitzende Angst verrät die Krise des heutigen Menschen, seine Verwirrung und Ortlosigkeit. Sie verbannt das Paradies ins Nirgendwo. Das erst so »ehrlich« klingende Understatement wird tödlich. Die Erledigung der »heilen Welt« unter Sammelbegriffen wie »Feeling« oder »Friede-Freude-Eierkuchen« erweist sich als herz- und phantasielos. Herzlos – denn hier wird dem Leben keine Chance gegeben. Phantasielos – denn die Alternative ist grau in grau, eine Welt der Tristesse, für die es sich nicht mehr lohnt. Aber wenn zum Beispiel achtzig gestreßte Abiturienten sehr gemischter Couleur mit ihren Lehrern eine Woche in Altenberg verbringen wollen, und das sichtlich voller Angst und Aggression, und wenn sie beides auch noch zum Thema ihrer Tage machen, und wenn sie dann durch ihren Beton-und-Computer-Schulkomplex hindurch entdekken, daß sich hier für sie Räume öffnen, in denen man schlicht und einfach *Mensch werden* kann – und das auf dem Gelände der Kirche! –; oder wenn, was oft geschieht, Altenberg-Touristen durch die Gitterstäbe im Parterre ins Haus schauen und fragen, »ob hier noch die Mönche wohnen«, und dann höchst überrascht sind, was hier lebendige Gegenwart ist, warum das verschämt herunterspielen? Weist es nicht eindeutig darauf hin, daß die Kirche und besonders die Jugendlichen in ihr noch viel mehr solche Modellsituationen brauchen, in denen eine vom Unheil ins Heil gelangende Welt erlebt werden kann? Wenn unsere Zeit immer mehr als »Wüste« erfahren wird, braucht es eine ganze Kette von »Oasen« darin.
Drittens: Das Entscheidende aber ist, beides zueinanderzubringen, das schizophrene Hin-und-her-Flüchten zwischen Sonntagssituation und »Montag drauf« gleichzeitig in den Blick zu nehmen. Alltag und Sabbat gehören zusammen wie das Aus- und Einatmen. Daß die große heilige Teresa es als den äußersten Schritt der Gotteserfahrung schilderte, gerade nach der innigsten ekstatischen Vereinigung ganz nüchtern den Alltag anzunehmen und daß sie tatsächlich nach der Verzückung energisch die Tagesprobleme anpackte, wird zur aktuellen Anfrage, welche Dimensionen eine Spiritualität heute haben müßte: mitten in den heillosen Realitäten dieser Welt hellwach zu werden für die Anwesenheit Gottes, der uns liebt, »trunken« und »nüchtern«, realistisch und begeistert in einem.

Hans-Heinz Riepe
Erfahrungen mit der Hoffnung – Ein Jugendkongreß für Mitarbeiter

Der Jugendbeschluß der Synode spricht dürr vom entscheidenden »personalen Angebot«; über tausend Jahre früher sagte es Cyrill von Alexandrien plastischer: »Wenn ich jemand für das Christentum gewinnen will, lasse ich ihn in meinem Hause wohnen.«
Aber geht das denn heute überhaupt noch in den »Großkirchen«? Ist eine Gemeinschaft, die einlädt, fordert, erfüllt und trägt, nicht nur noch in kleinen Zirkeln und ›Sekten‹ möglich? Theoretische Antworten auf diese Frage gibt es in Mengen – praktische Erfahrungen auch: Eine davon war der Arnsberger »Kongreß 76« für Mitarbeiter der kirchlichen Jugendarbeit im Erzbistum Paderborn.
Anfang der 70er Jahre gab es an vielen Orten nach einer Talfahrt kirchlicher Jugendarbeit Ansätze des Neubeginns. Die Zeit der großen Programme und zentralen Weisungen war vorbei; in kleinen Gruppen und Teams versuchte man, über die Situation und sich selbst ins Gespräch zu kommen und manches aus dem Evangelium, das zu leeren Formeln erstarrt war, neu in die Tat umzusetzen. 1972 folgte in Bielefeld ein erster »Kongreß der Mitarbeiter«, unter dem Thema: »Erziehung als Befreiung – der junge Mensch als Partner«. Man tauschte Erfahrungen aus, überlegte weitere Schritte; zögernd und ein Stück unsicher, aber immerhin mit dem Erlebnis: wir sind in unserer kleinen Gruppe nicht allein, andere denken und leben in derselben Richtung.
Dann die Einladung des BDKJ und des Erzbischöflichen Jugendamtes zum Kongreß 1976 in die Ruhrstadt Arnsberg: »Erfahrungen mit der Hoffnung – Zwischenbilanz und Perspektiven«. Großes Interesse bei Leitungskräften und Mitarbeitern in Verbandsgruppen und Offenen Türen, Aktionskreisen, AGs und Meßdienerrunden. 600 konnten berücksichtigt werden; für mehr reichte der Platz nicht, trotz des eigens aufgestellten großen Schützenzelts.
Freitagnachmittag, den 30. April 1976: Von der »Anmeldung« im Schützenzelt mit Quartierscheinen versorgt, ziehen die Grüppchen der Kongreßteilnehmer über die schmale Ruhrbrücke auf dem steilen Hangweg hinauf zur »Burg«, wo in der Aula des Gymnasiums der Kongreß eröffnet werden soll. Im Foyer des Gymnasiums gibt es außer einem Begrüßungsschluck vielfaches Wiedersehen mit Bekannten aus der ganzen Diözese. Dann die Eröffnungsshow in der Aula. Im Wechsel von Information und kabarettistischem »Sich-selbst-auf-die-Schippe-Nehmen« wird die Entwicklung der kirchlichen Jugendarbeit in den letzten Jahren wieder in Erinnerung gerufen. Man erkennt sich in den Themen wieder, erinnert sich an eigene endlose Grundsatzdebatten, als im Kabarett auf der 750.

Sitzung der Synodenkommission Jugend in mühevoller Kleinarbeit aus dem Lukaswort »Wer das Reich Gottes nicht annimmt wie ein Kind wird nicht hineinkommen« die klassische Synodenformulierung wird: »Wer die jenseitige Wirklichkeit des sich im Diesseits des durch die Zeiten wandelnden Gottesvolkes je und je Manifestierenden des Gesamtwirkens Gottes nicht akzeptiert wie ein systemimmanent vom Kapitalismus ausgebeuteter präpubertärer Adoleszent, dem mißlingt in der Regel der an sich durch Glaube, Hoffnung und Liebe zu ermöglichende Transfer in diese als solche geglaubte Wirklichkeit.«
Das heitere, gelassene Lachen an diesem ersten Abend des Kongresses ist Ausdruck einer gemeinsamen Spiritualität, die die 600 mehr zusammenhält als der organisatorische Rahmen des Programms.
Beim Abstieg nachher wieder ins Tal hinunter (der Wanderwurm führt so etwa alle 20 m einen Lampion mit) hört man noch öfter den gepfiffenen oder gesummten Refrain des Kabarettsongs: »Erfahrung mit der Hoffnung bei allem, was zerrinnt, Erfahrung mit der Hoffnung heißt, daß alles erst beginnt.«
Um 22.00 Uhr dann Beginn des weltlichen Nachtgebets in der modernen Kirche, vorbereitet von der KSJ. Erste Besucher werden gefragt, ob sie sich nicht die Augen verbinden, die Ohren verstopfen oder den Mund zukleben lassen wollen, um so zu erfahren, was es heißt, Situationen blind, taub, stumm gegenüberzustehen. Die Kirche ist brechend voll. Arnsberger, die sich zufällig in die Kirche verirren, sind irritiert, an diesem Ort und in Zusammenhang mit Gottesdienst auf Fragen wie »Leistungsstreß in der Schule« und »Gesinnungsüberprüfung von Stellenbewerbern« zu stoßen. Darf Spiritualität soviel mit Alltag zu tun haben??!
Am Samstagmorgen gegen 9.00 Uhr belebt sich die Szene um das Schützenzelt wieder. Grüppchen und Trupps ziehen zur nahegelegenen Realschule. Dort tagen den ganzen Vormittag über die (26) Arbeitskreise, an diesem Tag schwerpunktmäßig mit der »Zwischenbilanz« befaßt. Themen dieser kritischen Rückschau sind alle Arbeits- und Erfahrungsbereiche kirchlicher Jugendarbeit (Beispiele: »Religiöse Elemente in der Gruppenarbeit«, »Entwicklungshilfeaktionen und Bewußtseinsbildung«, »Junge Arbeitnehmer – eine unterrepräsentierte Gruppe in der kirchlichen Jugendarbeit«, »Aus- und Weiterbildung der Gruppenleiter«, »Kinder- und Jugendfreizeiten«). Was es in den Arbeitskreisen nicht gibt: den mancherorts gepflegten kirchlichen Zweckoptimismus »es ist ja alles nicht so schlimm«. Es ist schon schlimm genug, was alles an eigenem, an kirchlich-institutionellem Versagen deutlich wird bei dieser Zwischenbilanz. Aber geistige und geistliche Umkehr setzen die nüchterne Sicht der Situation voraus, und Hoffnung ist eben keine Droge, die über Enttäuschung, Zusammenbrüche, Leid und Schuld einfach hinwegtäuscht.
Samstagnachmittag: Im Schützenzelt ist das große Hämmern und Sägen ausgebrochen: der »Markt der Möglichkeiten« wird aufgebaut. Film- und

Diavorführungen, Informationspfade, kreative Aktionen, Infoschriften und Stände, Musik, Gespräche, Fernsehen, Straßentheater, Sportspiele und wieder neue Informationen – gut, daß man zwischendurch auf dem Rasen draußen eine Verschnaufpause einlegen kann. Vorstellungen nehmen Formen an, das Gedachte und Geträumte wird handfest.

Samstagabend: Wieder Szenenwechsel im Zelt. Erzbischof Degenhardt feiert mit den Kongreßteilnehmern die Eucharistie. Eigentlich einer der neuralgischsten Punkte des Kongresses: eine »neue Spiritualität« und ein Vertreter der »Amtskirche«. Hat das Lebensgefühl junger Leute, hat eine gegenüber früher anders akzentuierte und gelebte Religiosität Platz in der alten Kirche? Oder ist Auswandern tatsächlich die einzige Möglichkeit? Der Erzbischof verschweigt das Problem nicht, als er in seiner Predigt Kleinglauben in den Gemeinden, Enge und Unlebendigkeit, manche Vorurteile gegen kirchliche Jugendarbeit und die jungen Menschen überhaupt anspricht; auch hier werden Schwierigkeiten nicht übertüncht, gibt es keine euphorische Zustimmung. Aber am Ende des Gottesdienstes steht die symbolische Geste der gefalteten und verschenkten »Papierschiffe gegen den Strom«, die Chancen haben, auch wenn es nicht so aussieht.

Die Fortsetzung der Eucharistie: das Kongreß-Fest. In seiner »Anweisung zum Fest« sagt Wilhelm Willms: »Spielen wir bei diesem Fest die Rolle eines menschlichen, beweglichen, verwandlungsfähigen und lebendigen Menschen, der schmeckt, der sich auftischt, und der nicht dieses Fest konsumiert.« Eucharistie und Fest: eine naheliegende Fortsetzung; kein Gegensatz.

Sonntagmorgen: Wieder tagen die Arbeitskreise, diesmal unter dem Stichwort »Perspektiven«. Aus der Reflexion des Vortags entwickeln sich erste Hinweise für jetzt notwendige Schritte. Schon in der Schlußveranstaltung werden die Akzente deutlicher: vertiefte Religiosität, verstärktes Engagement, besonders für die Dritte Welt. Der Schriftsteller Josef Reding fordert eindringlich von den Kongreßteilnehmern, aus den Erfahrungen mit der Hoffnung in den vergangenen Jahren Konzepte zu entwickeln, die über das Jahr 2000 hinausweisen. »Nicht zufrieden sein mit dem Status quo!«, Spiritualität von 1976.

Zu den gesungenen Worten: »Wir knüpfen aufeinander zu, wir knüpfen aneinander an« entsteht im großen Schützenzelt zum Abschied ein riesiges Netz; eine mit Händen zu greifende Antwort auf die Frage, ob vom Glauben inspirierte Gemeinschaft, die einlädt, fordert, erfüllt und trägt, nur in kleinen Zirkeln oder Sekten möglich ist. Aus dem Abschiedswort von Arnsberg: »Hier sind wir 600 – aber selbst zusammen mit denen zu Hause sind wir ja doch nur ein Teil all derer, die an dem gemeinsamen Netz knüpfen! Warum sollte es also nicht gelingen, daß diese junge Kirche, die bewußt Kirche sein will, noch weiter Einfluß bekommt auf die Gestaltung der Kirche, auf die Gestaltung der Gemeinden?«

Ja, warum eigentlich nicht?

Heinz Fehling
Ansätze zu sozialer Integration

Jugendarbeit mit Behinderten in der Deutschen Pfadfinderschaft St. Georg

1 Konzeption

In Familie, Schule und Beruf ist eine Integration in die Gesellschaft und ein erfülltes Leben für die Behinderten ohne persönliche Beziehungen und die Erfahrung, akzeptiert und bestätigt zu sein, oftmals nicht möglich, dies gilt noch in stärkerem Maß für den Bereich der Freizeit. Gerade hier setzen – innerhalb des Gesamtfeldes der Rehabilitation – die Möglichkeiten des Jugendverbandes der Deutschen Pfadfinderschaft Sankt Georg (DPSG) an. Mit Hilfe der DPSG werden Gruppen junger Menschen in diesem Bereich tätig.

Ziel all dieser Unternehmungen und des Zusammenlebens in Gruppen der DPSG ist das Bemühen, den Kindern und Jugendlichen bei der Bewältigung ihrer Situation und bei der Vorbereitung auf die sie erwartenden Lebensaufgaben zu helfen. Im Gespräch und gemeinsamen Tun sollen junge Menschen (Behinderte und Nichtbehinderte) kritisches Denken entwickeln, die Fähigkeit der Zusammenarbeit und zu mitmenschlichem Verhalten gewinnen, ihre Interessen artikulieren und kreatives und solidarisches Handeln lernen. Auch der Behinderte braucht diese Erfahrung.

Dazu müssen ihm Möglichkeiten und »Erfahrungsräume« angeboten werden, die es ihm ermöglichen, sich seiner Behinderung und seiner eigenen Entscheidung gemäß ein eigenes Leben aufzubauen. Die Erfahrungsräume müssen den besonderen Situationen Behinderter gerecht werden: der jeweiligen Behinderung, den Fähigkeiten zur Kommunikation, den Kontaktschwierigkeiten, der sachgerechten Versorgung. Da die Erfahrungen hierzu im überwiegenden Teil in Gruppen gemacht werden können, ist die Gruppe eine besonders wichtige Ebene der Begegnung zwischen diesen jungen Menschen.

2 Ständige Gruppenarbeit mit Behinderten in der DPSG

2.1 Gruppen von Behinderten und Nichtbehinderten in der DPSG

Erfahrungen und Untersuchungen zeigen, daß diese Form der Arbeit vielen Behinderten gerecht wird. Hier wird Integration zu einem Prozeß, der dem Behinderten hilft, den eben beschriebenen Zielen näherzukommen, und die Nichtbehinderten und Behinderten werden mit Konfliktsituationen konfrontiert, die Einstellungen, Vorurteile usw. sichtbar machen. Die Reflexion dieser Situationen soll Behinderten und Nichtbehinderten helfen, sich selbst zu akzeptieren und ihr Verhalten zu ändern.

2.2 Gruppen von Behinderten in der DPSG

Die gerade beschriebene Arbeitsform wird nicht immer zu praktizieren sein. In Einrichtungen und Heimen, in Gegenden, wo andere DPSG-Gruppen nicht oder noch nicht bestehen, können behinderte Kinder und Jugendliche eigene Gruppen bilden. Dies kann auch notwendig werden, wenn die Art der Behinderung (z. b. geistige Behinderung) ratsam erscheinen lassen, in homogenen Gruppen zu arbeiten. Solche nicht »integrativ« aufgebauten Gruppen sollten sich um Kontakte mit Gruppen Nichtbehinderter bemühen, um mit diesen zeitlich begrenzt zusammenzuarbeiten.

2.3 Ausbildung der Gruppenleiter

Die Leitung der Gruppen erfordert mindestens die gleichen Qualitäten wie die in anderen Gruppen. Erforderlich und wünschenswert ist die Mitarbeit eines entsprechenden Fachmannes aus dem Bereich der Rehabilitation (Arzt, Sozialarbeiter, -pädagoge, Sonderpädagoge usw.). Die Ausbildung von Gruppenleitern und Mitarbeitern für diese Gruppe erfolgt der Ausbildung der sonstigen Gruppenleiter in der DPSG entsprechend.

3 Zeitlich begrenzte, offene Angebote der DPSG für Behinderte

3.1 Freizeiten in Häusern, Zeltlagern und Studienfahrten

Behinderte und nichtbehinderte Kinder und Jugendliche werden hier für ein offenes Angebot von Freizeiten angesprochen. Sie leben zwei bis vier Wochen zusammen im Haus, im Zeltlager oder sie machen Exkursionen. Diese Form hat besondere Bedeutung für diejenigen, die aufgrund ihrer örtlichen Situation nicht in Gruppen der DPSG aufgenommen werden können. Es hat sich bewährt, solche Maßnahmen möglichst auf regionaler Ebene durchzuführen, weil auf diese Weise während der Maßnahmen entstandene Kontakte aufrechterhalten werden können.
Es ist soweit wie möglich anzustreben, von den Bedürfnissen der Teilnehmer auszugehen. Diese muß der Teilnehmer vor der Freizeit artikulieren können, so daß sie in der Planung entsprechend berücksichtigt werden.

3.2 Anleitung für Mitarbeiter

Die Leitung solcher Maßnahmen erfordert einen erwachsenen Leiter, der über entsprechende Erfahrungen in der Arbeit mit Behinderten und

Nichtbehinderten verfügt und in der Lage ist, mit anderen ehrenamtlichen (meist noch unerfahrenen) Kräften nach dem Prinzip des Teamwork zusammenzuarbeiten. Außerdem müssen, soweit als nötig, entsprechende Fachkräfte mitarbeiten (Arzt, Krankengymnast, Sportlehrer usw.). Die Anleitung der Mitarbeiter vollzieht sich in:

A Besuch eines Vorbereitungsseminars

- Ziel: Kenntnisse über die Problematik der Behinderung, die Tätigkeitsbereiche und Aufgaben; Programmabsprachen; Kennenlernen der Mitarbeiter untereinander; Motivierung zur Weiterbildung.
- Methode: Nach folgenden Schritten:
  1. Festlegung der Erwartungen und Erfahrungen
  2. Programmkonferenz
  3. Wissensvermittlung
  4. Formulierung des Seminarzieles
  5. Programmabsprachen in Gruppen
  6. Fest
  7. Motivierung zur Weiterbildung

B Praxisanleitung während der Maßnahme

- Ziel: Sensibilisierung für Vorgänge in der Gruppe; Reflexion der eigenen Rolle in der Gruppe; Lösung von Konfliktsituationen, Erweiterung des individuellen Erfahrungsbereichs, gegebenenfalls Verhaltensänderung.

C Auswertung der Maßnahme

- Ziel: Kontrolle der Arbeit aus entsprechendem zeitlichen Abstand; Austausch von Erlebnissen; Motivation zur weiteren Mitarbeit.

Die Schulung unserer Mitarbeiter gestaltete sich so, daß wir uns 6 Abende jeweils über ein Thema der schon vorgestellten Inhalte informierten, wobei sich jeweils ein Mitglied des Mitarbeiterteams speziell und gezielt auf ein Thema vorbereitete und es in das Team einbrachte. Da nach Beendigung unserer eigenen Schulung eine Menge Fragen offenblieben, zogen wir einen Fachmann der Behindertenarbeit zu deren Klärung bei einem 7. Treffen hinzu.

4 Praxisbeispiel: Aufbau gemischter Gruppen

4.1 Arbeit mit einer Gruppe körperbehinderter Kinder

Eigentlich müßte nun eine Aufzählung der in dieser Gruppe vorhandenen Behinderungen erfolgen. Um aber den Rahmen des Berichts nicht zu sprengen, sei hier nur aufgeführt, daß die Gruppe sich aus vier Rollstuhl-

fahrern und 8 weiteren körperbehinderten Kindern mit leichteren Behinderungen zusammensetzte. Bis zum Zeitpunkt des Einsetzens unserer Konzeption war die Gruppenstunde mit den Körperbehinderten mehr ein Spielnachmittag ohne feste Zielvorstellung. Zu Beginn der ersten Gruppenstunde mit unseren neuen Intentionen wurden die Jungen informiert, wie sich das Leitungsteam eine Zusammenarbeit mit einer Gruppe nichtbehinderter Jungpfadfinder vorstellte. Es entstand nun eine längere Diskussion in der Gruppe, ob man mit Nichtbehinderten zusammengehen sollte oder nicht, Vor- und Nachteile wurden aufgeführt, schließlich kamen alle gemeinsam zu dem Entschluß, dies später zu versuchen.
Um einen Einstieg in unsere neue »Arbeit« zu finden, hatte das Leitungsteam ein Motivationsblatt (mit Begriffen wie Baum, Haus, Auto usw.) erstellt und den Teilnehmern der Gruppe gegeben, um Pläne zu schmieden und Ideen zu spinnen; obwohl die Gruppe bisher noch nicht so gearbeitet hatte, geschah dies außerordentlich gut.
Nun wurde vom Leitungsteam die Funktion eines Kornetts und eines Sippenfachmanns erklärt, und bald waren zwei Sippen mit Kornetts und Sippenfachleuten gebildet. Danach trat der Trupprat zusammen, beriet und beschloß das konkrete Programm. Eine Sippe wollte nun einen Bachlauf untersuchen, diesen Bach stauen und darüber eine kleine Dokumentation erstellen, während die andere Sippe Pflanzen, Gräser, Getreide und Wetter bestimmen, sammeln und präparieren wollte.
Ich möchte hier nun abbrechen, weil ich später noch einmal auf einen gemeinsam (Körperbehinderte und Nichtbehinderte) durchgeführten Crash eingehen werde. Lediglich möchte ich noch aufführen, daß dieser erste Crash für diese Gruppe voll gelungen ist und für die Körperbehinderten eine große Bereicherung brachte; man stelle sich einmal vor, wie toll müssen sich die Rollstuhlfahrer gefühlt haben, als sie mit ihrem Rollstuhl im Bach standen und mithalfen, diesen zu stauen.
Bei allen Aktivitäten innerhalb dieses Crash lernten die Körperbehinderten vor allem auch aufzuholen im Vergleich zu den gleichaltrigen nichtbehinderten Jungpfadfindern, und zwar im Bereich der Kooperation, des Spiels und Abenteuers und erfuhren gleichzeitig eine Erweiterung ihrer bisherigen Umwelterfahrungen.

4.2 Vorbereitung der nichtbehinderten Jungpfadfinder

In die Truppstunde der Jungpfadfinder brachten die Leiter des Trupps die Idee ein, mit einer Gruppe Körperbehinderter zusammenzuarbeiten. Dies geschah dadurch, daß die Leiter Dias über eine Zeltfreizeit von Körperbehinderten und Nichtbehinderten vorführten. Nun entstand eine lange Diskussion mit Ideen, Spinnereien und vielem mehr. Schließlich kristallisierte sich die Idee heraus, einen Crash »Behinderte« durchzufüh-

ren mit dem Ziel, am Ende dieses Crash zu entscheiden, ob eine Zusammenarbeit mit den Behinderten der anderen Gruppe möglich und sinnvoll sei.
Nachdem der Inhalt des Crash klar umrissen war, gingen beide Sippen daran, zu erkunden, zu ordnen und zu sammeln. Dies geschah u. a. dadurch, daß eine Sippe in eine Werkstatt für Behinderte ging und die andere in die Körperbehindertenschule, um sich über den »Alltag« des Körperbehinderten zu informieren. Fachleute wurden hinzugezogen, um verschiedene Behinderungsarten zu erläutern usw. Hiernach wurden die Berichte der Kornetts und Hilfskornetts ausgewertet und der nächste Schritt besprochen. Nun wurde von beiden Sippen berichtet und Bilder über Behinderte und wie sie leben zu einer Ausstellung zusammengestellt und eine Rollstuhlhindernisbahn gebaut. Als beide Sippen ihre Hindernisse und Informationen fertiggestellt hatten, mußten Rollstühle her. Diese liehen sie sich in der Körperbehindertenschule aus.
Zum Wettkampf der beiden Sippen war der ganze Stamm eingeladen. Hier wurden zu Beginn die Informationen der Ausstellung erläutert, ehe es zum großen Wettkampf kam.
Hier möchte ich mich nun aus diesem Crash ausblenden, lediglich noch über das Ende des Crash berichten: Es wurde in einer Truppsitzung noch einmal nachvollzogen, was im Crash gelaufen war, schwache Punkte angeschnitten, was Spaß gemacht hat usw. Sonst stand noch die Entscheidung offen, machen wir nun demnächst einen gemeinsamen Trupp mit den Behinderten oder nicht? Nach all den gesammelten Informationen und Besuchen in der Werkstatt und der Körperbehindertenschule konnte das Ergebnis nur »ja« heißen. Aber Bedenken waren immer noch da: Müssen wir nicht zuviel Rücksicht auf die Behinderten nehmen? Ist dann unsere Vorstellung vom Trupp noch zu verwirklichen? usw.
Am Ende eines langen Hin und Her stand dann fest, wir versuchen es, einen Trupp mit Behinderten und Nichtbehinderten aufzubauen.

4.3 Erste Begegnung von Körperbehinderten und nichtbehinderten Jugendlichen

Das erste Zusammentreffen der nichtbehinderten und behinderten Jungpfadfinder gliederte sich in einen Spielnachmittag und einen anschließenden gemeinsamen Zirkusbesuch auf.
Der Spielnachmittag beinhaltete Spiele, an denen körperbehinderte und nichtbehinderte Kinder und Jugendliche teilnehmen konnten; es zeigte sich aber, daß bei den Spielen keine Kommunikation entstand, d. h. es spielten jeweils die körperbehinderten oder nichtbehinderten Jungpfadfinder, nur wenn von seiten des Leitungsteams Anregungen gegeben wurden, agierten körperbehinderte und nichtbehinderte Kinder miteinander. Ansonsten merkte man den körperbehinderten und nichtbehinder-

ten Jungpfadfindern an, daß sie sich noch unsicher im Verhältnis zueinander bewegten. Wir waren uns einig, daß sich bei der ersten Spielbegegnung nur eine geringe Annäherungsmöglichkeit von körperbehinderten und nichtbehinderten Kindern bietet, deshalb haben wir auch bewußt anschließend einen gemeinsamen Zirkusbesuch angeboten. Diese Zirkusveranstaltung blieb allen als gemeinsames Erlebnis, wobei sogar zwei nichtbehinderte Jungpfadfinder Jungen, die im Rollstuhl saßen, bis in den Zirkus schoben und dabei schon ein Gespräch zwischen diesen zustande kam.

Nach dieser ersten Begegnung trafen sich die beiden Gruppen getrennt voneinander, um den Nachmittag noch einmal im Gespräch »Revue« passieren zu lassen. Es blieben am Ende dieses Gesprächs bei den Körperbehinderten und bei den Nichtbehinderten noch Fragen offen, aber man war sich einig, in Zukunft gemeinsam einen Jungpfadfindertrupp zu bilden.

4.4 Crash »Völkertreffen«

In der nun folgenden gemeinsamen Truppstunde wurden dann schon, ohne Anregungen vom Leitungsteam, Ideen gesponnen, wobei ein Vorschlag den anderen jagte. Schließlich kristallisierten sich einige brauchbare Vorschläge heraus. Nun ging der Trupp daran, Kornetts und Hilfskornetts zu wählen; am Ende dieser Prozedur standen dann vier Sippen mit ihren jeweiligen Kornetts und Hilfskornetts fest.

Interessant war dabei für das Leitungsteam, daß alle Sippen sich heterogen aus körperbehinderten und nichtbehinderten Teilnehmern zusammensetzten. Selbst bei den Kornetts und Hilfskornetts war es so.

Im Trupprat wurden nun die in der Truppstunde eingebrachten Ideen nochmals besprochen, und man einigte sich darauf, ein großes »Völkertreffen« durchzuführen.

Nachdem in den vier Sippen die Informationsphase gelaufen war, trafen sich die Kornetts und Hilfskornetts im Trupprat, um über den bisherigen Verlauf zu berichten. Es stellte sich dabei heraus, daß alle Sippen sich unterschiedliche »Völker« ausgesucht hatten. Jetzt konnte also darangegangen werden, den endgültigen Zeitplan zu beschließen. Danach bereiteten die einzelnen Sippen sich auf das große »Völkertreffen« vor. Ich möchte nun über die Vorbereitung einer Sippe konkret berichten.

Eine Sippe von sechs Jungpfadfindern (wobei zwei Rollstuhlfahrer, einer leichtbehindert und drei nichtbehindert waren) wollte Indianer spielen, kämpfen und abenteuern. Sie überlegten, welche Bekleidung Indianer getragen haben, stöberten nach Büchern, konstruierten gemeinsam, bauten und schnitzten Pfeil und Bogen. Nachdem dies alles fertiggestellt war, überlegten sie, wie sie sich als Indianer an diesem »Völkertreffen« am besten einbringen; was sie den anderen »Völkern« indianerspezifisches über-

reichen könnten; wie sie sich im Spiel überhaupt vorstellen könnten und dergleichen. Bald kam einer auf die Idee, daß sie doch Indianer beim Anschleichen spielen und zwei aus der Sippe als Baumbeobachter abstellen könnten. Begeistert klatschten alle, und die Idee sollte verwirklicht werden. Aber kaum wollte man diesen Vorschlag konkretisieren, da gab es schon Probleme: Wie sollen sich denn Max und Kurt, die beiden Rollstuhlfahrer, anschleichen oder auf einen Baum klettern und beobachten? Alle waren ziemlich ratlos und waren gerade im Begriff aufzugeben, als einem die rettende Idee kam: Es müssen Seile und Stricke her, damit ziehen wir Max und Kurt auf den Baum zum Beobachten. Die anderen Sippenmitglieder dachten bei sich: das ist viel zu gefährlich, und auch Kurt und Max hatten ein wenig »Bammel«. Es bot sich aber keine andere Lösung an, und um nicht das ganze »Völkertreffen« zu gefährden, beschäftigte sich die Sippe unter Mithilfe eines Mitglieds der Truppleitung mit dem Bau dieser »Baumhochziehgeräte«. Als diese soweit fertiggestellt waren, kam es zur Generalprobe für das »Völkertreffen«. Zwei nichtbehinderte Sippenmitglieder setzten Kurt und Max in unsere selbstgebastelten »Baumhochziehgeräte«, eine letzte Prüfung aller Knoten, und dann wurden die beiden in dem Baum hochgezogen, so daß sie einerseits gut getarnt waren, andererseits genügend Blickfeld hatten. Bei diesem Vorgang waren alle mucksmäuschenstill, erst als die beiden oben waren und die Sache hielt, hob ein Freudengeheul an, in das Kurt und Max erst zögernd, doch dann, nachdem sie sich an die ungewohnt wacklige Situation gewöhnt hatten, lautstark einstimmten. Die Generalprobe war ein voller Erfolg, mit Anschleichen, Bogenschießen, Beobachten und Erkennungszeichen geben.
Am Tag des großen »Völkertreffens« trafen die Indianer, Inkas, Kannibalen und Eskimos zum friedlichen Wettkampf zusammen. Zu Beginn überreichten sich die »Stammesfürsten« gegenseitig Gastgeschenke, bevor es zu den Spielen und Abenteuern kam. Am Ende dieses Tages waren alle ziemlich zufrieden, aber gleichzeitig gespannt: Wer hat wohl gewonnen?
Dem Trupprat fiel es schwer, nach der Auswertung der Wettkämpfe einen Sieger zu finden, aber nach langem Hin und Her war dies auch geschafft. Als nun die letzten Absprachen für das Fest getroffen waren, bereiteten sich anschließend die Sippen auf das Truppfest vor.
Bei dem Fest waren ein paar Gäste anwesend, die die einzelnen Sippen eingeladen hatten. Nun wurden die Ergebnisse der Erkundungen der einzelnen Sippen vorgestellt, die Sieger geehrt, Ansprachen gehalten, gefeiert, gespielt und sogar schon neue Pläne geschmiedet.
Bei der Besinnung in der nächsten Truppstunde wurde über Erfolge, Schwierigkeiten usw. geredet. Schwächen und Stärken wurden angesprochen, man ließ einfach die ganze »Arbeit« noch einmal Revue passieren. Etwas davon scheint mir besonders erwähnenswert zu sein. Helmut, ein Junge aus der Sippe mit den »Baumhochziehgeräten«, sagte: »Als wir vor

dem Problem mit den Rollstühlen standen, hab ich in Gedanken Kurt, Max und unsere Idee, einen gemeinsamen Trupp zu machen, verflucht und hätte sicher auch alles hingeschmissen, wenn nicht Ralf auf die Idee mit dem ›Baumhochziehgerät‹ gekommen wäre.«
Niemand dachte mehr daran, daß man am Beginn der gemeinsamen Truppstunden von einem Versuch gesprochen hatte, worauf die Truppleitung noch einmal hinwies. Es kam deutlich zum Ausdruck, daß diese Frage für die Truppmitglieder nicht mehr relevant war, sie waren durch die gemeinsamen Erlebnisse zu einem Trupp zusammengewachsen.

5 Ausblick

Die Anbahnung sozialer Integration von körperbehinderten Kindern war als Ziel dieses Projektes gesetzt. In der geleisteten Arbeit sind sicher nicht alle Erwartungen erfüllt worden. Es wurden aber bei den Körperbehinderten und Nichtbehinderten Unsicherheiten in der Begegnung miteinander abgebaut. Vor allem entstanden erste Kommunikationen zwischen beiden »Gruppen«. Die innerpsychischen Schranken zwischen Körperbehinderten und Nichtbehinderten sind, wenn nicht ganz, so doch zu einem erheblichen Teil abgebaut. Durch die gezielte Vorbereitung und anschließende, von beiden »Gruppen« bejahte Zusammenführung, trat die Behinderung der Körperbehinderten für die Nichtbehinderten in den Hintergrund. Hierdurch eröffnete sich die Möglichkeit, partnerschaftliche Beziehungen zwischen »beiden« sich entwickeln zu lassen. Daß dies der Fall war, wurde bei allen Aktivitäten deutlich.
Zusammenfassend läßt sich sagen, daß diese Form der Gruppenarbeit von Körperbehinderten und Nichtbehinderten dazu geeignet ist, Interaktionen untereinander zu ermöglichen und Körperbehinderte in den Kreis der Nichtbehinderten zu integrieren. Allerdings ist es notwendig, weiter an dem dargestellten Modell zu arbeiten und neue Wege auszuprobieren. Nur darf diese Arbeit nicht isoliert von anderen Aktivitäten gesehen werden, denn eine Integration von Körperbehinderten und Nichtbehinderten in eine Freizeitgruppe ist nur ein Schritt auf dem Weg hin zur Integration der Behinderten in unsere (?) Gesellschaft.

Literaturverzeichnis

Anstöße zur Selbständigkeit. Erfahrungen aus einer Erholungsfreizeit für geistig Behinderte. In: Lebenshilfe 1/1971.
Aspekte für die Ausbildung, Weiterbildung und Fortbildung von Fachkräften in der Rehabilitation im Freizeitbereich. In: Ausbildung, Weiterbildung und Fortbildung von Fachkräften in der Rehabilitation. Bericht über die Arbeits-

tagung der Deutschen Vereinigung für die Rehabilitation Behinderter e. V. in Bremen. Heidelberg 1975.
Erfahrungen aus Freizeiten mit geistig Behinderten. In: Bundesministerium für Jugend, Familie und Gesundheit (Hrsg.): Gesundheitsförderung und Rehabilitationshilfen für Behinderte durch Freizeitprogramme. Bonn-Bad Godesberg 1971.
Geistig behinderte Kinder in Pfadfindergruppen. In: Lebenshilfe 3/1974.
Jugendarbeit mit Behinderten. Ein Beitrag zur sozialen Rehabilitation. In: Die Rehabilitation 1/1975.
Kluge, K. J. / Zielniok, W. J.: Alle Behinderten – unsere Partner. Beiträge zur außerschulischen Sonderpädagogik. Neuburgweier/Karlsruhe 1970.
Können geistig Behinderte Pfadfinder werden? In: dbk das behinderte kind 3/4/1974.
Offenheit und Kooperation als Arbeitsprinzipien für das Pfadfindertum mit Behinderten. In: Der Beitrag des Pfadfindertums zur sozialen Rehabilitation behinderter Kinder und Jugendlicher. Internationale Konferenz Pfadfindertum und Behinderte. Deutschland 1969 – Konferenzbericht. Düsseldorf 1970.
Stimmen die Vorzeichen noch? Behindertenarbeit und Deutsche Pfadfinderschaft Sankt Georg im Jahre 1971. In: entwürfe 3/1971.
Zehn Jahre Gemeinschaftswerk des Bundes, Behindertenarbeit der Deutschen Pfadfinderschaft Sankt Georg und Erholungszentrum Westernohe. In: »modern – jung – aktuell«, Dokumentation der Deutschen Pfadfinderschaft Sankt Georg, Düsseldorf 1968.
Zeltlager für behinderte Kinder und Jugendliche. In: dbk das behinderte kind 3/1968.
Zielaspekte einer Freizeitförderung für geistig Behinderte. In: Symposium zu Problemen und Aufgaben der Freizeitgestaltung mit geistig behinderten Menschen 1974 – Konferenzbericht – Bundesvereinigung Lebenshilfe, Marburg 1974.
Zielniok, W. J. (Hrsg.): Der Beitrag des Pfadfindertums zur sozialen Rehabilitation behinderter Kinder und Jugendlicher. Internationale Konferenz Pfadfindertum und Behinderte Deutschland 1969 – Konferenzbericht. Düsseldorf 1970.
Zielniok, W. J. / Hopfenzitz, F.: Jugendarbeit mit Behinderten. Ein Beitrag zur sozialen Rehabilitation. Düsseldorf 1974 (2. Aufl. in Vorbereitung).

V. Teil: Material für Gruppenarbeit und Religionsunterricht

Aus Platzgründen kann hier nur ein modellhafter Vorschlag für die systematische Auseinandersetzung mit den neuen Jugendsekten unter didaktisch-methodischen Gesichtspunkten angefügt werden. Entscheidend ist jedoch nicht eine Vielzahl von didaktischen Anregungen und methodischen Hilfen, sondern es geht um den sozialpsychologisch und theologisch richtigen Ansatz für jene Lernprozesse, die jungen Menschen zur Unterscheidung der Geister verhelfen können, sie ihren Standort und eine begründete Sinnausrichtung ihres Lebens finden lassen.
Da lautet die Frage nicht, mit welchen pädagogischen Maßnahmen, juristischen Winkelzügen oder pastoralen Prinzipien den anmaßenden Absolutheitsansprüchen neureligiöser Bewegungen oder der Faszination ihrer Führergestalten am besten begegnet werden kann, sondern es geht ausschließlich darum, ob und wie ein originär christliches Selbstverständnis als Alternative modischen Trends, pseudoreligiösen oder sonstwie humanistisch getarnten Organisationen zum Tragen kommen kann. Das setzt eine ebenso realistische Einschätzung der tatsächlichen gesellschaftlichen Situation wie der Wirkmöglichkeiten christlicher Unterweisung voraus. Insofern bietet der eine hier vorgestellte Beitrag mehr, als es eine Sammlung von Einzeltips vermöchte: Die Orientierung auf eine fundamental christliche Haltung hin, die sich selbst ebenso in Frage stellen läßt wie sie darauf besteht, ernst genommen zu werden.
So stellt dieser Teil nicht mehr und nicht weniger dar als den Versuch, das Lern- und Erfahrbare christlicher Daseinsbewältigung so aufzuschlüsseln, daß nicht bloß zukünftig-jenseitige Ziele in den Blick kommen, sondern hier und jetzt realisierbare Haltungen und Wege zur eigenen Standortbestimmung sichtbar werden. Das ist gar nichts Ungewöhnliches oder gar die Forderung nach neuer dogmatischer Fixierung; gemeint ist vielmehr einfach die Suche nach dem sicherlich über steile Pfade führenden Weg zu einer Menschlichkeit, die nicht aus sich selbst lebt, sondern in dem Glauben, unterwegs zu sein ins Reich Gottes.

Horst Klaus Berg

Erwägungen und Ansätze zur lernenden Auseinandersetzung mit den Jugendreligionen in Religionsunterricht und Jugendarbeit

1 Zur Ausgangslage der Jugendlichen

Eine qualifizierte Auseinandersetzung mit dem Phänomen der neuen Jugendreligionen erfordert eine Analyse möglicher Verursachungskomplexe im individuellen und gesellschaftlichen Bereich. Hier kann aber nur knapp auf die Ausgangslage der Jugendlichen hingewiesen werden.

Fragen wir nach den *Ursachen* für mißlingende Prozesse der Identitätsfindung, so stoßen wir auf Zusammenhänge, die gerade nicht auf die Phase der jugendlichen Entwicklung beschränkt bleiben, sich allerdings in diesem Lebensabschnitt besonders heftig äußern und drastisch auswirken.

Ich formuliere als Erklärungsmodell für ein vielfach zu beobachtendes Versagen im Prozeß der Identitätsfindung probehalber die folgende These: Wichtigste Ursache für immer stärker zunehmendes individuelles Fehlverhalten ist das ständige Anwachsen anonymer Zwänge, denen der einzelne sich ausgesetzt sieht: »Was viele Kinder ruiniert oder zur Aufgabe zwingt, sind die Lebensbedingungen in den Schulen, den Betrieben, im Freizeitbereich, die Angst vor Arbeitslosigkeit, die sinnliche und emotionale Armut des Alltagslebens, die jede Form realer Phantasietätigkeit tendenziell erschwert.« [1]

Die gleiche Aussage ließe sich im Blick auf die Erfahrungen des größten Teils der erwachsenen Bürger in der Bundesrepublik formulieren.[2]

Besonders negativ wirkt sich die Tatsache aus, daß diese Zwänge dem einzelnen als anonyme, ungreifbare und damit unangreifbare Mächte gegenübertreten: Es ist ja nicht der Lehrer X, der zunehmend leistungskonformes Verhalten seiner Schüler fordert; er verweist auf »den Numerus Clausus«, nach dem auch er sein erzieherisches Verhalten ausrichten müsse. Oder: Es ist ja nicht das Interesse eines namhaft zu machenden Industriebetriebs, welches den Bau immer weiterer Kernkraftwerke fordert, sondern »die Wirtschaft«, deren Wachstum zur Erhaltung der Arbeitsplätze (auch der der demonstrierenden Bürger!) nötig sei.

[1] G. Amendt, Besorgte Eltern sollten lernen! Zuschrift an den SPIEGEL 47/1976

[2] Ein Beleg dafür, daß Frustrationen und Fehlentwicklungen nicht nur phasentypische Schwierigkeiten des Jugendalters sind, sondern Tendenzen gesellschaftlich verursachter Leiden insgesamt signalisieren, sind u. a. folgende Erscheinungen im Bereich der erwachsenen Bürger: Rapides Anwachsen der psychischen Krankheiten; starke Zunahme der Selbstmordrate; Emporschnellen des Alkoholkonsums.

Diese Liste ließe sich fast nach Belieben verlängern: Das Individuum sieht sich von anonymen Mächten umstellt, denen es kaum etwas entgegenzusetzen hat, die aber über seine Zukunft entscheiden.
Diese Mystifikation, d. h. die Verschleierung von Gruppeninteressen hinter sogenannten Sachzwängen, wirkt sich folgendermaßen aus:
Das Gefühl der Ohnmacht erzeugt *Angst*. Es gibt Indizien genug dafür, daß Zukunftsangst nicht nur bei Kindern und Jugendlichen, sondern auch bei erwachsenen Bürgern das Verhalten ganz wesentlich beeinflußt.
Die Anonymität läßt die Verursacher von Zwängen und manipulativer Beeinflussung als unangreifbar erscheinen. Ihnen ist offenbar weder mit einer argumentativen Auseinandersetzung noch mit engagiertem Widerstand beizukommen. *Resignation* und der Wunsch zum *Rückzug aus dieser Gesellschaft* sind nur zu oft die Folge derartiger (realer oder vorgestellter) Erfahrungen.
Angst und Resignation lösen häufig eine *Tendenz zu irrationalem Verhalten* aus; dies zeigt sich insbesondere als Bereitschaft, sich der Organisation, dem Führer, der Gruppe zu unterwerfen, die am nachhaltigsten versprechen, ihre Anhänger mit Macht auszustatten.
Verstärkt wird diese Entwicklung vor allem bei den Heranwachsenden dadurch, daß die traditionell in der Gesellschaft vorgegebenen Orientierungen und Hilfen versagen. Das zeigt sich ihnen u. a. in folgenden Bereichen:
Das Elternhaus spiegelt oft nur die Unfähigkeit einer auf die verdinglichten Prozesse von Produktion und Konsum reduzierten Gesellschaft, Sinngebungen und Wertvorstellungen als praktische Maximen anzugeben.
Auch die Kirchen sind offenbar nicht hinreichend in der Lage, den Jugendlichen, die in der Gefahr sind, die Flucht aus dieser Gesellschaft anzutreten, das zu bieten, was sie suchen: Geborgenheit – Kommunikation – das Bild einer Zukunft, das zu einer produktiven Lebensorientierung verlockt.
Erfahrungen dieser Art werden durch Fehlentwicklungen und Verzerrungen in der religiösen Sozialisation verschärft. A. Exeler[3] nennt vor allem drei typische Fehlformen: Konzentration auf die Erhaltung der institutionalisierten Religion statt auf die Förderung der Heranwachsenden. – Unausgewogene Akzentuierung zentraler Glaubensinhalte; so kann beispielsweise eine einseitig am Sündenbegriff orientierte Soteriologie zur Ausklammerung positiver Ansätze aus dem Entwicklungsprozeß führen. – Ausarbeitung von Religion als Abhängigkeit und Unterwerfung.
Hier wird allerdings der Hinweis auf die religiösen Defizite im Elternhaus kaum ausreichen; vielmehr ergeben sich tiefgreifende Rückfragen an die Verkündigung und Praxis der Kirchen, die ja das Verhalten der Eltern in der Glaubenserziehung entscheidend prägen.

[3] A. Exeler, Fehlformen religiöser Erziehung. In: E. Feifel u. a. (Hrsg.), Handbuch der Religionspädagogik, Band 1, Gütersloh/Zürich 1973, S. 135 ff.

Eben in die Lücke, die das Versagen der traditionellen Orientierungs- und Integrationsagenturen reißt, tritt das Angebot der Jugendreligionen.
Sie versprechen:
Identität durch Gruppenstabilität und -exklusivität;
Orientierung durch eine eindeutige Ideologie;
Geborgenheit in einer Bezugsgruppe (»sozialer Schoß«);
Überlegenheit durch die Führerpersönlichkeit, mit der man sich identifiziert, sowie durch das vermittelte Bewußtsein, einer machtvollen Bewegung anzugehören;
die Dynamik der Alternative zum Bestehenden und des neuen Aufbruchs durch einen radikalen Bruch mit den bisherigen Lebensverhältnissen (Namenwechsel!);
überzeugende Anlässe zur Betätigung eines eigenen Engagements.
Gibt es *Kriterien* zur Auseinandersetzung mit diesen Angeboten?
In Orientierung an K. E. Nipkows Ausführungen zur Bedeutung der Religion in der jugendlichen Identitätskrise [4] können wir folgende Hinweise geben (im ersten Teil der Fragen werden jeweils negative Erscheinungen formuliert, im zweiten Teil wünschenswerte Alternativen):
Wird eine geschlossene Ideologie vermittelt? – Oder bleibt der Jugendliche offen für neue Erfahrungen und kritische Auseinandersetzung?
Wird eine totale Einordnung eigener Gedanken und Bedürfnisse in ein festes System von Werten und Verhaltensmustern gefordert? – Oder bleibt Raum für eine auf die eigene Erfahrung bezogene Interpretation und Praxis?
Führt die Gruppenstabilität zur Exklusivität und zur bedingungslosen Abgrenzung gegen Andersdenkende? – Oder ist gerade die Dialogfähigkeit des einzelnen und der Gruppe ein wichtiges Merkmal der jeweiligen Gruppierung?
Wird das Engagement der Jugendlichen nach starren Normen und Zielen gelenkt? – Oder ist kritisches und selbst verantwortetes Handeln zugestanden bzw. gefordert?
Kommt es zu einer völligen Unterwerfung unter die jeweilige Führergestalt und die ihm zuarbeitende Organisation? – Oder bietet sich eine Führungshilfe eröffnende Person in brüderlicher Solidarität an?
In allen Fällen, für die die kritischen Anfragen zutreffen, muß unter den leitenden christlichen Kriterien der Befreiung und der Liebe scharf protestiert und nachhaltig gewarnt werden. Allerdings werden die Christen und die Kirchen nicht von der rechthaberischen Illusion ausgehen dürfen, daß sie diese kritischen Anfragen allesamt bereits im Rücken hätten; vielmehr sind sie gerade im Dialog und in der Kontroverse mit den Jugendreligionen herausgefordert, das eigene Selbstverständnis und die angebotene Praxis ernsthaft zu überprüfen.

[4] K. E. Nipkow, Grundfragen der Religionspädagogik. Band 2, Gütersloh 1975, S. 135 ff.

2 Didaktische Ansätze und Intentionen

Insgesamt geht es um eine lernende Auseinandersetzung mit den Jugendreligionen, die – die Banalität vordergründiger Apologetik vermeidend – die Heranwachsenden befähigen soll, ihre eigenen Bedürfnisse und Zielvorstellungen im Kontext gesellschaftlich verursachter Defizite wahrzunehmen, sich mit Angeboten religiös und christlich motivierter Lebensgestaltung qualifiziert auseinanderzusetzen und diese in einen selbst verantworteten Lebensentwurf zu integrieren.
Dieses Rahmenziel kann folgendermaßen ausdifferenziert werden:

1. Wichtige in der Bundesrepublik tätige religiöse Gruppierungen kennen.
2. Typische Merkmale dieser Gruppierungen benennen können.
3. Diese Merkmale mit den Merkmalen christlicher Kirchen und Gruppen vergleichen können.
4. Gesichtspunkte zur kritischen Auseinandersetzung kennen und anwenden können.
5. Erfahrungen von Realität artikulieren, mit qualifizierten Bewertungsbegriffen verknüpfen und beurteilen können.
6. Humane und religiöse Bedürfnisse und Zielvorstellungen nennen und in ihrer Bedeutung für das individuelle und öffentliche Leben einschätzen können.
7. Jugendreligionen als Angebote der Erfüllung solcher Bedürfnisse interpretieren und bewerten können.
8. Formen des Gruppen- und Gemeindelebens innerhalb und außerhalb der Kirchen kennen und in ihrer Bedeutung zur Erfüllung persönlicher und gesellschaftlicher Bedürfnisse einschätzen können.
9. Produktive und realisierbare Alternativen zu diesen Formen kennen und sich mit vorliegenden Entwicklungen auseinandersetzen können.
10. Die Dynamik biblischer Symbole und realutopischer Entwürfe kennen und in die eigene Erfahrung integrieren können.
11. Bereitschaft und Fähigkeit entwickeln, Zustände und Entwicklungen im individuellen und gesellschaftlichen Bereich im Blick auf wünschenswerte Veränderungen zu analysieren und Möglichkeiten zur Durchsetzung dieser Veränderungen erfahrungsbezogen zu reflektieren.

3 Zur Praxis der lernenden Auseinandersetzung

Die praktischen Hinweise zur lernenden Auseinandersetzung orientieren sich an einer weitmaschigen Aufrasterung des Problemfeldes in vier Lernbereiche. Diese ist jedoch keineswegs als Abgrenzung gegeneinander isolierter Teilthemen zu verstehen, die die Komplexität der Thematik und die Interdependenz ihrer Strukturelemente gerade verfehlen müßte. Darum wird immer wieder auf Überschneidungen und Verklammerungen der Lernbereiche hingewiesen.

Lernbereich A: Die Jugendreligionen

Hier geht es um die unmittelbare Auseinandersetzung mit den neueren religiösen Gruppierungen in unserer Gesellschaft.

Leitfragen:
1. Welche religiösen Gruppierungen lassen sich feststellen? Welche sprechen vor allem junge Menschen an?
2. Welche Merkmale zeichnen die einzelnen Gruppierungen aus?
   Entstehung/Geschichte:
   Gründer/Leiter/Zentrale Personen:
   Lehre:
   Ziele:
   Organisation/Lebensformen:
3. Was wird dem Mitglied geboten?
4. Was wird vom Mitglied erwartet?
5. Was gefällt an dieser Gruppe?
6. Was ist zu kritisieren? (Rückgriff auf die oben notierten Kriterien)

Folgende *Intentionen* dominieren in diesem Lernbereich: 1–4

Anmerkungen zur Realisierung im Lernprozeß

1. Die Informationsbeschaffung könnte in der Art eines Projekts erfolgen (Materialien sind in der Regel bei den entsprechenden Arbeitsstellen der Diözesen und Landeskirchen erhältlich). Dabei sollte der Unterrichtende sorgfältig darauf achten, daß ein etwa angebahnter direkter Kontakt der Lernenden mit einer religiösen Gruppierung nicht propagandistisch oder manipulativ ausgenützt wird; meistens wird der Hinweis genügen, daß *alle* Informationen in der Lerngruppe vorgestellt und diskutiert werden sollten. In vielen Fällen bietet es sich an, eine direkte Begegnung unter den Bedingungen einer unterrichtlichen Auseinandersetzung herbeizuführen mit den Möglichkeiten der rationalen Argumentation, Gruppendiskussion und Beratung durch den Unterrichtenden bzw. Gruppenleiter; dieser geplante Kontakt ist auf jeden Fall einer unvorbereiteten Begegnung der Jugendlichen mit diesen Gruppen vorzuziehen, in der sie in der Regel völlig auf sich allein gestellt sind.
2. Die oben notierten Leitfragen könnten zur Erstellung eines »Gruppenbildes« einzelner Gruppierungen verwendet werden. Die Realisation wäre u. U. in Form einer Wandzeitung möglich. Es sollte unbedingt darauf geachtet werden, daß eine solche Darstellung mögliche reale Gefährdungen und Bedrohungen nicht verharmlost.
3. Als besonders fruchtbar bietet sich unter den oben notierten Fragestellungen ein Vergleich mit den Kirchen an. Dabei wäre hervorzuheben, daß die Lernenden nicht die vorgefundene Ortsgemeinde und/oder die

Institution der Großkirche als einzige Möglichkeit christlicher Gemeindebildung kennenlernen. Der Unterrichtende sollte den Anlaß benützen, um die Lerngruppe mit Ansätzen von Basisgemeinden bekanntzumachen und in die kritische Auseinandersetzung einzubeziehen (Verklammerung mit Lernbereich B).
4. Die Beschäftigung mit den Jugendreligionen sollte nicht flächendeckend, sondern exemplarisch vorgehen. Folgendes Verfahren bietet sich an: Informationsbeschaffung zu möglichst vielen der in der Bundesrepublik tätigen Gruppierungen; vertiefte Auseinandersetzung mit 1–2 besonders charakteristischen Gruppen (z. B. Children of God; Vereinigungskirche des S. M. Mun).
5. Die Aufgabe der Informationsbeschaffung und Auseinandersetzung könnte u. U. über die eigene Lerngruppe hinaus zu einer Informationsveranstaltung für mehrere Klassen, einem Elternabend, einem Jugendforum erweitert werden.

Lernbereich B: Selbsterfahrung – individuelles und gesellschaftliches Leiden – Analyse und Alternativen

Lernprozesse in diesem Bereich zielen darauf, unter analytischem Aspekt die Ausgangslage der Jugendlichen zu erhellen und zu den Angeboten der Jugendreligionen in Beziehung zu setzen. Weiterhin geht es darum, sich mit möglichen Perspektiven authentischen Lebens auseinanderzusetzen und Chancen der Realisierung zu reflektieren.

Leitfragen:
1. Wo wird gegenwärtige Lebenserfahrung als bedrückend oder bedrohlich empfunden?
2. Wo wird gegenwärtige Lebenserfahrung als beglückend oder befreiend erfahren?
3. Was ergibt sich aus einem Vergleich der eigenen Erfahrungen mit den Erfahrungen anderer? (Klassengemeinschaft; Gruppe; Erwachsene; Berichte aus der Literatur)
4. Welche Bedürfnisse und Lebensziele sind für den einzelnen wichtig? Welche Perspektiven müßte sich die Gesellschaft insgesamt setzen?
5. Welche Lebensformen eignen sich besonders gut, um diese Ziele und Wünsche zu verwirklichen?
   Im privaten Bereich;
   in Gruppen, Vereinen, Institutionen;
   im beruflichen Bereich;
   im gesamtgesellschaftlichen Bereich.
6. In welcher Weise versprechen die Jugendreligionen eine Erfüllung dieser Bedürfnisse?
7. Welche Experimente solidarischer Kommunikation innerhalb und

außerhalb der Kirchen können sich als Verlockungsmodelle eigener Initiativen anbieten?

Folgende *Intentionen* dominieren in diesem Lernbereich: 5–9

Anmerkungen zur Realisierung im Lernprozeß

1. Lerneinheiten in diesem Bereich sollten nicht als Auseinandersetzung mit den Jugendreligionen beginnen, sondern sich auf die umfassenderen Perspektiven individueller Bedürfnisse und humaner Zielvorstellungen konzentrieren, die m. E. für die Analyse dieser Gruppierungen und für den Entwurf möglicher Alternativen unentbehrlich sind.
2. Als günstig hat es sich erwiesen, zukunftsbezogen einzusetzen. Eine Diskussion des Themas »Die Welt, in der wir leben möchten« wird auf viele der Leitfragen Bezug nehmen können.[5]
3. Oft kann auch eine provozierende Äußerung eine angeregte Diskussion motivieren; z. B. der folgende Ausspruch eines Oberschülers[6]: »Was braucht der Mensch, um glücklich zu sein? Eine Menge Geld, ein Faß Wein, eine Frau wie Brigitte Bardot, zwei Steaks pro Tag, einen Fernseher und einen Liegestuhl.«
4. Eine Schlüsselfunktion in allen Lernprozessen zu diesem Bereich hat die Überlegung, in welcher Weise die Jugendreligionen »Antworten« auf individuelle und gesellschaftliche Leiden bereithalten und wie diese zu beurteilen sind (s. o.) Eine solche Untersuchung wird nur exemplarisch auf dem Hintergrund einer gründlicheren Auseinandersetzung mit einer bestimmten Gruppierung fair und mit Aussicht auf Erfolg durchgeführt werden können (Verklammerung mit Lernbereich A).
5. Besonderes Gewicht sollte auch hier auf die Einbeziehung von Verkündigung und Praxis der Kirchen gelegt werden.

In diesem Zusammenhang ist die Auswertung von Befragungen Jugendlicher über ihre Einstellungen zur Kirche von Interesse, die G. Miller[7] zusammenfassend vorgelegt hat. Die Antworten sind charakteristischerweise ambivalent: Einerseits üben die Jugendlichen deutlich Kritik an einer statisch-institutionellen Praxis; andererseits ist ein Bewußtsein dafür vorhanden, daß die Kirchen wohl in der Lage sein könnten, grundlegende Bedürfnisse zu befriedigen.

6. Diese Erwartungen legen es nahe, die Lernenden mit Experimenten neuerer christlicher Kommunitäten bekannt zu machen (Verklammerung mit den Lernbereichen C und D); hier wären beispielsweise die »Exodusgemeinden[8]«, die »integrierte Gemeinde[9]« oder andere freie Gruppen

---

[5] vgl. z. B. H. K. Berg u. a., Zukunft. Politische, philosophische und theologische Aspekte der Futurologie (rp-modelle 15). Frankfurt/München 1976.

[6] Enzo Biagi, Germanie. Zitat nach: SPIEGEL 51/1976, S. 84

[7] G. Miller, Schülereinstellungen zur Kirche; in: KBl 1976, S. 592 ff.

[8] A. Exeler, Exodus. Ein Leitmotiv für Pastoral und Religionspädagogik. München o. J.

anzusprechen[10]; aber auch gesellschaftlich-politische Gruppierungen auf Zeit wie Bürgerinitiativen[11] oder auch gemeinsame Aktivitäten von Kirchen und Gewerkschaften zur Bekämpfung der Arbeitslosigkeit[12]: Gibt es Analogien zu den Jugendreligionen? Wo liegen die Unterschiede?
(Der Unterrichtende müßte allerdings darauf hinweisen, daß Basisgemeinden und Aktionsgruppen nicht einfach gegen die Institution Kirche ausgespielt werden können; hier wäre die jeweilige Funktion zu beachten.)
7. Eine nur auf die kognitive Ebene eingeschränkte Auseinandersetzung wird insbesondere bei diesem so deutlich von emotionalen Aspekten bestimmten Problemfeld wirkungslos bleiben. Als Möglichkeiten erfahrungsbezogener Lernschritte bieten sich beispielsweise an:
Reflexion gruppendynamischer Prozesse, mit dem Ziel, die Folgen frustrationsgeleiteten Verhaltens zu erfahren;
Rollenspiele zum gleichen Anlaß;
Simulationsspiele zu Techniken, einzelne und Gruppen bestimmten Führungspersonen zu unterstellen, sie rigiden Ideologien zu unterwerfen usw.

Erfahrungsbezogene Lernprozesse dieser Art werden im schulischen Religionsunterricht nur sehr begrenzt durchgeführt werden können. Hier haben Jugendgruppen erheblich bessere Möglichkeiten; insbesondere können sie ihr eigenes Gruppenleben unter den oben formulierten Kriterien und in Auseinandersetzung mit den Jugendreligionen bedenken sowie mit Alternativen experimentieren. Der schulische Unterricht wird darauf angewiesen sein, mit den Jugendgruppen möglichst intensiv zu kooperieren.
Die beiden letzten Lernbereiche gehen über die Thematik der Jugendreligionen hinaus und werden daher nur noch knapp skizziert:

Lernbereich C: Grundlegende Aussagen und Symbole[13] der biblischen Überlieferung als Hilfen zur Selbst- und Gruppenorientierung und als realutopische Perspektiven

In diesem Bereich geht es um die Erarbeitung der Begriffe und Aussagen, die sowohl als Kriterien der Auseinandersetzung wie als Orientierungssymbole dienen. Eine besonders enge Verklammerung mit den übrigen Lernbereichen ist angezeigt.

---

[9] Die integrierte Gemeinde. Christliche Existenz in einer säkularisierten Welt. Beiträge zur Reform der Kirche. Heft 15–17. München o. J.

[10] M. Raske, Kirche kann auch anders sein. Freie Gruppen in der Kirche (Unterrichtsmodelle Fach Religion 23). München 1976. – Leider bietet das Modell nicht viel Informationsmaterial.

[11] H. Knirsch / F. Nickolmann, Die Chancen der Bürgerinitiativen. Ein Handbuch. Wuppertal 1976

[12] vgl. die instruktiven Berichte in: Publik-Forum 24/1976.

[13] Zur Bedeutung von Symbolen in der religiösen Erziehung unter der Fragestellung dieses Kapitels vgl. vor allem: M. Stallmann, Tradition und Emanzi-

Leitfragen:

1. Welche grundlegenden Aussagen und Symbole der biblischen Überlieferung bieten sich als Orientierungshilfen im individuellen, gruppenbezogenen und gesellschaftlichen Bereich an?
2. Welche grundlegenden Aussagen und Symbole eignen sich besonders zur Kennzeichnung realutopischer Perspektiven für Kirche und Gesellschaft?

Folgende *Intentionen* dominieren in diesem Lernbereich: 10

Anmerkungen zur Realisierung im Lernprozeß

1. Eine unentbehrliche Voraussetzung für die produktive Aneignung biblischer Symbole ist eine kritische Auseinandersetzung mit der Art und Ausrichtung ihrer Vermittlung in der erfahrenen religiösen Sozialisation [14].
2. Wichtig ist es, daß die Lernenden Grundaussagen und Symbole der biblischen Überlieferung in Lebens- und Erfahrungszusammenhängen kennenlernen, in denen sie überzeugend zur Wirkung und Geltung kommen. Als ein ausgezeichnetes Beispiel bietet sich die Untersuchung des Exodusmotivs von A. Exeler (s. o.[8]) an.

Lernbereich D: Veränderung von Schule, Gruppe und Gesellschaft als Humanisierung

Insbesondere dieser letzte Lernbereich geht erheblich über unsere Aufgabenstellung und über die Möglichkeiten schulisch organisierten Lernens hinaus. Dennoch ist er als *Perspektive* unentbehrlich.

Leitfragen:

1. Welche Veränderungen sind nötig, damit Schule – Gruppe/Institutionen – die Gesellschaft im ganzen sich auf die Erfüllung grundlegender humaner Bedürfnisse ausrichten?
2. Was steht ihrer Realisierung im Wege?
3. Welche Schritte in Richtung wünschenswerter Zukunftsperspektiven können unter den jetzt geltenden Bedingungen realisiert werden?

Folgende *Intentionen* dominieren in diesem Lernbereich: 6; 9; 11

Zur *Realisierung im Lernprozeß* sollen zu diesem Lernbereich keine detaillierten Hinweise gegeben werden.

---

pation in der Religionspädagogik. In: P. Biehl/H. B. Kaufmann (Hrsg.) Zum Verhältnis von Emanzipation und Tradition. Frankfurt 1975, S. 17 ff.; vor allem S. 32 – Ein gutes Beispiel bietet: G. Baudler, Die Jesus-Überlieferung: Hilfe zur Identitätsfindung: In: ru, 1974, S. 156

[14] Vorschläge dazu in meinem Buch: Lernziel: Schülerinteresse, Kapitel 15, München/Stuttgart 1977

Ute Schumacher[1]
Einführungsstunde zum Thema Jugendreligionen
Unterrichtsentwurf (9.–10. Schuljahr)

Vorbemerkung

Die Vorlage für eine mögliche Einführung in das Thema Jugendreligionen nennt sich bewußt »Unterrichtsentwurf«. Jugendreligionen sind ein so komplexes Thema, vor allem, wenn man sich bemüht, die möglichen Ursachen für den »Boom« der Jugendreligionen zu erfragen. Darüber hinaus ist es schlichtweg unmöglich, »vom grünen Tisch« her, Einstellungen, Erfahrungen und Wissensstand einzelner Schulstufen, Klassen und Schüler zu beschreiben, um auf diesen aufbauend einen durchstrukturierten Stundenentwurf erstellen zu können. Diese Vorlage ist lediglich als Anregung für den Lehrer gedacht, die, entsprechend den Vorerfahrungen und den anthropologischen wie soziokulturellen Voraussetzungen der Schüler, modifiziert werden muß. Auf jeden Fall verlangt das Thema »Jugendreligionen« vom Lehrer eine gründliche Vorbereitung, sowohl inhaltlich-sachlicher Art (Info-Material ist in den kirchlichen Jugendämtern zu erhalten) als auch hinsichtlich der methodischen Vermittlung; denn die Unterrichtseinheit sollte weder in einer »Verteufelung« der Jugendreligionen enden, noch eine Werbung für diese sein. Trotz aller Schwierigkeiten sollte das Thema »Jugendreligionen« in der Schule behandelt werden, damit Jugendliche nicht unwissend, von den vor allem emotional ansprechenden Äußerlichkeiten der Jugendreligionen fasziniert, in eine solche »hineinschliddern«.

Ziel der Unterrichtsstunde

Man kann davon ausgehen, daß als Einstieg in das Thema Jugendreligionen eine »Informationsstunde« im Detail über die verschiedenen Jugendreligionen die Schüler eher verwirrt. Hat man den Jugendlichen und seine mögliche Gefährdung im Auge, so ist es wichtiger, bei der Lebenssituation des Jugendlichen anzusetzen und auf mögliche Ursachen für einen Eintritt in eine Jugendreligion einzugehen. Aus diesem Ansatz ergeben sich global folgende Ziele für die Unterrichtsstunde:

- Den Schülern sollen, von ihrem eigenen Erfahrungshintergrund ausgehend, mögliche Ursachen für einen Eintritt in eine Jugendreligion bewußt werden.
- Die Schüler sollen einen Einblick in die Ziele, die Struktur und das hierarchische System der Jugendreligionen gewinnen.

[1] In Zusammenarbeit mit Kaplan *Erwin Martini* und Jugendpfarrer *Josef Ring* beim Katholischen Jugendamt Bonn erstellt und mehrfach erprobt.

- Den Schülern soll Positives und Negatives der Sekten deutlich werden.
- Den Schülern sollen die Konsequenzen, die mit einem Eintritt in die Jugendreligionen verbunden sind, bewußt werden.

Einstieg

Erfragung von Unzufriedenheit, Mißerfolgserlebnissen, Situationen von Jugendlichen, wo sie »down« sind, sich einsam und verlassen fühlen etc.

Mögliche Methoden und Medien als Impuls

- *Dias,* die solche Stimmungen wiedergeben (z. B. Aufnahmen von einer Trabantenstadt, Betonsilos, jemand, der einsam auf einer Bank sitzt, Mülltonnen, die überquellen, Sackgassenschild)
- Austeilen von Zeitungsanzeigen, wo Jugendliche z. B. einen Arbeitsplatz, eine Lehrstelle, einen Studienplatz, Freunde, Anschluß an einen Club, ein kleines Fachwerkhaus in der Natur etc. suchen, verbunden mit der Frage: Jemand, der solch eine Anzeige aufgibt, ist der in dieser Situation mit seinem Leben zufrieden?

Im Anschluß an eine kurze Diskussion über die Mißstände in unserer Gesellschaft, wie sie Jugendliche sehen und erfahren, folgt die Anregung, sich doch einmal darüber zu unterhalten, wie sich die Schüler ein »wünschenswertes« Leben vorstellen.
Ziel der Phantasie ist es, von der Situation der Schüler ausgehend mögliche Ansatzpunkte der Sektenwerbung schon hier zu erarbeiten, um sie später den Schülern transparent machen zu können.

Information über die möglichen Ursachen für das Phänomen »Jugendreligionen« anknüpfend an die Äußerungen der Schüler in der Einstiegsphase

Auflegen der 1. Folie:
a) Konzentration auf die »Welt«
Info des Lehrenden: Die Jugendreligionen erfassen im Grunde genommen all die negativen Erfahrungen von Jugendlichen in unserer Welt und bezeichnen unsere Welt, unsere Gesellschaft als Chaossystem (Eintragen dieses Begriffes in den Kreis »Welt« mit wasserlöslichen Stiften).

In dieser Welt herrschen vor: . . . .
Die Schüler nennen hier nochmals ihre negativen Erfahrungen, die nun unter Oberbegriffe zusammengefaßt, an Pfeile geschrieben, alle auf das »Chaos-System« einwirken.
Etwa folgendes Schaubild [2] könnte erarbeitet werden:

---

[2] Aus einer Skizze von *F. W. Haack* entwickelt; siehe: ders., Verführte Sehnsucht. Evangelischer Presseverband in Bayern, München 1978, S. 52.

Folie 1

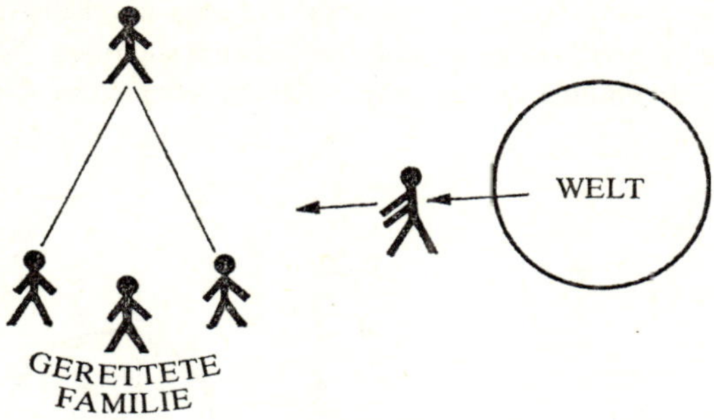

Die Beschriftung der Pfeile richtet sich natürlich nach den Aussagen der Schüler. (Eintragen mit wasserlöslichen Stiften.)

b) Konzentration auf die »gerettete Familie«
Lehrer: Mit einem Hinweis auf die »austretende Figur« Erfragung der Konsequenzen für den Jugendlichen nach Ansicht der Jugendreligionen. Erarbeitung der »geretteten Familie« mit Einbeziehung der Schüler unter dem Aspekt:
Lehrer: »Seid ihr schon einmal von einem Mitglied einer Jugendreligion angesprochen worden, was bieten sie dem Jugendlichen?«

Information über die Struktur und die Gefahr der »geretteten Familie« und das Verhältnis zwischen Welt und Jugendreligionen

Folie 2

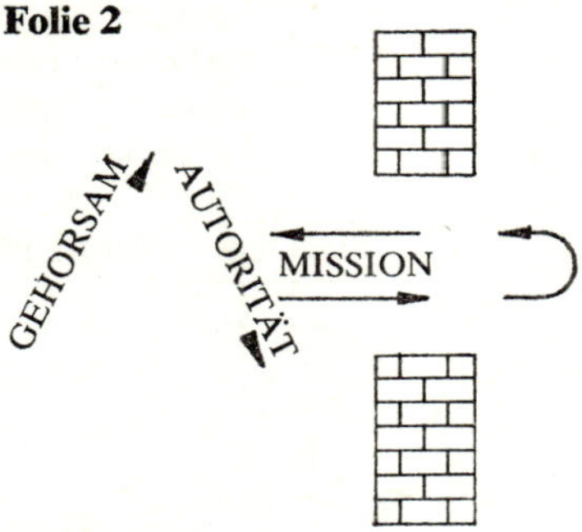

Auflegen der Folie 2 auf die 1:
a) gerettete Familie: Sektenführer nicht gewählt – ist die absolute Autorität, erlaubt keine Kritik, verlangt absoluten Gehorsam etc.
b) Verhältnis Jugendreligion – Welt: Was bedeutet die Mauer!
Welcher Kontakt besteht noch! – Mission – mit welchem Ziel!
Diskussion der Konsequenzen für denjenigen, der in eine Jugendreligion eintritt. Unter der Einbeziehung der Äußerungen der Schüler zu einem

»wünschenswerten« Leben aus der Einstiegsphase (etwa Berufswünsche, Aussuchen von Freundeskreis, Selbstbestimmung, möglichst viel Freiheit) mit dem Ziel zu verdeutlichen, daß die Jugendreligionen die persönliche Freiheit eines Jugendlichen sehr stark (viel stärker als im »Chaossystem«) einschränken.

Folie 1 und 2

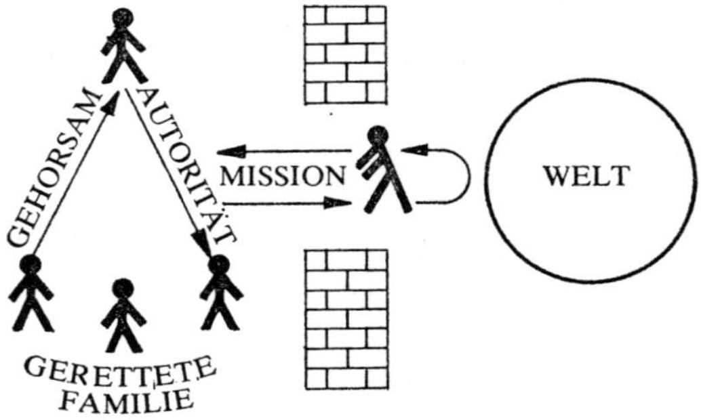

Sind die Schüler noch aufnahmebereit bzw. fähig, kann in der Endphase der Doppelstunde noch eine Jugendreligion herausgegriffen werden. Es empfiehlt sich die Mun-Sekte und dort speziell deren Lehre, deren »Theologie« (Jugend-»Religion«).

Folie 3

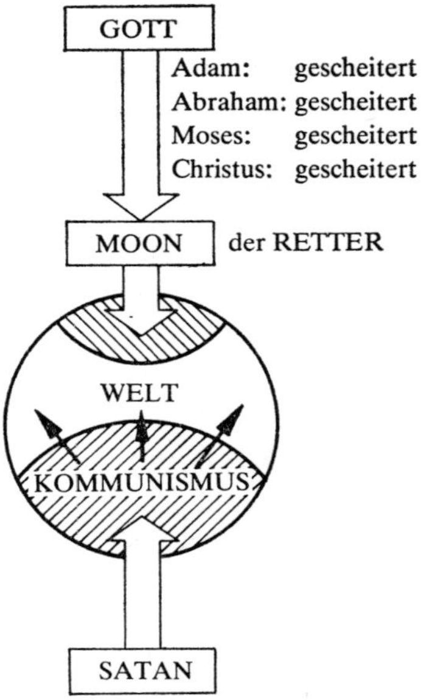

Auflegen der 3. Folie:
Die Folie wird weitgehend vom Lehrer ohne Einbeziehung der Schüler erarbeitet und dem Schüler vorgestellt werden müssen. Es sei denn, die Schüler haben bereits einen gewissen Informationsstand über die Mun-Sekte (Vereinigungskirche), so daß hier Einzelinformationen der Schüler zusammengetragen und in dieses »Gesamtkonzept«, auf der Folie dargestellt, eingeordnet werden können.

In einer weiteren Unterrichtsstunde kann noch auf ein oder zwei Jugendreligionen und deren spezifische Ansätze eingegangen werden. (Es empfiehlt sich, die zu nehmen, die am Ort oder in der näheren Umgebung ansässig sind.) Hier kann der Lehrer dann anhand von sekteneigenem Material bzw. Informationsschriften (Mo-Briefe – Kinder Gottes; Neue Hoffnung – Mun-Sekte) von den Schülern selbst spezifische Einstellungen, Leitideen, evtl. auch politische Hintergründe der jeweiligen Jugendreligion oder auch das Fehlen dieser Ansätze erarbeiten lassen.
Wesentlich erscheint es mir, zum Abschluß dieses Themas auf die Frage einzugehen: Was können wir, gemeinsam und jeder für sich, in der Kirche, in der Schule dafür tun, die Vorstellungen von einem »wünschenswerten« Leben für uns und für andere in die Realität umzusetzen. Was muß verändert werden?
Am Ende der Stunde:
- Austeilen von Handzetteln mit Informationen
- Hinweis auf die Angebote im Katholischen Jugendamt.

Anhang zum Stundenentwurf

Alternative Methoden und Medien
a) *Behandlung eines Fallbeispiels,* an Hand dessen den Schülern die Veränderung des Handelns und Verhaltens eines Jugendlichen nach dem Eintritt in eine Jugendreligion deutlich wird.
Z. B. Artikel: »Satan hat eine Schlappe erlitten« (aus Kontraste, Nr. 4, 1976, S. 12) an die Schüler austeilen, lesen lassen unter dem speziellen Aspekt, was hat sich gewandelt . . .
Erarbeitung etwa folgenden Tafelbildes:

Vorher	*Nachher*
Zielbewußtes Handeln	Zielbewußtes Handeln
Selbstbewußtes Handeln	Sektenbewußtes Handeln
Achten auf die äußere Erscheinung	Mißachtung des Äußeren
Realitätssinn	Aufgabe der eigenen Person
Urteilsfähigkeit	Person im Dienst der Sekte
Wert auf eigenes Urteil	Übernahme der Urteile der Sekte
	Abhängigkeit von diesem Urteil

Wie kommt es zu dieser Wandlung? Was wird bei dem Eintritt in die Jugendreligionen verlangt?

- Erarbeitung der Folien 1 und 2, die übereinander gelegt werden.

b) *Das Vorgehen der Jugendreligionen,* ihre Art und Weise, Jugendliche anzusprechen und sie zu verplanen, könnte wie folgt erarbeitet werden:
Vorlesen, besser noch Anschreiben der Einladung der Hare-Krishna-Sekte (Kontraste, Nr. 4, 1976, S. 16)

- Wer wird eingeladen? Welche Personengruppe fühlt sich speziell angesprochen?

Hinwendung zum Jugendlichen mit seinen Problemen.
Verteilen des Berichtes über den Tagesablauf der Hare-Krishna-Sekte (Kontraste, Nr. 4, 1976, S. 18–19). Besprechung des Berichtes mit dem Ziel, die Vereinnahmung der Person durch die Verplanung ihrer Zeit bewußtzumachen.

c) *Jugendreligionen und Kirche:*

- Betrachten der zwei Bilder in Kontraste (s. o.) S. 6 u. 7
  Der Kirche fehlt:
  - die Begeisterung
  - die Innerlichkeit
  - sie ist zu rationalistisch
  - sie gibt ihren Gläubigen nur wenig Möglichkeiten, ein Gemeinschaftsgefühl zu empfinden.
  - Gegenargumente
  - Was ist zu tun?
  - Jeder Christ ist in die Verantwortung gerufen.

Anhang

Ludger Zinke
Glückseligkeit trainieren? – Die »Transzendentale Meditation« (TM) des Maharishi Mahesh Yogi

Als geistig-religiöse Erneuerungsbewegung 1958 in Indien von dem Hindumönch *Maharishi Mahesh Yogi* gegründet, ist TM heute vor allem in den USA und ganz Westeuropa verbreitet. Dabei handelt es sich weder um eine Sekte noch um eine weltanschaulich neutrale, bloße Meditations-Technik. Vielmehr wird man von einer neureligiösen Weltanschauung sprechen müssen, die von mehreren straff geführten Organisationen mit allen Erfolg versprechenden Mitteln systematisch weiterverbreitet wird. Mit dem Anspruch, das angebrochene »Zeitalter der Erleuchtung« auf der ganzen Erde zur Entfaltung zu bringen, wird ein »Weltplan« zur Freisetzung der »kreativen Intelligenz« verkündet. Dabei soll »Wissenschaft« zu kosmischem Bewußtsein verhelfen und so den Menschen mehr Glück, Freiheit und Verbindung mit dem göttlichen Urgrund allen Seins ermöglichen.[1]

Jugendliches Sinnsuchen und »Transzendentale Meditation«

Schon die einleitenden Sätze zeigen: TM darf nicht mit einer jener Gruppen verwechselt werden, die als »neue Jugendsekten« bezeichnet werden. Nicht nur, weil die TM-Anhängerschaft sich inzwischen aus Menschen verschiedener Generationen rekrutiert – nur »Senioren« sind kaum vertreten –, sondern dem gesamten Erscheinungsbild zufolge ist TM eher jenen Trends und Heilsverheißungen zuzurechnen, die immer dann auftreten, wenn eine Gesellschaft mit ihrer Kultur und Zivilisation, Wissenschaft und Technik sowie mit ihrer Wertordnung in Aporien oder Konflikte gerät.

Ohne die damit angesprochene fundamentale Krise im Selbstverständnis der Menschen und der Gesellschaft hier näher beschreiben zu können, wird man davon ausgehen dürfen, daß in Zeiten rasanten Fortschritts der Automatisierung, raschen gesellschaftlichen Wandels und einer Ausweitung des Welthorizonts bis über den Mond hinaus »Lücken« bleiben im Sinnsystem, auch bei den religiös-theologischen Deutungen der Welt als Schöpfung. Die Welt ist *kleiner und offener* geworden; d. h. aber für den nach Sinnorientierung suchenden Menschen: er hat mehr und größere Möglichkeiten, sich zu orientieren, ohne jedoch im Gestrüpp der Angebote sichere Anhaltspunkte zu finden.

---

[1] Eine systematische Darstellung der Lehren und Praktiken erübrigt sich hier, weil sie andernorts für jedermann zugänglich vorliegt. Siehe bes. *H. Reller, Hrsg.,* Handbuch religiöse Gemeinschaften. Gütersloh 1978, S. 577–594. Kritisch gelesen erbringt die notwendigen Informationen auch: *M. Mildenberger/ A. Schöll,* Die Macht der süßen Worte. Zauberformel TM. Die Bewegung der Transzendentalen Meditation – Wuppertal, Aussaat-Verlag 1977.

So nimmt es nicht wunder, wenn vielen das Einfachste gerade gut genug erscheint; wer um des Überlebens willen nach jedem Halt greift, mag bei TM schnell den Eindruck gewinnen, ein tragfähiges Seil ergriffen zu haben, an dem er sich selbst in die Höhe arbeiten und zum glücklichen Menschen machen kann. Ist es doch längst kein Geheimnis mehr, daß zwei tägliche Konzentrationsübungen – nach welcher ›Technik‹ auch immer – Gelassenheit, Selbstbewußtsein und Leistungskraft steigern. Insoweit predigt TM nichts als banale Lebensregeln, die jeder Trainer von Hochleistungssportlern beherrscht. Beachtenswert sind diese ›technischen Anweisungen‹ in unserem Zusammenhang deshalb, weil sie hier bald als Weg, Mittel zum Zweck, eben rein funktional, bald als Ziel und Inhalt, bzw. tiefe Weisheit angepriesen werden.

»Transzendentale Meditation« als Religion

Wer Methoden und Techniken zur Steigerung der Humanität, für mehr Bewußtsein, mehr Freiheit und Glück propagiert, hat ein ganz bestimmtes, in der Regel religiös geprägtes Menschbild. Wie könnte jemand mir auch nur größere Selbstsicherheit, geschweige denn Harmonie und Seligkeit verheißen, hätte er nicht wenigstens eine ungefähre Vorstellung von meiner Idealgestalt? Glück, Erfüllung oder gar Vollendung menschlicher Existenz sind nicht ohne inhaltliche Angaben beschreibbar. Selbst die häufig verwendete Formel, wonach durch TM »der Christ ein besserer Christ, der Kommunist ein besserer Kommunist und der Moslem ein besserer Moslem« werde, täuscht nur darüber hinweg, daß Christentum, Kommunismus und Islam ein je eigenes, teilweise mit den anderen unvereinbares Menschenbild haben.

Bei genauerem Hinsehen entpuppt sich dann auch TM als indisch-religiöser Vorstellung verpflichtete Weltanschauung, die christlichem Geschichtsverständnis unvereinbar entgegensteht. Das gilt zunächst und vor allem inhaltlich. Denn die zentrale Lehre von TM verkündet eine letzte Einheit allen Seins, eine grundsätzliche Untrennbarkeit aller Wesenheiten voneinander und vom Ganzen. Dem Advaita-Hinduismus entlehnt, kennt diese Lehre keine Polarität, keine Zweiheit, geschweige denn so etwas wie dialektische Spannung. Bewegung und »Leben« gibt es in dieser Einheitsvorstellung nur im zyklischen Sinne, d. h. als kreisend-wiederkehrendes Teilnehmen an Brahma, der bewegungslosen Gottheit.

Im Unterschied zu einem geschichtlichen Weltverständnis kann es für dieses Denken keine Entwicklung in einem universalen Sinne geben. Vielmehr vollzieht sich menschliches Leben jeweils bloß als Herkunft von der und Rückweg zur göttlichen Seinseinheit. So steht dieses Weltbild dem christlichen Verständnis von Gott, Mensch und Welt unversöhnlich gegenüber, weil es Kategorien wie Anfang und Ende nicht gibt, weil der Mensch eigentlich immer schon göttlich ist und es so keine Freiheit zur Entscheidung für oder gegen Gott geben kann. Im übrigen bleibt die »An-

thropologie« dermaßen im Ganzen des zyklischen Weltbildes verhaftet, daß sie kaum als Lehre vom Wesen des Menschen faßbar ist.
Hier deutet sich bereits an, weshalb *Maharishi Mahesh Yogi* und seine Anhänger von ihrem Standpunkt aus ganz redlich TM als bloße Meditationstechnik hinstellen und gleichzeitig deren Vollzug nicht nur mit religiösen Zeremonien »feiern«, sondern als ihre Weltanschauung »glauben« und »verkünden« können. Wo eine unübersteigbare Seins-Einheit grundlegend ist, erübrigen sich ontologische Aussagen über den Menschen; und was andere als Seins- bzw. Wesensbestimmung verstehen, gilt nur als neue Weise der Beschreibung des Stellenwertes menschlicher Existenz im göttlichen Weltganzen. Wenn so nicht das ganze religiös-philosophische System in Frage gestellt, sondern lediglich bestimmte Lehraussagen neu eingeordnet werden, können selbst die Gottessohnschaft Jesu Christi oder sein erlösendes Kreuz Anerkennung in ihrer religiösen Bedeutung finden; Christus bleibt verehrungswürdig, ja er kann als »Weg, Wahrheit und Leben« geglaubt werden. Da aber nicht geschichtliche Heilsereignisse interessieren, sondern allein das Erlangen göttlichen und kosmischen Bewußtseins die »Religion« ausmacht, kann ohne Gefahr für das eigene Weltbild die Technik der TM als zu »besserem christlichen Glauben« führend ausgegeben werden.

Ritualismus und Traditionalismus bei TM
Nicht nur christliche Kritiker, sondern kompetende Vertreter von TM selbst sehen im *Mantra* das formal wie inhaltlich wesentlichste Instrument von Meditation und religiöser Lebensorientierung. Dabei bleibt umstritten, was ein Mantra ist und welche Funktion es im psychisch-religiösen Lebensvollzug hat. Als bloße Chiffre, Codewort oder Symbol dürfte es ebenso unzureichend beschrieben sein wie mit dem Begriff eines Archetypus im Sinne *C. G. Jungs*. Klar ist jedoch der rituelle Charakter ersichtlich: wer ein Wort, eine Lautkombination oder einen Namen als »Fahrzeug« benutzt, um den Weg zum Göttlichen, kosmischen Bewußtsein oder nur zu besserer Selbsterkenntnis zu gehen, verwendet einen Ritus. Auch wo damit kein öffentlicher Vollzug verbunden ist, bleibt die Mantra-Meditation bestimmten Formgesetzen unterworfen, die keineswegs rein innerpsychisch erklärbar sind.
Die Religionsgeschichte kennt derartige »Gebets«-riten in zahllosen Variationen. Vom Jesus-Gebet über die Litaneien bis zum Rosenkranz sind uns Christen die »Reihengebete« ebenso vertraut wie etwa die mehrmalige Wiederholung bestimmter Gebetsformeln als Bedingung für einen Ablaß. Wer, um einen vollkommenen Ablaß für die Sterbestunde zu gewinnen, an neun aufeinanderfolgenden Herz-Jesu-Freitagen das Bußsakrament und die Eucharistie empfängt sowie vorgeschriebene Ablaßgebete verrichtet, unterwirft sich einem strukturell ganz ähnlichen Ritus wie der TM-Schüler. Es wäre deshalb verfehlt, den Ritualismus als sol-

chen abzulehnen. Auch eine gefährliche Nähe zu Magie und Aberglauben ist jedem Ritualismus eigen; nicht ein buchstabengetreu vollzogener Ritus allein, sondern erst die persönliche Beziehung zum Glaubensinhalt und damit verbunden das begründete Vertrauen auf den Verkünder der Botschaft vermag Heilsgewißheit zu vermitteln.
In diesem Zusammenhang ist von entscheidender Bedeutung, wie *Tradition* und *Zeugenschaft* verstanden werden. Da fällt zunächst ins Auge, daß *Maharishi Mahesh Yogi* großen Wert darauf legt, auf dem Fundament einer langen, geschichtlich bis zu *Shankara* (ca. 800 vor Chr.) belegbaren, aber letztlich in die Anfänge des Hinduismus zurückreichenden Tradition zu stehen. Äußerlich muß die Betonung einer bruchlosen Überlieferungskette un-hinduistisch erscheinen; doch auf dem Hintergrund eines geschlossenen zyklischen Weltbildes ergibt sich zwanglos eine prinzipielle Unwandelbarkeit der Lehre, so daß Tradition als Garant unveränderter Weitergabe steht. Ein Unterschied zu christlichem Traditionsverständnis ist schwer auszumachen, besonders weil dann doch »ewige« Wahrheiten umgedeutet werden. Wenn *Maharishi Mahesh Yogi* im Gegensatz zu den Veden, Upanischaden und zu Shankara den religiösen Weg in Weltoffenheit und Durchdringung der sinnlich-materiellen Menschenexistenz mit dem göttlichen Geist verkündet – »Advaita-Vedanta« kennt nur den Weg allem Irdischen *entsagender Askese* – mag man darin ein Zugeständnis an westliches Geschichtsdenken erblicken, darf aber nicht übersehen, daß es im hinduistischen Sinne belanglos ist, wo, in welchem Gewand oder unter welchem Namen Brahma erfahren wird. Was uns als ausschließender Widerspruch erscheint, kann von der »Nicht-Zweiheit« im Advaita durchaus umfaßt und als Teil der »ewigen Einheit« begriffen werden.
Traditions- und Ritentreue sind folglich bei TM kein Widerspruch zum hinduistischen Ursprung. Im christlichen Verständnis allerdings verführt gerade die Verbindung von Mantra-Technik und Berufung auf die alten Autoritäten des Hinduismus leicht zu dem Mißverständnis eines nur formalen Wahrheitsanspruches. Zweifellos erhebt *Maharishi Mahesh Yogi* Anspruch auf absolute Geltung seiner Lehre, doch im Bezug zu den Inhalten ist man großzügig. Darüber allerdings darf nicht vergessen werden, daß jeder religiöse Ritus im konkreten Fall immer nur die entsprechenden Inhalte vermitteln kann. Die aber sind im Christentum an die persönliche Zeugenschaft der neutestamentlichen Schriftsteller und die darauf fußende Tradition gebunden. Und so kann die TM-Mantra-Meditation vor allem unter Berufung auf die hinduistische Tradition und die Autorität ihrer Meister keinesfalls zu Jesus Christus führen.
Maharishi Mahesh Yogi läßt sich nicht zum Christuszeugen machen, und er selbst hat das auch nie getan. Gerade deshalb aber bleibt die Kritik an seinem universalen Anspruch stumpf, solange sie nur versucht, Inhalt, Methoden und Anspruch von TM als falsch zu erweisen. Wirksamer kann

ihm begegnen, wer sich auf religionsgeschichtlicher Ebene mit ihm auseinandersetzt und deutlich macht, daß Traditionen und Riten bei grundverschiedenen Weltbildern strukturell ähnlich sein können, ihrer inhaltlichen Ausrichtungen wegen aber keineswegs austauschbar sind.
Gerade bei TM zeigt die *Initiations-Zeremonie* sehr deutlich die Abhängigkeit von Inhalten hinduistischer Tradition: wer »eingeweiht« wird und sein Mantra erhält, tritt in einen göttlichen Geheimnisbereich und neigt sich vor den Lehrern und Autoritäten dieser Religion, an die er sich damit bindet. Die zugleich übernommene Verpflichtung zur Geheimhaltung des Mantras ist nicht als solche *magisch* und deshalb abzulehnen, sondern vom Inhalt her zu verstehen. Der Christ allerdings kann sich an alledem nicht beteiligen, weil seine Gliedschaft im mystischen Leib Christi zwar auch geheimnishaft ist, aber in der Bindung an Person, Werk und Botschaft Jesu Christi inhaltlich offen und bekannt ist. Sie öffentlich zu bezeugen, gehört zum missionarischen Charakter christlichen Glaubens.

Die »Wissenschaft der kreativen Intelligenz« bei TM
Seine religiösen Vorstellungen und auch die Praktiken religiösen Lebens *wissenschaftlich* zu durchleuchten und den Glauben auch rationell zu begründen, ist sicherlich eine gute Sache. So mag es auf den ersten Blick bestechen, daß *Maharishi Mahesh Yogi* seine Lehre als *Wissenschaft* darstellt. Bei näherem Zusehen ergeben sich dann allerdings nicht nur einige Ungereimtheiten, sondern man findet rasch den endgültigen Beweis dafür, daß TM eine Religion ist. Denn was diese »Wissenschaft« zutage bringt, sind schlichte Banalitäten oder typische »Glaubenssätze«. Besonders die Konstruktion eines »vierten Bewußtseinszustandes« neben oder zwischen Wachen, Schlafen und Träumen kommt auf eine Weise zustande, die unwissenschaftlicher gar nicht sein kann: eine Mischung aus elektrisch gemessenen physiologischen »Gehirn- bzw. Nervenströmen« und der Idee eines tiefen Ruhezustandes zwischen Unbewußtem und wachem Bewußtsein soll zugleich die Wirkung des Meditierens und die Realität des Göttlichen im Menschen beweisen! In der Logik eines dem Hinduismus entwachsenden Lehrsystems mag es gerade noch angehen, im Menschen einen »göttlichen Bereich« erkennen zu wollen, der nicht im Schlaf versinkend, im Traum nur abbildend und im Wachsein durch Äußerlichkeiten verdeckt reiner Ort kosmisch-göttlichen Bewußtseins wäre; doch ausgerechnet diese Ebene »messen« und »wissenschaftlich« beschreiben zu wollen, läßt ein hinduistisches Weltverständnis nicht zu.
Hier wird Glaube wider die Vernunft verlangt, weil eben das als physiologisch und psychiologisch *empirisch* erwiesen hingestellt wird, was erst erreicht oder gewissermaßen geschaffen werden soll. Die »Wissenschaft der kreativen Intelligenz« stellt sich somit eher als eine breite Projektion dar, die ungetrübtes Bewußtsein verheißt, das jedoch ausschließlich formal und von seinen Bedingungen her beschrieben wird. Selbst wenn sich

der »vierte Bewußtseinszustand« neurophysiologisch als von Schlafen und Wachen unterscheidbar erweisen ließe, wäre damit nichts über die religiöse oder gar göttliche Qualität solcher Bewußtheit gesagt. Und der Anspruch, eine umfassende, »wissenschaftliche Theorie des Geistes« zu bieten, kann schon deshalb nicht erfüllt werden, weil jede inhaltliche Definition fehlt. Solange beinahe jedes Verständnis von Geist, Intelligenz, Sinn oder Wahrheit einsetzbar ist, taugt eine Erkenntnislehre bestenfalls zu Spekulationen und Gedankenspielereien. Wer Wissenschaft betreiben will, muß zumindest die Dinge beim Namen nennen, von denen er aller Welt »Heil« verspricht.

Der »Weltplan« und die Organisation zur TM-Verbreitung

Dem Anspruch, weltweit ein »Zeitalter der Erleuchtung« heraufzuführen, entspricht nun allerdings eine straff geführte Organisation zur Verkündigung, Werbung und Verwirklichung der Ideen *Maharishi Mahesh Yogis.* Dabei spielen die Zahlen der Mitglieder in den unteren Gruppierungen – zumeist eingetragene Vereine – eine vergleichsweise untergeordnete Rolle. Wichtiger sind die Spitze mit dem »Weltplan-Center« in der Schweiz und die nationalen Verwaltungszentren in zahlreichen westlichen Ländern, denen dann verschiedene regionale, örtliche oder auf bestimmte Zielgruppen ausgerichtete Teilorganisationen unterstehen.

Diese Organisationsstruktur macht erneut deutlich, daß es sich nicht um eine »Bewegung von unten« handelt. Nicht, weil ungezählte Menschen im Streß der Leistungsgesellschaft sich nach den Segnungen transzendentalen Meditierens sehnen, hat TM Erfolg, sondern aufgrund der recht einfachen Technik können Menschen unterschiedlichster Herkunft, Bildung und religiöser Einstellung gewonnen werden, denen es zunächst vielleicht nur einen Versuch wert scheint, vor sich selbst »jemand zu sein«; wird ihnen doch anscheinend nicht einmal abverlangt, weltanschauliche Vorstellungen aufzugeben, sondern eher versprochen, diese besser verwirklichen zu können! So wird verständlich, daß schon bei mäßigem Erfolg im Einführungskurs viele Teilnehmer sich TM fast kritiklos anvertrauen und nicht mehr wahrnehmen, daß sie sich einer Organisation ausliefern, ohne Inhalte geboten zu bekommen.

An diesem Punkt der Entwicklung nämlich greifen die Ziele des »Weltplanes«, die faszinieren können und kaum kritisierbar sind, eben weil sie inhaltliche Festlegungen vermeiden. Wer könnte schon etwas einwenden, wenn »das volle Potential des Individuums zu entfalten« – »die geistigen Ziele der Menschheit in dieser Generation zu erreichen« – oder »die Leistungen der Regierung zu verbessern« versprochen wird? Da nimmt man leichter das Sendungsbewußtsein der Proklamatoren solcher Ziele an als zu fragen, was denn nun »verbessert« werden soll und wie »die geistigen Ziele der Menschheit in dieser Generation konkret aussehen. Dabei wäre spätestens hier die ›Gretchen-Frage‹ zu stellen: wie haltet ihr's mit eurem

Gott? – wie mit dem Menschen, der »halbtot am Wegrand« liegt oder auf das »spuckt, was er früher verehrte« (Guardini)?
Um theologisch und religionswissenschaftlich redlich zu bleiben, sei nochmals daran erinnert, daß bloße Verdammung auch angemaßter Sendungsansprüche nicht weiterhilft, sondern nur eine inhaltliche Auseinandersetzung. In diesem Sinne müssen sich die TM-Apostel fragen lassen, was ihr »Weltplan« den Sterbenden bietet. Für irgendeine bessere Regierung möchte ich nicht sterben, und nur bis zum Tod einige Gehirnzellen mehr zu aktivieren, lohnt sich die tägliche Meditation nicht; sehr wohl aber könnte ich ohne jedes »kosmische Bewußtsein« mein Leben aufgeben, sofern andere davon Lebenskraft erhalten. So ist bei allen Auseinandersetzungen mit TM die Inhaltsfrage zu stellen: *welches Heil*, was für einen Glauben könnt ihr verheißen und bezeugen? Wer ist euer Gott? Wie überlebt ihr das Sterben?
Da muß man sich wohl oder übel auf vielschichtige Auseinandersetzungen um Wiedergeburt und Eschatologie, um Hoffnung und Vollendung, um Geist und Wissenschaft einlassen; nicht zuletzt wird über *Offenbarung und Geschichte* zu sprechen, ja zu streiten sein. Auf dieser Ebene – nicht etwa wegen ihrer Erfolge gegen Schlafstörungen oder weil die TM-Kurse Geld kosten – ist die Auseinandersetzung zu führen. Nur wenn der »Weltplan« von TM als *Botschaft* ausgewiesen werden könnte, die inhaltlich gefüllte und glaubwürdige Ziele vorzuweisen hätte, müßten wir Christen eine ›Konkurrenz‹ fürchten, der mit den »Waffen« (Röm 13,12) und dem »Schild« des Glaubens (Eph 6,16) entgegenzutreten wäre.
Der TM-Weltplan versucht, sich bislang solchen Fragen mit dem Hinweis auf die Wissenschaftlichkeit seiner Methoden zu entziehen, die es Anhängern jeglicher Religion und Weltanschauung ermöglichten, ihre religiöse Kondition zu verbessern, Lebenserfüllung und Harmonie zu trainieren. Um so hartnäckiger ist darauf zu bestehen, daß die wahren Ziele offengelegt werden. Denn wer meditiert, liefert sich praktisch schutzlos dem Bild von der Welt und von sich selbst aus, das er hat oder sich suggerieren läßt. Weil das auch für die christliche Glaubensmeditation gilt, muß allen Interessenten geraten werden, sich genauestens Rechenschaft zu geben über ihr Selbstverständnis gegenüber der Welt, dem Menschen und gegenüber Gott. Als Kriterium dafür kann dem Christen nur die neutestamentliche Botschaft von der angebrochenen Gottesherrschaft dienen; dazu hat TM nicht Stellung genommen und scheidet deshalb für Christen als Methode und Religion aus.

Ludger Zinke
Die wachsende Herausforderung

Kirchliche Jugendarbeit in der Auseinandersetzung mit den »neuen Jugendsekten«

Seit Drucklegung der 1. Auflage dieses Buches Anfang 1977 hat sich die »Jugendsekten«-Szene in Westeuropa gewandelt: sie ist breiter und bekannter geworden, neue Gruppen sind z. T. noch rasanter gewachsen als die sich weiter ausbreitenden vier, im II. Teil besprochenen, und schließlich wird inzwischen von Staat und Kirchen noch mehr geforscht, informiert, gewarnt, Hilfe angeboten und notfalls prozessiert, wo immer öffentliche Belange gestört, religiös-ethische Grundsätze verletzt und/oder elterliche Wünsche durchkreuzt erscheinen.
Ohne vorschnelle Wertungen ist einfach festzustellen, daß die sogenannten Jugendsekten zunehmend *als gefährlich empfunden* werden und auf mehreren Ebenen Abwehrmaßnahmen begonnen haben. Bis hin zu den Boulevard-Zeitungen haben sich die Massenmedien des Themas angenommen. Unter dem Motto »informieren – aufklären – warnen« werden häufig zutreffende Einzelheiten verallgemeinert oder komplexe Phänomene derart simplifiziert, daß vieles in falschem Licht erscheint. Die meisten Massenpublikationen werden – so gut sie gemeint sein mögen – den Sekten und ihren teils fanatischen, teils irregeleiteten Anhängern schon deshalb nicht gerecht, weil sie in einer Sprache und mit soziologischen Wertmaßstäben argumentieren, die religiösen Vorgängen kaum entsprechen.
In mancher Hinsicht besser sieht es bei zahlreichen Stellungnahmen in den Informationszeitschriften, Mitgliederrundbriefen, Arbeitshilfen oder Werkblättern der Diözesanverbände und Gliedgemeinschaften des BDKJ aus. Auch hier finden sich noch Klischeevorstellungen und einseitige Beurteilungen, aber es ist ein grundlegendes Verständnis spürbar, aus dem heraus zum Beispiel gefragt wird, warum bei Jugendlichen, die vorher eher als Versager galten, in den Kolonien, Wohnzentren, Tempeln und Schulungsstätten der Sekten ungeahnte Energien freigesetzt werden.

Religiöse Randgruppen
Im übrigen scheint noch kaum ins Bewußtsein gedrungen zu sein, daß es sich hier um *Randgruppen* handelt, deren gesellschaftliche Stellung etwa der Haftentlassener weitgehend entspricht. Ohne hier Details erörtern zu können, soll gefragt werden, warum die Sekten und ihre Anhänger gerade von Kirchenchristen oft eher beargwöhnt, belächelt, beschimpft oder als Außenseiter abgestempelt werden, als daß man sich um Verständnis und Respekt bemühte, sie als Mitmenschen ernst nähme und sich mit ihren Lehren *inhaltlich auseinandersetzte?* Während für die gesellschaftliche

Integration ausländischer Arbeitnehmer, unehelicher Kinder, Suchtkranker, Vorbestrafter und Homosexueller Beachtliches an Beratung und Hilfe geleistet wird, stehen die Jugendsekten allemal am Pranger: »Götzen, Gurus und Geschäfte« – »selbstgemachte Götter« – »Ginseng-Messias« – »Schwindler in Sachen Religion« und wie sie sonst noch tituliert werden.
Ohne Zweifel gibt es trübe Geschäfte, rücksichtsloses Ausnutzen des jugendlichen Idealismus und Verführung zu verschiedenstem Fehlverhalten bis hin zu Straftaten. Daran darf nichts beschönigt werden. Aber was erreichen wir, wenn fast ausschließlich gegen solche Mißstände angekämpft und Gegenpropaganda gemacht wird? Stünde es dem um das Heil »gefährdeter« Jugendlicher besorgten Christen nicht gut an, zunächst nach eigenen Versäumnissen zu suchen, die vielleicht jene Gefahren heraufbeschworen oder doch mitbedingt haben, vor denen sie jetzt mit erhobenem Zeigefinger warnen? Was hilft mehr, junge Menschen von einem Irrweg zurückzuholen: Wenn man jeden Schritt in die falsche Richtung »Lügen straft«, oder die geduldige Großmut eines Vaters, dessen Sohn spätestens beim Schweinehüten erkennt, wie gut es die Knechte zu Hause haben (vgl. Lk 15)? Wie gestaltet ein solcher Hausvater das Zusammenleben unter seinem Dach, damit Verirrte sich zurücksehnen?
Die Herausforderung der Kirchen, ihrer pastoralen Praxis und speziell der kirchlichen Jugendarbeit wächst zusehends. Wie kann sie aufgenommen werden und zu Alternativen führen, die sich nicht in Abwehrstrategien erschöpfen? Patentrezepte gibt es nicht, aber es lassen sich Grundsätze formulieren (vgl. S. 16ff.), denen zufolge eine *missionarische Kirche* gerade bei ihren Randsiedlern und den schon zu neuen »Randgruppen« Formierten Gehör finden dürfte.

Hinwege zum Menschen
Erste und unumgängliche Voraussetzung ist die uneingeschränkte Bereitschaft, in jedem Einzelfall für die Menschen dazusein, ihnen nachzugehen und sie gegebenenfalls ein Stück weit auch auf Umwegen zu begleiten. Die vielstrapazierte Formel, Jugendliche seien »dort abzuholen, wo sie stehen«, kann nicht nur bedeuten, daß man sie möglichst rasch in die bestehenden Gemeinden zurückschleust. Vielmehr muß ihnen die Kirche Lebens- und Entfaltungsräume eröffnen, wo nicht nur auf ihre Bedürfnisse Rücksicht genommen wird, sondern sie als Getaufte die Chance erhalten, gemeinsam mit allen Gliedern den für sie richtigen Weg zu suchen und zu erproben. Dann wird es wesentlich darauf ankommen, daß die konkrete Verkündigung des Glaubens, das alltägliche Bezeugen christlicher Hoffnung sowie die praktische Nächstenliebe eindeutig Vorrang haben gegenüber dem sicher auch notwendigen Warnen vor Gefahren bzw. der Abwehr falscher Propheten und verführerischer Ideale. Die Herausforderung »neuer Heilsversprechungen« annehmen heißt, ihr die Gewiß-

heit der Befreiung von erbsündlicher Verkehrtheit und persönlicher Schuld durch Jesus Christus entgegenzusetzen. Solange wir im Glauben gewiß sind, erlöst zu werden, solange gibt es keinen Grund zu der Angst, andere könnten erfolgreicher missionieren. Vermeintliche Konkurrenten und ihre Lehren madig zu machen und auf derartiges »Teufelswerk« mit Spott, Hohn und Prügeln loszugehen, zeugt jedenfalls nicht von einer wagemutigen Glaubenshaltung.

Schließlich muß ein verbreitetes Denken in formalen Alternativen überwunden werden. Auf das Verhältnis der Kirche zu den Jugendsekten bezogen, soll damit zum Ausdruck gebracht werden, daß Erlösung, Heil und Vollendung des Menschen nicht in einer Einbahnstraße verlaufen: niemand befindet sich *entweder* auf dem direkten Weg zur Hölle *oder* auf dem geraden Pfad in den Himmel. Ebenso kann keine Sekte als solche prinzipiell auf dem Holzweg sein oder zu Recht den Anspruch erheben, allein den ›wahren Weg‹ zu weisen. Vielmehr sind es stets mehrere auf verschiedenen Ebenen liegende Kriterien, nach denen sich bemißt, *ob wenigstens die Richtung stimmt:* nach den Zielen wäre zu fragen, dann nach den Inhalten und dem Welt- und Menschenbild; erst danach sollten Lebensweise, Missionspraktiken und Methoden der Nachwuchsbildung untersucht werden; dabei müßte genau beachtet werden, inwieweit gefühlsmäßige, u. U. gezielt irrationale Züge von der Lehre bis zu den Werbemethoden das gesamte Erscheinungsbild einer Gruppe der Kritik entziehen.

Nicht selten nämlich entsteht nach außen der falsche Eindruck, als widersprächen sich zentralistisch-autoritärer Führungsstil und »fröhliches Baby-Sein« im Vertrauen auf die Liebe Jesu. Innerhalb der Gemeinschaft jedoch wirkt sich die strenge Tageseinteilung beispielsweise geradezu als Hilfe für unbeschwerte Hingabe an den Augenblick und zugunsten der Offenheit füreinander aus. Da mögen Außenstehende von Abhängigkeit, Unmündigkeit oder gar Unterdrückung reden, die Mitglieder einer Kolonie der »Kinder Gottes« empfinden es nicht nur anders, sondern sind tatsächlich freier als in der Anonymität einer pluralistischen Leistungsgesellschaft, wo Eltern, Lehrer, Kameraden, Lehrmeister und Konsumzwang, Modediktat oder ideologische Meinungsmache keinen Spielraum lassen und kaum Orientierungshilfen geben. Selbstverständlich sind hier wie dort sozialpsychologisch nicht auf einen Nenner zu bringende Mechanismen wirksam, so daß Anlaß oder Ursachen für bestimmte Entwicklungen jeweils nur im Einzelfall geklärt werden können. Eben dieser Umstand aber müßte es vollends verbieten, die sogenannten »autoritären Praktiken« der Jugendsekten pauschal zu verurteilen. Nicht rechthaberische Verteidigung der eigenen Position, sondern allein das Zugehen auf die vermeintlich Irrenden bietet eine Chance zu Umkehr und Versöhnung. Die Überwindung falscher Alternativen ist unerläßliche Voraussetzung für ein Nachvollziehen jenes *Hinweges zum Menschen,* den Gott in Jesus

Christus durch alles Scheitern hindurch vorangegangen ist. Wie kann jemand erwarten, den Menschen bis ans Herz zu dringen, ihre emotionalen, vielleicht gar irrationalen Empfindungen auch nur ansprechen zu können, wenn er sie zuvor auf die ›Einbahnstraße ins Verderben‹ gedrängt hat?

Das »unterscheidend Christliche«

Um Verständigung, Annäherung oder Lösungen zu erreichen, bedarf es langwieriger Lernprozesse. Sollen die in Gang kommen, ist zunächst die Einsicht wichtig, daß alle genannten Forderungen für beide Seiten gelten. Solange die »Mission« der Sektenwerber sich gegen die Kirchen richtet, antikirchliche Affekte schürt oder entsprechende Tendenzen in der öffentlichen Meinung auszunützen versucht, dürfte ein Dialog kaum gelingen. Wirklich christlich kann es wohl nur zugehen, wo man sich wechselseitig zugesteht, auf der Suche zu sein.

Dies meint jedoch nicht, daß guter Wille ausreichte oder um eines prinzipiellen Irenismus willen jede »Unterscheidung der Geister« sich erübrigte; zu wünschen wäre eine selbstkritische Grundeinstellung: Wahrheitsanspruch und Sendungsbewußtsein bewähren sich eher im Annehmen der eigenen Grenzen, ja im Scheitern, als durch Erfolge bei den Massen.

Wie aber kann und soll dann die Auseinandersetzung mit den Jugendsekten geführt werden? Was sollen Eltern tun, wenn ein kaum mündiges Kind sich einer Sekte angeschlossen hat? Und was darf man von den kirchlichen Jugendämtern und Beratungsstellen erwarten? Hier wird zunächst festzustellen sein, daß der Hauptakzent bei kirchlichen Stellungnahmen und Informationen im Bereich des Prophylaktischen liegen sollte, wobei mit *auch religionswissenschaftlich* exakten Analysen darzustellen ist, wie Lehre und Praxis der einzelnen Gruppen sich angesichts der kirchlichen Angebote ausnehmen. Noch wichtiger aber dürfte eine permanente Überprüfung und Verbesserung der gesamten Jugendpastoral sein. Da reichen sicherlich die in diesem Buch vorgestellten Ansätze und Einzelprojekte nicht aus, sondern es müssen wesentlich mehr und inhaltlich ganz unmittelbar den »Hinweg« zum jungen Menschen realisierende Formen des Offenseins für alle Suchenden erprobt werden.

Hier ist der Punkt, an dem wir uns nicht mit Angeboten und Einladungen begnügen dürfen. Deren gibt es bereits eine beachtlich vielfältige Palette, etwa im Zusammenhang mit der Vorbereitung auf Firmung und Konfirmation. Daß davon oft nur eine lückenhafte oder nicht besonders dauerhafte Orientierung ausgeht, dürfte sich aus der traditionellen Einbindung der »Initiations-Sakramente« in gesellschaftliche Feste, Familienfeiern samt formalen Statusänderungen erklären, die den religiös-christlichen Gehalt verdecken oder überwuchern.

Damit diese Hinführungskurse nicht mit dem Firm- bzw. Konfirmationstag enden, sondern einen Neuanfang ermöglichen, wäre mit allen erdenklichen Mitteln der *»Kontakt danach«* zu pflegen. Weder »Zwangsrekrutierung« in kirchlichen Jugendgruppen noch betulich-verständnisvolles Betreuen sind damit gemeint; vielmehr geht es um das Offenhalten von Erfahrungs- und Einübungsfeldern, in denen Erzieher, Seelsorger und verantwortliche Gruppenleiter als Partner und Weggenossen präsent sind. Wer Vertrauen ernten will, muß es zunächst säen. Damit verträgt es sich nicht, Vorbedingungen zu stellen und etwa regelmäßigen Gottesdienstbesuch zu erwarten. Wiewohl keine christliche Gemeinde über längere Zeit ohne Gottesdienst lebendig bleiben wird, bedarf es einer gewachsenen Gemeinschaft im Leben und Glauben, damit die liturgische Feier Ausdruck eines gemeinsamen Bekenntnisses und einer konkreten Hoffnung sein kann.

Eine solche Gottesdienstgemeinschaft müßte fähig und bereit sein, »verlorene Söhne« ziehen zu lassen und sich auf den festlichen Empfang von Heimkehrenden zu rüsten. Sie hätte darüber hinaus Grund, Auswandernde zu begleiten, Verirrten nachzugehen und das Fest der gemeinsamen Hoffnung auch einmal fernab vom heimischen Altar zu begehen.

Theologisch-spekulative Phantastereien, christlich-moralisches Tränendrüsendrücken, aufmuckend-unrealistisches Geschwätz? Vielleicht mutet manche der vorstehenden Formulierungen so an; gemeint ist aber ein Aufruf zum Ernstmachen mit dem Hauptgebot (Mt 22,37ff; Lk 10,25 bis 37), das auf der tätigen Zuwendung zum Menschen als Ausweis für die Gottesliebe besteht. So wird eine »Unterscheidung des Christlichen« möglich, die nicht theoretisch bleiben kann, weil sie vom praktischen Tun ausgeht und dieses erst im Nachhinein werten läßt. Wenn unser alltägliches Handeln sich immer wieder auf die Nächsten hin orientiert, und dabei auch Randgruppen nicht übergeht, wird sichtbar, worin sich gelebtes Christentum von den Ansprüchen und Versprechungen der Jugendsekten unterscheidet: es ist offen für alle und kommt allen zugute, die uns brauchen.

Rückwege aus den Jugendsekten?

Die unmittelbare Herausforderung der Kirchen allerdings ist mit solcher Neuorientierung am Evangelium nicht erledigt. Wir müssen uns der Frage stellen, welche Wege denen geöffnet werden können, die einer solchen Sekte enttäuscht den Rücken kehren oder die zurück möchten, es aber allein nicht schaffen; was ist zusätzlich zu den vorbeugenden Maßnahmen notwendig? Müßte nicht eine gezielte »Mission« einsetzen, um »Verirrte zu befreien«? Können wir tatenlos zusehen, wie immer wieder Jugendliche den Werbern für *Mo, Mun, Shree Rajneesh* oder *Maharishi Mahesh Yogi* folgen? Reichen die nicht sehr zahlreichen kirchlichen Beratungsstellen aus, um wenigstens denen zu helfen, die nach Rückwegen suchen oder eine Chance zum Austritt nutzen würden?

Dem pastoralen Dienst der Kirchen stellen sich hier Aufgaben, die besonderer Formen und wohl auch eigenen »Personals« (im Sinne des »per-

sonalen Angebots« des Synodenbeschlusses »Ziele und Aufgaben kirchlicher Jugendarbeit«) bedürfen. Wie für die in der Bundeswehr Dienst Tuenden, die Zirkusleute und Schausteller, Strafgefangenen und Kranken wären Seelsorger nötig, die zumindest den Kontakt suchen und zur Stelle sind, wenn ihr Beistand gewünscht wird. Gerade weil öffentliche Antipropaganda ausscheidet, müßte ihre Arbeit im Stillen geschehen und fernab von juristischen Auseinandersetzungen.
Zur Tätigkeit und den Zielen dieser »Sekten-Beauftragten« können hier wiederum nur einige Grundsätze formuliert werden, die den Rahmen für eine situationsbezogene Handlungsorientierung abstecken möchten: nicht primär apologetisch, sondern aufgrund von Präsenz, Begegnung und Dialog sollte der *Kontakt* zu ganzen Gruppen und einzelnen Mitgliedern sich in einer Spannung von »Distanz und Nähe« gestalten lassen, so daß Anbiederung wie Vorurteile gleichermaßen überflüssig werden.

In diesem Sinne läßt sich feststellen:

- Wer den lebendigen Kontakt will, wird die Menschen so sehen und zu verstehen suchen, wie sie sind, sein oder werden möchten; deshalb geht er zu ihnen, nimmt teil an ihrem Leben, Denken und Glauben, hört auf ihre Fragen, Lehren, Lieder mit allen sehnsüchtigen oder fanatischen Zwischentönen, um selbst fragen und antworten, mitleiden und sich freuen zu können, wenn Versagen oder Gelingen ihre Kehrseite offenbaren.
- Wer Rückwege weisen oder erschließen will, muß die Hinwege kennen; deshalb wird er zahlreichen Spuren vor- und rückwärts folgen, rational begründbare wie emotional-spontane Entscheidungen abwägen, um zum Größeren verlocken, die Umkehr als Hinwendung zur befreienden Gottesherrschaft verkünden und so den Weg christlicher Existenz ins Spiel bringen zu können.
- Wo jemand offensichtliche Irrlehren antrifft, sollte er Herkunft und Begründung sorgfältig studieren, bevor er lautstark dagegen auftritt; auch platteste Lehren, wie *Muns* These vom Scheitern der Mission Jesu, weil er sich kreuzigen ließ, ohne verheiratet zu sein, haben religionsgeschichtliche Hintergründe, aus deren Kenntnis die Auseinandersetzung fundierter und überzeugender wird; manchem Sektenprediger kommen dabei jedenfalls eher Zweifel, als wenn seine Vorstellungen gleich als irrig zurückgewiesen werden.
- Wenn Jugendliche mit Überredungskunst oder mehr oder weniger »sanfter Gewalt« aus einer Sekte »losgeeist« werden sollen, muß vorher geklärt sein, wo und wie sie dann leben, studieren, einen Beruf erlernen und eine religiöse Heimat finden können; dazu dürfte in aller Regel ein Elternhaus nicht genügen, das zwar äußerlich alle Wünsche erfüllt, aber den Heimkehrer letztlich auf sich allein gestellt ließe; in vielen Fällen wird neben einer festen Bezugsperson besonders in der er-

sten Zeit eine tragende Gemeinschaft notwendig sein, von der aus ein schrittweises Hineinwachsen in eine neue Selbständigkeit erfolgen kann.

- So ergibt sich als wichtigste Aufgabe für die kirchlichen Hilfsstellen in enger Zusammenarbeit mit den Jugendverbänden, Gemeinschaften zu finden und zu motivieren, um ehemaligen Sektenmitgliedern vorübergehend einen geschützten Lebensraum bieten zu können; es muß nicht gleich eine Wohngemeinschaft sein, wie sie sich in Altenberg bewährt hat; doch die dort gesammelten Erfahrungen sollten unbedingt berücksichtigt werden, denn daraus wird klar, worauf es ankommt: rückhaltloses Vertrauen im kleineren Kreis, der nicht gängelt, aber Anforderungen stellt, Aufgaben überträgt und eigene Entscheidungen fördert, ist Voraussetzung für wachsende Selbständigkeit. Wiewohl jederzeit ein Gesprächspartner erreichbar sein sollte, darf keinesfalls ein einzelner oder eine Gruppe alle Verantwortung übernehmen; vielmehr müssen sie gemeinsam planen, gleichberechtigt mitreden und nach »demokratischen« Spielregeln entscheiden lernen.
- Bruchstellen in einem religiösen Sozialisationsprozeß zu überwinden, kann psychotherapeutische Hilfe erfordern. Hier wäre jedoch von vorneherein eine zeitliche Begrenzung anzusetzen, denn solange sich jemand als Patient oder »Schützling« eines Psychologen bzw. einer Gruppe fühlt, wird er schwerlich eigenverantwortliche Lebens- und Glaubensentscheidungen treffen können. Selbstbewußtsein und die Erfahrung, mit den eigenen Fähigkeiten und Schwächen nicht nur zu leben, sondern anderen etwas zu bedeuten, bilden das Fundament eines christlichen Lebens. Eine Gruppe, die sich christlich nennt, wird schließlich ihre Mitte stets in der Person Jesu Christi sehen und den Glauben aller an ihm festzumachen suchen, dem *Menschen und Gott,* der die eschatologische Gottesherrschaft ein für allemal anbrechen ließ und läßt.

Die Auseinandersetzung der Kirchen mit den sogenannten »neuen Jugendreligionen« muß auf der theologisch verantworteten Ebene des gläubigen Zeugnisses geführt werden. Wer sich auf Apologie beschränkt, auf öffentliche Gegenpropaganda setzt oder gar auf juristischen Wegen sein Recht, die ›Wahrheit‹ und Richtigkeit seiner Lehre durchzusetzen versucht, gerät in Gefahr, nicht mehr Gottes Heil für alle Menschen zu verkünden. Obwohl es auch für Christen Situationen gibt, in denen sie sich ihr Lebensrecht im Sinne der irdischen Gerechtigkeit sichern müssen, kann nicht übersehen werden, daß die Verkündigung der Gottesherrschaft solchem Rechts- und Anspruchsdenken radikal entgegensteht; wer sich in die Nachfolge Jesu Christi gerufen und durch die kirchlichen Traditionen darin bestätigt weiß, steht unter dem Gericht und dem Geist Gottes; davon gibt er Zeugnis.

Dabei bestimmt sich die Richtung aus dem Inhalt der Botschaft und ihrer

Auswirkung: wo »Blinde sehen, Lahme gehen, Aussätzige rein werden und Armen die frohe Botschaft verkündet wird« (siehe Mt 11,5), da ist Gottes erlösende Hinwendung zum Menschen erfahrbare Wirklichkeit. Diese nicht planbare, weil geistgewirkte Erfahrung kann von Überraschungen begleitet sein. Solange »der Geist weht, wo er will« (Joh 3,8), ist jedenfalls nicht auszuschließen, daß uns Anhänger einer Jugendsekte begegnen, denen wir sagen müßten: »einen solchen Glauben habe ich nicht gefunden in Israel« (Mt 8,10). Weil es »solchen Glauben« innerhalb wie außerhalb der großen Kirchen gibt, darf christliche Verkündigung niemals einseitig bleiben; vielmehr wird sie sich gerade durch ihre Offenheit von mancher Sektenwerbung unterscheiden.

Leslie Button

Gruppenarbeit mit Jugendlichen

206 Seiten. Paperback

Gruppenarbeit bietet Hilfe zur persönlichen Entwicklung. Manche Menschen brauchen nur deutlicher zu sehen, welche Alternativen ihnen offenstehen, andere bedürfen dagegen der Hilfe und Ermutigung, wenn sie mit neuen Lebenshaltungen experimentieren. Dieses Buch gibt erstmalig eine umfassende Einführung in die Grundlagen, Verfahren und Techniken solcher »Entwicklungsarbeit« mit Jugendlichen. Es ist erwachsen aus jahrelanger praktischer Erfahrung sowie aus zahlreichen Fortbildungskursen des Verfassers für Jugendarbeiter, Lehrer und andere Fachkräfte. Auch im deutschsprachigen Raum trägt dieses Buch einem aktuellen Bedarf Rechnung, der sich daraus ergeben hat, daß Gruppenarbeit dieser Art immer wichtiger wird, die davon betroffenen Fachkräfte in Ausbildung und Praxis darauf aber noch nicht ausreichend vorbereitet sind.

Kösel · München